甘肃省"十四五"普通高等教育规划教材

运营管理
Operation Management

刘治宏　邵雨薇　主　编

中国财经出版传媒集团

经济科学出版社
Economic Science Press
·北京·

图书在版编目（CIP）数据

运营管理 / 刘治宏，邵雨薇主编. --北京：经济科学出版社，2025.3. --（甘肃省"十四五"普通高等教育规划教材）. -- ISBN 978-7-5218-6388-8

Ⅰ.F273

中国国家版本馆 CIP 数据核字第 2024PJ2877 号

责任编辑：杜　鹏　胡真子　郭　威　常家凤
责任校对：蒋子明
责任印制：邱　天

运营管理

YUNYING GUANLI

刘治宏　邵雨薇　主　编

经济科学出版社出版、发行　新华书店经销
社址：北京市海淀区阜成路甲 28 号　邮编：100142
编辑部电话：010-88191441　发行部电话：010-88191522
网址：www.esp.com.cn
电子邮箱：esp_bj@163.com
天猫网店：经济科学出版社旗舰店
网址：http://jjkxcbs.tmall.com
固安华明印业有限公司印装
787×1092　16 开　19 印张　380000 字
2025 年 3 月第 1 版　2025 年 3 月第 1 次印刷
ISBN 978-7-5218-6388-8　定价：49.00 元
(图书出现印装问题，本社负责调换。电话：010-88191545)
(版权所有　侵权必究　打击盗版　举报热线：010-88191661)
QQ：2242791300　营销中心电话：010-88191537
电子邮箱：dbts@esp.com.cn)

前　言

在数智化时代背景下，运营管理以提升组织核心竞争力为目标，以数字、人才、资金等要素为核心，实现"输入—转化—输出"的高效运作。随着社会经济与科学技术的迅猛发展，尤其是新质生产力的培育和工业4.0的推进，企业运营管理的重要性日益凸显。对运营管理进行研究的相关学科也愈发重要，成为与企业发展紧密相关的关键领域。当今时代，各类运营管理的读物不断涌现，各有特色，极大地冲击着素有严谨、科学、规范之称的高等教育运营与管理学的教材体系，给高等财经类教育的运营管理学教学工作带来了新的挑战和机遇。

我们认为，传统运营管理教材以企业管理职能为逻辑框架，导致企业运营管理的内容割裂、运营模式虚化，且忽视服务型企业的运营需求，难以适应数字化转型要求。作为身处高等教育运营管理教学一线的工作者，我们既要紧跟时代发展的新趋势、新变化，及时吸纳新的内容和特点，又要坚守教育规律的底线，针对当代大学生的特点和社会发展的需求，构建并维护科学、严谨、规范的运营管理教学体系。本教材正是基于这一理念编写而成。

在高等教育运营管理的教学实践中，我们深切感受到了当今财经类大学生运营管理教育的几个重要变化。

第一，当代大学生强烈的求知欲与强大的信息网络工具相结合，使得他们对广博知识和大量信息的追求得以实现。然而，传统运营管理教材往往内容覆盖面较窄且深度过高，难以满足学生的需求。

第二，当代大学生普遍阅历较浅、经验不足，与运营管理的实践性和精益化制造要求存在较大冲突。而传统的教学模式较为单一，导致教学效果不尽如人意。

第三，高等教育逐渐从精英教育向大众教育转变，大部分大学生未来会成为面向社会实际的应用型人才，与传统运营管理教育重理论轻实践的特点不相适应。

第四，财经类大学课程设置的变化趋势呈现出专业划分更细、课程数量增多、单门课程课时减少的特点，对运营管理教材的编写提出了新的要求。

基于上述变化，本教材在新形势下，针对当今财经类本科学生的具体情况，结合运营管理领域的最新理论和实践发展，进行了一次尝试。本教材具有以下特点。

（1）立足中国情景，突出实践与创新。本教材紧密结合中国发展优势，强调新质生产力、数字化和智能化对企业运营的重要意义和作用路径；挖掘与国家竞争力、企业伦理、中华优秀传统文化等相关的思政元素；整合本土案例，重构教材内容并引导改革创新教学模式。通过层次递进的理论内容模块、挑战性实践环节和团队场景设置，提高学生的参与性和学习效果，并增加学生对数智化赋能企业运营的理解和运用。

（2）科学编排内容，注重教学实用性。在内容上，本教材突破传统的"运营过程"框架，采用"要素运营"逻辑，更加科学合理；在内容表现形式上，尽可能采用表格形式，力求精练，便于授课教师在课堂延伸发挥；对于经典的运营管理理论和最新的学术前沿，受制于教材篇幅和教学课时，我们以"扩展阅读"的形式呈现，便于学生和教师灵活学习和运用。此外，每一章均提供了团队场景训练，践行"以学生为中心"的理念，以提高学生综合素质为目的，实现"立德树人"的教育目标。

本教材各章节具体编写分工如下：刘治宏和任晓婷编写第1章；邵雨薇编写第2、第3、第4章；康军和陈文莉编写第5章；廖世春和孙旭浩编写第6章；朱晓燕编写第7、第8、第9章。部分章节的案例和团队场景练习由张子扬设计提供。

本教材是一种尝试，也是一种创新，我们希望这种创新能在实际教学过程中取得好的效果。然而，由于水平所限，不足之处在所难免，敬请广大师生和读者批评指正，以便后续修订完善。

在本教材的编写过程中，我们参阅和借鉴了大量的相关书籍和论文，在此谨向这些书籍和论文的作者表示最诚挚的谢意。本教材得到了兰州财经大学科研专项的资助，也得到了主编单位兰州财经大学工商管理学院和西安交通大学城市学院管理系领导的大力支持，对此特表示感谢。

编　者

2025 年 1 月

目 录 Contents

第1章 绪论 ······ 1

    1.1 运营管理概述 / 1

    1.2 创造产品和提供服务 / 8

    1.3 企业生命周期与运营 / 13

第2章 运营战略与系统 ······ 29

    2.1 竞争优势 / 29

    2.2 运营战略 / 35

    2.3 运营系统 / 46

第3章 转化系统设计与监控 ······ 68

    3.1 转化系统设计 / 68

    3.2 转化系统监控 / 76

第4章 运营要素体系与结构 ······ 98

    4.1 运营要素的内涵 / 98

    4.2 运营要素结构与转化 / 102

第5章 企业生命周期与要素运营 ······ 140

    5.1 企业生命周期理论 / 140

    5.2 企业生命周期不同阶段的要素运营 / 149

    5.3 二次变革（创新）曲线在运营中的应用 / 159

第 6 章　初创期企业运营 ………………………………………………………… 176

  6.1　要素运营管理／177

  6.2　服务型企业运营／181

  6.3　制造型企业运营／188

第 7 章　成长期企业运营 ………………………………………………………… 204

  7.1　要素运营管理／204

  7.2　服务型企业运营／210

  7.3　制造型企业运营／216

第 8 章　成熟期企业运营 ………………………………………………………… 235

  8.1　要素运营管理／235

  8.2　服务型企业运营／241

  8.3　制造型企业运营／246

第 9 章　衰退期企业运营 ………………………………………………………… 265

  9.1　要素运营管理／265

  9.2　服务型企业运营／272

  9.3　制造型企业运营／278

参考文献 ………………………………………………………………………………… 297

第1章 绪　　论

1.1 运营管理概述

1.1.1 运营管理的定义与任务

1. 运营管理的定义

运营管理（operation management）是指通过一系列的活动将输入要素转化为产品和服务的过程。图1-1展示运营管理过程。

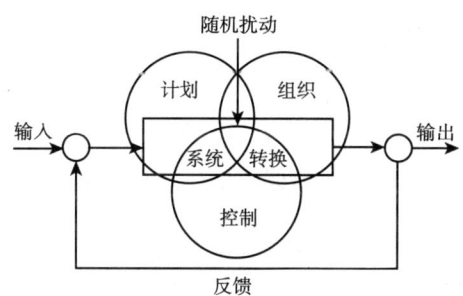

图1-1 运营管理过程

其含义为：

（1）运营管理活动是指与企业创造产品和提供服务密切相关的各项管理活动，包含供应链管理、生产管理、服务管理等。

（2）运营管理的核心是提供产品和服务。企业通过运营部门制定决策及管理转化流程，实现以最低的成本为客户创造价值的目标。

（3）运营管理的目的是建立一个高效率的运营系统，为企业提供有竞争力的产品，以使顾客满意，实现经济效益。

(4) 运营管理的职能是计划、组织和控制。

2. 运营管理的主要任务

运营管理的主要任务是通过流程转化,创造产品与提供服务。对于制造行业,技术、劳动力、数字资源以及资本等要素投入转换有形产品,而在服务行业,各类型的要素投入转化为服务产出。运营管理的任务就是有效地管理这一转换过程。

知识小卡片

20世纪50年代到60年代初,不同于在工业工程和运筹学领域的研究,专家们开始专门研究运营管理方面的问题。1957年,爱德华·鲍曼(Edward Bowman)和罗伯特·费特(Robert Fetter)的著作《生产与运作管理分析》出版。1961年,埃尔伍德·布法(Elwoods Buffa)的《现代生产管理》一书面世。这些专家注意到了生产系统所面临问题的普遍性以及把生产作为一个独立系统的重要性。此外,他们还强调了排队论、仿真和线性规划在运营管理中的具体应用。自此以后,运营管理作为一门独立的学科出现。

1.1.2 运营管理的核心价值

运营管理的核心价值是精准优化要素资源配置,实现要素增值,以提高企业竞争力与市场适应力。表1-1是运营管理核心价值的具体表现。

表1-1　　　　　　　　　　运营管理核心价值

核心价值	具体表现
提高生产效率	运用数智化技术优化流程与操作,采用先进生产技术和设备,精益配置资源,降低成本,提高生产与服务效率,提升新质生产力水平
提升产品质量	推行全面质量管理体系,加强质量监控与检验,满足客户需求,提升品牌形象,实现增值
增强客户满意度	以客户为中心,提供优质产品与服务,满足需求期望,提高满意度,建立长期客户关系,提升忠诚度,增加利润与市场份额
灵活性和适应性	在多变市场环境中,具备快速应变和灵活调整能力。采用灵活生产、资源调配及营销策略,调整战略、组织、流程,快速响应市场变化,抓住机遇

续表

核心价值	具体表现
创新和持续改进	倡导创新与持续改进,探索新运营模式与技术,引入新技术、方法与理念,优化流程制度,提升运营效率与竞争力
风险管理	制定实施风险管理策略,识别评估管控风险,降低分散运营风险,确保稳定发展,实现增值
供应链管理	建立供应链战略伙伴关系,提升信息化水平,优化流程,强化风险管理与创新能力,保障供应链稳定高效,提高整体竞争力
精益生产	融入精益生产理念,消除浪费,优化流程,提高生产效率与质量,降低成本,增强企业竞争力

管理小卡片

新质生产力是创新起主导作用,摆脱传统经济增长方式、生产力发展路径,具有高科技、高效能、高质量特征,符合新发展理念的先进生产力质态。它由技术革命性突破、生产要素创新性配置、产业深度转型升级而催生,以劳动者、劳动资料、劳动对象及其优化组合的跃升为基本内涵,以全要素生产率大幅提升为核心标志,特点是创新,关键在质优,本质是先进生产力。

[情景案例] **老王的智慧农场**

老王的农场坐落在一片肥沃的土地上,世代相传,见证了无数季节的更迭。然而,随着时间的流逝,老王发现,传统的种植方式已经难以为继。年轻人纷纷离开乡村,追求城市的繁华生活,留下老王独自面对着广阔的土地和日益增长的经营成本。

一天,老王在村里的公告板上看到了一则关于数字农业的讲座通知。出于好奇,他参加了这次讲座。讲座中,专家介绍了如何利用物联网、大数据等技术提高农业生产效率。老王被这些新奇的概念深深吸引,决定尝试将这些技术应用到自己的农场中。

老王开始逐步改造自己的农场。他安装了智能传感器,这些传感器能够实时监测土壤湿度、温度和光照强度。他还引入了智能灌溉系统,根据土壤湿度自动调节灌溉量,既节约了水资源,又保证了作物的生长需求。

随着智慧农场的逐步建立,老王的农场变得越来越高效。他利用数据分析优化了种植策略,选择适合当地气候和土壤条件的作物品种。他还搭建了农产品溯源系统,消费者扫描产品上的二维码,就能了解到产品的种植、收获、加工全过程,这大大增加了消费者对老王农场产品的信任。

老王的智慧农场很快在当地小有名气,吸引了许多消费者前来体验和购买。老王也意识到,只有不断学习和接受新技术,才能让传统农业焕发新的活力。

启示:

技术革新的重要性:老王的故事告诉我们,即使是最传统的行业,也可以通过采纳新技术实现现代化,提高生产效率和产品质量。

数据驱动的决策:通过实时数据监测和分析,老王能够作出更加精准的农业管理决策,这强调了数据在现代农业中的核心作用。

提升消费者信任:建立溯源系统不仅提高了透明度,也增强了消费者对品牌的信任,展示了企业社会责任。

1.1.3 全球化背景下的运营管理挑战

在全球化背景下,运营管理面临的挑战日益增多且复杂(见表1-2)。

表1-2 运营管理面临挑战

挑战	具体内容
信息安全	企业数据量大且依赖网络,网络攻击致数据泄露风险增加,数字技术复杂使系统安全维护难,软件漏洞等易被利用威胁安全
市场不确定性与竞争	全球化使市场开放复杂,不同地区差异大,需求波动频繁难测,企业需更强灵活性与应变力
环境问题	全球环保与可持续发展要求高,企业须适应相关法规标准,将环境社会维度融入战略,实施ESG战略以促创新与优化效率
技术变革	人工智能与自动化技术发展带来技术伦理问题,技术快速变革要求企业更新升级运营系统与基础设施,加大研发投入以保持竞争力并适应需求

知识拓展

2004年联合国全球契约与20多个金融机构组织发布的《谁在乎谁赢》首次整合了ESG的维度,提出将环境、社会和治理因素更好地引入金融分析、资产管理和证券交易中。

[本节案例]

美丽中国万里行

坐落于黄海之滨、胶州湾畔的第九个国家级新区——青岛西海岸新区，有着309公里绵延曲折的海岸线，2 129平方公里陆域和5 000平方公里海域相互辉映，赋予了这里独特而浪漫的滨海风情。

漫步于蜿蜒的沿海栈道，看碧海蓝湾、沙鸥翔集，很难想象，这里曾因布满大大小小的养殖场和交错纵横的看护棚而很难走近大海。

自2016年开始，青岛西海岸新区在全国率先开展蓝色海湾整治行动，通过持续推进美丽海湾保护与建设，强化陆海统筹的"城、湾、岛"生态环境综合治理、系统治理和源头治理，在大力推动海洋产业集聚发展的同时，着力推进海洋生态系统保护和修复，书写了人与自然和谐共生的高质量发展新篇章。

蓝色海湾显真容

大海明明就在眼前，走过去却要七拐八拐折腾好半天——这是多年前青岛西海岸新区台西头村村民肖圣金的生活日常。"海边被渔民私搭乱建的小养殖场占满，周围还乱七八糟地搭满看护棚，想要亲近大海得一路'披荆斩棘'。"肖圣金回忆说。

"以前新区的海边存在私搭乱建、盗采海砂等现象，挡住了去海边的路，'近海不亲海'让市民们苦不堪言。"曾任青岛西海岸新区蓝色海湾整治行动指挥部办公室副主任的朱科感慨道。

2016年，围绕拆违建、清岸线、调项目、修慢道、植绿化、保文化六大任务，青岛西海岸新区开始实施蓝色海湾整治行动。

养殖户的拆迁问题是行动的一大难点。"我跟养殖打了半辈子交道，池子拆了这不是断我活路吗？"刘振朋曾是新区薛家岛街道的养殖大户，对拆迁政策一度很抵触。

为减少拆迁改造对百姓生计的影响，青岛西海岸新区采取了一系列举措：对养殖户等沿岸经营者，给足补偿，且积极引导扶持大家转岗就业；预留出海码头，为渔民提供更便利安全的出海环境；配套发展旅游业，拓宽增收渠道……

"蓝湾整治启动后，落户新区的项目在规划审批前必须考虑对海岸线及海洋生态的影响。尽管限制多了，来的项目却没有少，质量反而更高，大家都看中了生态改善后的发展含金量。"曾任蓝色海湾整治行动拆迁保障部部长的刘良表示。

周末的凤凰山公园，露营基地里帐篷林立，市民们脸上洋溢着惬意的笑容。"这里过去被规划为高档度假酒店，考虑到项目会破坏原有海岸线环境，阻挡市民亲海视线，我们按程序终止建设并进行拆除，建起现在这座生态公园。"朱科说。

据悉，自整治行动开展以来，新区共清理岸线130公里，拆除海域养殖池600多万平方米，绿化面积近220万平方米，蓝色海湾渐露真容。

综合管控有"天网"

"徐书记，又巡逻呢？""是，刚看完一圈！"暮春四月，沿着河晨跑的人不少，同样早起的，还有正在巡湾检查的徐强。

作为湾长，徐强每周要进行一次巡湾，主要负责垃圾清理、雨后水质监测、管控入海入湾排污等。

"有一次，我巡湾时发现风河入海口附近的河水浑浊，赶紧拍照上传到智慧化巡湾系统App。"徐强说，系统后台收到消息后即刻联系了排水公司，经过溯源排查，发现有一处污水管道破损，导致污水冒溢排放至入海口。

要想把沿海一线治理好，就要把入海河流治理好。据统计，青岛西海岸新区共有大小河流46条，其中入海河流20条。纵横交错、水系相通的河流一旦遭到污染，势必影响海湾水质。

"新区坚持陆海统筹、河海共治。在海湾，由湾长对污染防治、生态修复等负责；在陆地，由河长统筹协调城管、水利等部门，确保水质达标排放。"青岛市生态环境局西海岸新区分局党组书记、局长田向东说。

据田向东介绍，全区共有像徐强一样的镇街级湾长19名，区级、镇街、村（社区）三级河长1 507名，湾长制与河长制联动后，真正实现了每一米海岸线或河道都有人管，有效解决了海湾反复污染难以根治的问题。

但湾长制虽好，湾长也不可能时刻守在河边。如果出现紧急污染状况，怎么办？在青岛市生态环境局西海岸新区分局生态执法智慧监管指挥中心，记者找到了答案。大屏幕前，工作人员调出实时监测画面，不同水源地保护区内的水质数据和水体情况一目了然。

"通过生态环境智能遥感监管平台，我们可以对饮用水源地和入河（入海）排污口进行智慧监管，同时不定期开展无人机精准航拍巡查，收集排污口的现场照片和视频等数据，让黑臭水体和非法排污行为'无处遁形'。"青岛市生态环境局西海岸新区分局前湾环境管理处业务一科负责人鲍德强说。

在鲍德强看来，创新智慧海洋管控模式，就相当于织起一张海洋综合管控的

"蓝色天网",不仅提高了执法效率、节省了人力物力,还大大减少了监管盲区。

综合施策之下,位于西海岸新区的灵山湾获评全国首批美丽海湾,30公里海岸线全部被打造为公众临海亲海岸线,亲水步道、观景平台、休憩驿站和视觉通廊等一应俱全,形成一套政策引领、长效监管、科技支撑、民众参与的海湾整治"灵山湾模式"。

倚绿生"金"带来惊喜多

临近傍晚,平静而广阔的海面被落日的余晖镀上一层金黄,海风轻拂,芦苇摇曳……置身于青岛西海岸新区灵山岛,一切都是那么令人心旷神怡。

作为全国首个"负碳海岛",前不久,灵山岛的生态产品价值核算结果出炉:经测算,2022年灵山岛的生态产品总值(good engineering practice,GEP)为59 474.45万元人民币。

"作为生态资源权益指标的重要组成部分,核算结果将用于开展产权交易,为创新发展特色生态产业、拓展延伸生态产品的产业链和价值链积累资金、探索经营开发路径模式,也为山东乃至全国海洋海岛领域生态产品价值实现机制提供新样板。"灵山岛省级自然保护区党工委书记、管委会主任李锋介绍。

如此高的生态产品价值,从何而来?"除了推进家庭清洁能源取暖改造,我们还积极开展碳减排激励机制试点、燃油车'零进岛'、太阳能路灯照明全覆盖等项目,逐渐减少碳排放,增加碳汇,实现自主负碳。"李锋表示,下一步将把持续减碳、负碳的理念贯穿于海岛乡村振兴的方方面面,让岛民群众切实感受到负碳与价值转换带来的惊喜变化。

同样有效打通"绿水青山"和"金山银山"转化路径的,还有与灵山岛隔海相望的唐岛湾国家湿地公园。据悉,这片占地1 300公顷的湿地,土壤、植被及水资源的固碳能力不容小觑,累计可减少72万吨碳排放量。

"这些减排量经国家核证后,就可以拿到碳市场进行交易。银行以碳市场当日价格为依据,以湿地减碳量的远期收益权为质押,测算出贷款金额。"青岛西海岸旅游投资集团金凤凰景区管理有限公司副总经理黄晓龙透露,作为唐岛湾湿地的运营管理方,2022年企业获得了一笔2 000万元的低息碳汇贷。

"拿到贷款后,我们主要用来清理整治海域垃圾和湿地滩涂,还有一部分用来对岸线护坡、堤坝、人行道板、游乐设施等进行提升改造,2023年共修复堤坝和护坡5 000平方米,绿化提升10 000平方米。"谈及款项的用处,黄晓龙如是说。

以改善生态环境换取资金,再以资金反哺生态环境持续提升,青岛西海岸新区走出了一条倚绿生"金"的绿色低碳高质量发展道路。不仅如此，新区还是全国首批、山东首个获批开展气候投融资试点的区市，全国首家自然碳汇研究院也在此落地。在 2023 年东亚海洋合作平台青岛论坛上，新区以当地的海洋碳汇项目抵消活动中无法减排的 821 吨温室气体，实现了"零碳论坛"。

"我们将继续聚焦绿色可持续的海洋生态环境，深入打好碧水保卫战，打造'河畅、水清、岸绿、景美'的水生态环境，以高品质生态环境支撑高质量发展，书写人与自然和谐共生的新区实践。"田向东对此充满信心。

资料来源：中国煤科：全生命周期管控促矿井水"零排放"[N]. 光明日报，2024-05-18（9）.

1.2 创造产品和提供服务

1.2.1 生产与服务的基本概念

从运营管理角度来定义，产品（product）是指对运营系统将投入要素转化为产出的总称，以满足人们的需要和欲望。产品又可以分为两种形式：有形产品（goods）和无形服务（service）。如表 1-3 所示，有形产品和无形服务之间的主要差异在于服务的三个基本特性：服务无形性（service intangibility）、服务易消逝性（service perishability）和服务不可分离性（service inseparability）。无形服务一般简称为服务。

表 1-3　　　　　　　　有形产品和服务之间的主要区别

有形产品	服务
有形的	无形的
可以库存的	不可以库存的
制造过程不需要顾客直接参与	服务过程需要顾客直接参与
容易被模仿	不易被模仿
附加价值较低	附加价值较高

1.2.2 服务型运营的特点与实践

制造业运营管理与服务业运营管理的区别如表 1-4 所示。

表 1-4　　制造业运营管理与服务业运营管理的区别

内容	服务业运营管理	制造业运营管理
运营的基本组织方式	以产品为中心组织运营； 根据市场需求或订单制订生产计划，并在此基础上采购所需物料，安排所需设备与人员； 以生产进度、产品质量和生产成本为控制对象	以人为中心组织运营；需求有很大不确定性，无法预先制订周密的计划； 及时预先规范好服务程序，仍然会由于服务人员的随机性和顾客的随机性产生不同结果
库存调节供需矛盾的作用	可以通过库存来调节供需； 可以充分利用一定的生产能力，预先将产品制造出来，以满足高峰时的需求和无法预测的需求	无法预先把"服务"生产出来，无法用库存来调节需求，例如，航空公司无法把某航班的空座位存起来销售给下一班次的乘客
顾客在运营中的作用	制造业企业生产系统相对封闭，顾客在生产过程中不起作用	积极作用：促使企业提高服务效率，提高服务设施利用率； 消极作用：造成服务干扰
职能间界限划分	生产运营、销售、人力资源管理三者职能划分明显	生产运营、销售、人力资源管理职能很难区分，必须树立三者集成的观念，用集成的方法进行管理
需求地点相关性	生产与消费相对分离，销售地点需要靠近顾客，服务设施须分散化	生产与消费同时发生，服务提供者与顾客必须处于同一地点；不是顾客到服务地（如到餐厅就餐），就是服务提供者上门服务（如定制私厨）
人力密集特性	生产与消费相对分离，销售地点需要靠近顾客，服务设施须分散化	服务组织中员工地位更重要； 员工的知识、技能与表现对服务运营效率影响极大； 服务业中的技术进步更多体现为员工技能的更新和管理水平的提高
产品和运营系统设计方式	产品和生产系统可分别设计； 同一产品可采用不同的生产系统来制造。例如，可以采用自动化程度截然不同的设备生产同一种产品	服务与服务提供系统同时设计； 服务提供系统是服务本身的一个组成部分（即服务的环境要素），两者的设计不可分割

[情景案例]　**个性化定制的服装品牌**

张女士是一位才华横溢的时尚设计师，她一直梦想着能够为每位顾客设计独一无二的服装。然而，由于生产成本和市场风险的限制，她的这一梦想一直难以实现。

直到有一天，张女士接触到了3D打印和智能缝纫技术，她意识到这可能是实现她梦想的关键。她开始学习这些新技术，并尝试将它们应用到服装设计和生产中。

张女士开发了一个在线定制平台，顾客可以在平台上选择面料、颜色、款式等，甚至上传自己设计的图案。平台后端的智能系统会根据顾客的选择，自动生成服装的3D模型，并计算出生产所需的材料和成本。

确认设计后，张女士的智能生产线开始运作。3D打印机打印出服装的原型，智能缝纫机根据3D模型进行精准裁剪和缝制。每一件服装都是按照顾客的个性化需求精心制作的。

张女士的个性化定制服装品牌很快在市场上获得了成功。顾客们惊叹于她的设计才华和创新精神，纷纷成为她品牌的忠实粉丝。张女士也意识到，只有不断创新和追求卓越，才能在时尚界站稳脚跟。

启示：

个性化市场的需求：随着消费者对个性化产品需求的增加，企业需要创新生产方式，满足市场对定制化的需求。

技术创新的商业应用：3D打印和智能缝纫技术的应用，展示了如何将高科技转化为实际的商业解决方案，提高生产效率和满足个性化需求。

客户参与的价值：通过在线定制平台，张女士不仅降低了生产成本，还增加了客户的参与度，提升了品牌忠诚度。

1.2.3　产品与服务的融合趋势

制造业与服务业融合趋势日益明显，主要体现在以下几个方面（见表1-5）。

表1-5　　　　　　　　　　　制造业与服务业融合趋势

特点	具体内容
价值链融合	不再仅仅关注产品生产，而是将服务环节纳入整个价值链中。通过提供产品全生命周期的服务，如售前咨询、售后服务、维修保养等，增加产品附加值，提升客户满意度
技术融合	信息技术发展，制造业和服务业在技术层面融合不断加深。例如，智能制造需要依托物联网、大数据、云计算等服务技术，实现生产过程智能化和数字化；同时，服务业借助制造业先进技术，提升服务质量和效率
功能融合	制造业企业逐渐向服务型制造转型，将制造与服务功能有机结合。例如，一些企业不仅生产产品，还提供定制化解决方案、工程设计、系统集成等服务；服务业企业也通过参与产品研发、设计等环节，与制造业实现深度融合
企业融合	制造业企业和服务业企业之间合作与并购日益频繁。通过整合双方资源和优势，实现协同发展，提高市场竞争力
产业融合	制造业与服务业的融合推动产业边界的模糊化，形成新产业形态和商业模式。例如，生产性服务业快速发展，为制造业提供专业服务支持，促进制造业的转型升级

总之，制造业与服务业融合是当前经济发展重要趋势，有助于提高产业整体竞争力，推动经济高质量发展。

[本节案例]

广州市黄埔区：发布人工智能赋能新型工业化应用场景清单

只需点点手机，准时赶到的自动驾驶出租车就会载着乘客前往目的地；马路上，绿色高效的氢能无人驾驶清扫车自主识别道路环境自动清洁……这些新型工业化发展带来的便民服务将在广州黄埔率先实现。广州开发区、黄埔区召开加快推进新型工业化大会，正式公布了2024年首批人工智能赋能新型工业化应用场景清单，涵盖9大领域，共计50个应用场景。

清单相当于一个供需对接的"通道"，将黄埔不同领域相关单位对新型工业化转型的需求清晰地展示给全国乃至全球供应方，力促更多新技术、新产品、新设备在黄埔率先应用推广，在激活新质生产力的同时，加速推动黄埔新型工业化发展。

开放50个场景深度挖掘人工智能技术赋能潜力

作为广州开发区、黄埔区首个以"人工智能+新型工业化"为主题的场景清单，清单围绕"人工智能"提出深耕9大领域，即智慧农业、智慧能源、智慧医疗、智慧政务、智慧教育、智慧城市、智慧交通、智慧园区、智能制造。

其中，智能制造领域涉及的应用场景相对较多，共有18个；智慧园区领域有8个应用场景；智慧城市和智慧交通领域分别有6个应用场景；智慧教育领域有4个应用场景；智慧政务领域有3个应用场景；智慧能源和智慧医疗领域分别有2个应用场景；智慧农业领域有1个应用场景。

从应用场景的具体规划看，在智慧农业领域，将着力拓展种植资源展示和精准农业等方面的应用，以提升农业生产的科技性。

在智慧医疗领域，计划实现AI中医辅助诊疗及养老行为分析预警，为养老院和家庭场景提供更加安全、便捷的服务。在智慧能源领域，AI技术将助力实现能源的高效利用和可持续发展。

在智慧政务领域，将基于"12345"政务服务应用分析大模型、惠企政策AI智能咨询、网络安全GPT智能化决策，为政府、企业、群众提供更高效的智能服务。

在智慧教育领域，将打造无感知AI数字课堂、线上线下混合教学智慧课堂，计划实现实时教学数据采集、智能助教及个性化学习服务。

在智慧城市领域，着眼为人民群众提供便捷生活服务、打造平安黄埔，计划实现建筑工地卸料载荷监测、城市智慧停车场运营管理、区域一体化智慧环卫运营、充电设施实时监控预警及凤凰湖智慧化河湖公园管养。

在智慧交通领域，围绕构建区域"陆空一体"智能交通体系，规划区域智慧出行商业化运营、全景感知交通治理决策、低空飞行智能化基础设施，计划实现科学城氢能无人驾驶清扫、生物岛智能交通与无人化物流、低空无人机智慧工地巡检分析。

在智慧园区领域，将从打造湾区大模型产业园区、机器人应用示范园区等多场景入手，持续推动区内特色园区外塑"颜值"、内提"气质"。另外，在智能制造领域，不同产业方向的多家黄埔企业均将加大力度鼓励合作伙伴融入公司新型工业化的发展生态链。

着眼智能制造驱动工业大区传统制造业转型升级

黄埔以制造业立区，作为广州传统的工业大区，工业既是黄埔发展的基石，也是未来推进新型工业化的机遇。本次发布的场景清单，更是区内首个以"先进制造企业+数字智能企业"为主体的场景清单，28家企业共开放各类场景38个。

尤其在智能制造领域，18个应用场景在清单中占比近四成。广本数字化智能工厂、捷普电子黑灯无人化产线、燕塘乳业绿色供应链、昊志机电高精密主轴智慧生产线……从不同企业提出的转型规划中，不难预见未来黄埔高端化、智能化、绿色化的工业新格局。

由于汽车零件AI智能检测场景的实现，在广汽本田，对雅阁车辆接近300种零件的检测不再单纯依靠过去的传统手段，而是利用先进的机器视觉、传感器技术、自动化控制、大数据分析等手段，实现智能化、自动化AI识别检测，提升零件装配品质。

昊志机电规划打造的高精密智慧装配线配备柔性工装和AI识别，提升装配自动化水平，辅助AI智能检测及自动化流水线和自动搬运的智慧装配产线，在APS自动排程系统下，实现装配效率的提升。

企业强则工业强，首批应用场景清单中的优秀企业更像是"开路者"，今后还将有更多龙头企业加入黄埔推进新型工业化的队伍中来。未来黄埔将大力推动设备更新和技术改造，支持200个以上智能化改造项目、100家以上企业数字化转型，支持企业应用新技术、新工艺、新设备、新材料迭代升级。

打通对接渠道变机遇为势能加速打造"智造强区"

当前，"二次创业"再出发的广州开发区、黄埔区，正扎实扛起"经济大区真正挑大梁"的使命担当。未来,广州开发区、黄埔区将把新型工业化之"机"转化为高质量发展之"势",锚定"万亿制造"目标,着力补短板、强弱项、扬优势,向新质生产力发力,向新型工业化奋进,率先建成更具竞争力、更有影响力的"智造强区"。

一份涉及多领域、多方面的场景清单,能够看出广州开发区、黄埔区未来一段时间加速区域新型工业化发展的主攻方向。清单给出的具体规划如何落地,清单将起到怎样的作用?黄埔区工业和信息化局相关负责人将其比喻为一个"通道":"场景清单也发挥着平台作用,明确地展示了黄埔新型工业化发展能够提供的大量机会""清单中的场景提供方即需求方,寻求提供解决方案的供应方,清单在双方之间打通对接渠道,了解彼此供需信息。需求发布后,全国乃至全球有实力的企业、机构都有机会参与黄埔推进新型工业化的过程"。

推动新型工业化,关键环节是培育新质生产力。需求方提供的场景对技术创新提出了很高要求,供应方需要具备过硬的科创实力。"揭榜挂帅"的模式将让更多新技术、新产品、新设备在黄埔率先应用推广。

接下来,广州开发区、黄埔区各相关部门将在技术创新、供需对接、宣传推广等方面积极支持清单中的场景建设,更好推动数字技术与实体经济深度融合,加快新型工业化应用场景项目尽早落地。

资料来源:孙旭东. 广州市黄埔区:发布人工智能赋能新型工业化应用场景清单 [N]. 光明日报,2024-03-10(12).

1.3 企业生命周期与运营

1.3.1 企业生命周期理论

产品生命周期理论是由美国哈佛大学教授雷蒙德·弗农(Raymond Vermon)于1966年提出的。他指出,任何产品都有其生命周期,即从研制成功投入市场至被淘汰退出市场的"生命"历程。通常,把产品生命周期分为投入期、成长期、成熟期和衰退期四个时期(见图1-2)。向前延伸还可考虑孕育期,有时人们还在成熟期与衰退期之间加上饱和期。以时期为横坐标,以销售收入或利润为纵坐标,可绘制出产品生命周期曲线。在产品的研发期间和产品投入期初期是亏损的,然后利润随着销售收入的增加而增加,接下来利润会下降,直到达到零利润。根据产品生命周期理论,任何产品都不可能永远保持旺盛的生命力,而且总的发展趋势是产品生命周期越来越短,产品的更新换代速度越来越快。当产品处于成长期时,应着手研制开发新产品;当产品处于成熟期时,积极推出新产品;当产品处于衰退期时,果断地终止产品的生产,代之以新产品。

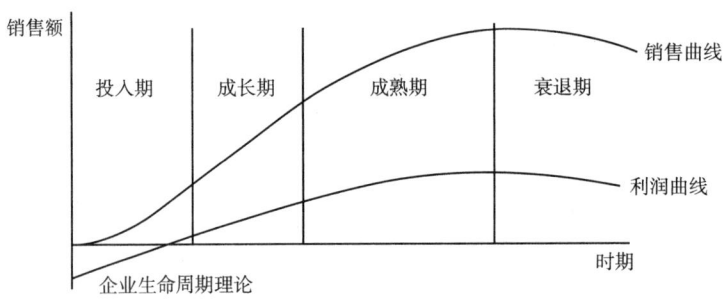

企业生命周期理论

图1-2 企业生命周期

1.3.2 不同生命周期阶段的运营

运营管理是企业生命周期中不可或缺的一部分,它影响着企业的效率、成本、创新能力和市场竞争力。随着企业生命周期的演变,运营管理的重点和策略也需要相应地调整和优化(见表1-6)。

表1-6　　　　　　　　　　不同生命周期阶段的运营

生命周期	运营重点
投入期	资源获取与配置、团队建设与激励
成长期	资本运作与扩张、技术研发与创新投入
成熟期	人力资源优化与培训、资本运作与风险管理
衰退期	资源重组与资产剥离、组织文化重塑与员工关怀

1.3.3 企业生命周期与运营管理的关系

企业生命周期与运营管理之间存在着密切的关系,不同生命周期阶段运营要素重点不同,但也存在相似之处(见表1-7)。

表 1-7　　　　　　　　　　企业生命周期与运营管理关系

操作	具体内容
持续改进	无论企业处于哪个生命周期阶段，运营管理都需要持续改进，以提高竞争力和适应性。这包括采用新技术、改进流程、提高员工技能和参与度
战略整合	运营管理与企业战略紧密相连，需要确保日常运营活动与企业的长期目标和愿景保持一致
风险管理	在企业的不同生命周期阶段，运营管理还需要识别和管理各种风险，包括市场风险、运营风险和财务风险
资源配置	有效的运营管理能够确保资源（如人力、资金、设备等）在企业的不同阶段得到合理配置和利用
客户关系	运营管理还涉及维护和发展客户关系，确保客户满意度和忠诚度，这对于企业在各个生命周期阶段的持续成功至关重要
环境和社会责任	运营管理还需要考虑产品的环境影响和社会责任，确保产品的设计、生产和回收过程符合可持续发展的要求
客户服务和支持	在整个产品生命周期中，运营管理还需要考虑如何提供有效的客户服务和支持，以维护客户满意度和忠诚度
数据分析和决策	运营管理依赖于数据分析来作出基于事实的决策，这包括对产品生命周期各阶段的市场趋势、成本结构和运营效率的分析

[情景案例] **创新科技的崛起与转型**

创新科技是一家初创公司，专注于开发高端智能手机。公司凭借一款革命性的手机迅速占领市场，成为行业的新星。然而，随着时间的推移，市场逐渐饱和，竞争日益激烈，创新科技需要不断调整其运营管理策略以适应不同的生命周期阶段。在投入期，创新科技集中精力进行产品研发和市场调研，建立了一支由顶尖工程师组成的团队。随着第一款手机的发布，公司进入了成长期，销售量激增，品牌知名度迅速提升。公司开始扩大生产线，加大研发投入，并探索国际市场。

成熟期到来时，创新科技面临了新的挑战。市场需求趋于稳定，竞争对手开始模仿其产品特性。公司管理层决定通过优化人力资源、加强员工培训和实施风险管理来维持市场地位。同时，公司开始探索新的业务领域，如智能家居和可穿戴设备。

进入衰退期，创新科技的一些产品线开始出现销售下滑。公司及时调整战略，重组资源，剥离了不再盈利的业务，并专注于开发新技术和新产品，以期待市场的再次兴起。

启示：

灵活适应市场变化：企业必须在不同的生命周期阶段灵活调整运营管理策略，以适应市场的变化和消费者的需求。

持续创新的重要性：在成熟期和衰退期，创新是企业维持竞争力和市场地位的关键。企业需要不断探索新技术和新产品，以应对市场的饱和与竞争。

资源重组与风险管理：在生命周期的后期阶段，企业需要进行资源重组，优化资产配置，并强化风险管理，以准备迎接新的市场机遇或挑战。

[本节案例]

中国煤科：全生命周期管控促矿井水"零排放"

为化解煤水资源矛盾，保护好黄河流域生态环境，中国煤炭科工集团（以下简称中国煤科）西安研究院建成我国首个聚焦黄河流域矿井水与生态问题的省部级研究平台——陕西省矿区（煤矿）生态环境保护与修复校企联合研究中心；从机制机理、技术工艺、材料装备等方面分步攻关，探索出矿井水"治保用"一体化技术体系，从根本上实现了源头保水控水、过程监测监控、末端净化利用的矿井水全生命周期管控，实现矿井水"零排放"。

1. 采前"保好水"

长久以来，我国露天煤矿地下水控制方式主要是强排，对地表水、地下水资源造成较大破坏。保护矿区水资源并减少矿坑疏排水量，是露天煤矿在实现绿色开采的过程中面临的棘手问题。

对此，中国煤科西安研究院针对露天煤矿境界外河流湿地常年补水条件及对露天煤矿安全开采和区域水文环境的影响，开发了"露天煤矿帷幕截水关键技术体系"，通过突破防渗膜大深度垂向隐蔽密贴铺设与连接、超深松散地层稳定成槽等难题，实现在地表或地下水体与矿坑之间建设一条一定深度狭长的人工不透水带，使地表水和地下水得到原位保护，地表径流和生态水位得到良好保持，矿坑内实现无涌水或少涌水开采，从而达到保水与资源绿色开发的双效益。

该技术已在大雁矿区露天煤矿落地应用，该区地表分布有常年性河流，植被以草为主，生态环境抗干扰性弱，露天矿坑的形成会使地表水和松散层水渗入矿坑，周边水位显著下降。截水帷幕形成后，帷幕墙外围约20平方公里范围内地下水位回升至生态水位，解决了当地牧民取水困难的问题，截水帷幕外围植被多样性增加了15%以上。此外，矿坑疏排水量的减少，进一步降低了边坡滑动的风险，边坡稳定系数增加至1.2以上。

"草原在春夏季节再也不是瘦黄瘦黄的景象了，我们也不用舍近求远去放牧了。"露天煤矿周边的牧民高兴地说。

2. 采中"净好水"

实现矿井水资源化利用必须解决好悬浮物含量高和矿化度高的"两高"问题。

"我们首先要抓住关键核心,悬浮物的去除要集约高效,矿化度的降低要协同降低成本。"中国煤科西安研究院技术人员这样统一思想。之后,展开了技术攻关。

矿井水中悬浮物的密度一般仅为地表水泥沙的50%,极难自然沉降。对此,中国煤科西安研究院采用混凝沉淀工艺,在矿井水中投加混絮凝剂,使悬浮物颗粒凝聚成絮体而沉降,同时在混凝沉淀的基础上增加重力、磁力、离心力等方式加速沉淀。

在此基础上,中国煤科西安研究院还研发出无机膜短流程矿井水处理系统,过滤后的矿井水悬浮物可降低至1毫克/升以下,节约占地面积最高可达80%。处理后的矿井水可应用于降尘、冲洗、消防等对水资源品质要求相对较低的场景。

矿井水中较高的溶解性总固体制约着矿井水的更高值利用。为此,中国煤科西安研究院采用深度除氟系统与脱盐膜过滤系统耦合,高效除氟材料可精准去除氟化物,反渗透或纳滤膜材料可透过矿井水中盐类物质,使深度处理后的矿井水达到TDS水质检测标准要求,并可根据需求场景进行调节。经过处理的矿井水可应用于循环冷却、灌溉、养殖、景观、生态补充等对水资源品质要求较高的场景。

"我们采用数字化监测、智能化加药以及自适应脱盐工艺,还可实现降低矿井水处理运行成本30%以上。"中国煤科西安研究院相关技术团队负责人表示。

中国煤科西安研究院根据不同水质特征和资源化利用需求,还开发了矿井水分质分级处理技术与工艺,全场景全时域监测预测矿井水径流过程,精确掌控矿井水水质和水量情况,高效低耗净化矿井水,分质分用户优化调配洁净矿井水,实现了矿井水的高效利用。

3. 采后"用好水"

矿井水既是矿产资源开采过程中的伴生产物,也是重要的非常规水源,经处理达标后的矿井水可作为矿区生产、生活和生态用水的重要水源之一。

针对西部矿区水资源短缺、生态环境脆弱等问题,中国煤科西安研究院研发形成了面向生态的矿井水配置与利用技术体系,基于矿区生态服务功能,确定矿区生态需水量,将矿山生态修复作为优先用水户,通过面向生态的水资源配置,确保其生态需水。

为缓解由生态水位下降诱发的生态退化,中国煤科西安研究院开发了矿井水生态回灌技术,并在伊敏矿区示范,该区浅部有较厚的松散层,浅表层是重要的生态涵养层,受周边煤炭开采影响,松散层水位显著下降,生态功能降低,经过回灌后示范区地下水位由降转升，水位升高接近 2 米，实现了矿区地下水位稳定抬升；为解决生态修复过程中供水不足的难题，中国煤科西安研究院开发了矿井水生态回用技术，技术成果在黑山矿区示范应用，示范区处于寒冷、干旱区域，是缺水、缺肥的露天矿剥采形成的巨大排土场，植被无法自然生长，经土壤重构与菌肥结合，保障了寒旱区重构土壤含水率和植被的需水量，加速了矿区生态修复进程。

同时，中国煤科西安研究院根据矿井水利用存在"夏多冬少"的季节性特点，开发了矿井水异位存储技术，将冬季富足的矿井水存储在储水空间，待夏季需水量较大时，调出储水空间存储的矿井水用于生态用水，使矿井水利用效率提高至 95%。该技术体系在宝日希勒矿区示范，该区冬季寒冷，无法再利用矿井水进行生态浇灌，多余的矿井水也无法消纳，夏季矿井水用途多、需求旺，将冬季产生的矿井水进行多途径转移存储，既充分利用了矿井水，又改善了矿区的生态环境。

资料来源：李德山. 中国煤科：全生命周期管控促矿井水"零排放"［N］. 光明日报，2024-06-13.

[团队场景练习]

1. 教师组织学生讨论："你的学习中最重要的事情是什么，如何保证在这上面能够持续性地投入？"

2. 折报纸。

形式：6~8 人一组

时间：40 分钟

目的：(1) 全面激发学生的想象力和创造力；(2) 理解管理的内涵和职能；(3) 培养团队合作精神，提高决策能力。

资源：四张报纸，一把剪刀，一卷胶带。

规则：不借助任何外力，报纸折得最高的小组取胜。

[本章小结]

本章首先详细阐述运营管理的定义、任务和核心价值，分析全球化背景下运营管理的挑战；其次提出产品与服务的概念，分析制造业企业与服务业企业运营差异以及二者的融合趋势；最后简述生命周期理论，分析不同生命周期阶段的运营，阐述企业生命周期与运营管理的关系。

[关键词]

运营管理　产品服务　生命周期

[简述题]

1. 简述运营管理的定义、任务与核心价值。
2. 简述产品与服务的差别。
3. 简述制造业企业与服务业企业运营差异。
4. 简述企业生命周期与运营管理的关系。

[拓展阅读]

[阅读1]

数字化赋能：数字化环境下企业运营管理的效率提升

数字化的发展和普及增强了企业对运营管理各个环节的洞察力，可以更好地制定运营管理决策、提高运营效率（见图1）。企业运营管理决策的核心目标在于为顾客提供更有竞争力的产品。为实现该目标，企业必须了解顾客、理解顾客的需求，基于顾客需求进行有针对性的产品设计，继而对产品合理定价并制定与之适应的库存管理决策。而且，当下的商业环境中的运营管理决策，不再是单个企业自身的事情，而是必须从供应链的视角来作出更为系统的考虑。

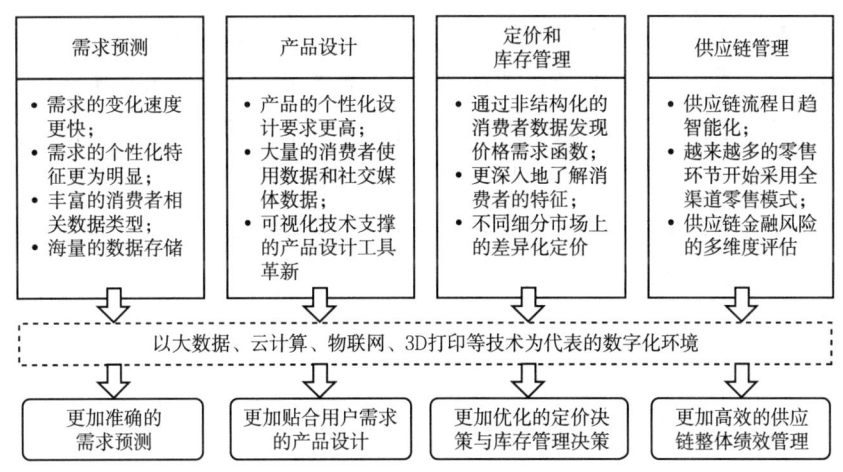

图1　数字化赋能：运营管理的效率提升

（一）需求预测

需求预测是企业运营管理的基础。进入数字化时代，消费者需求与过去相比变化速度更快、需求的个性化特征更为明显。同时，企业可以获取的数据类型和数据量都远比过去丰富。以亚马逊公司为例，除了交易数据以外，还可以将用户浏览、购买、使用、评价等数据都记录下来，包括搜索的关键词、页面的停留时间等这些行为特征往往是用户偏好及其个性化需求的直接表现，加上强大的数据分析能力，可以更加准确地预测顾客的需求，为提高运营管理绩效打下良好的基础。例如，在推荐应用程序下载时，系统考虑下载和浏览行为基于"涉入理论"（involvement theory），可以更好地了解客户需求、进行精准推荐。基于微博和第三方数据组合的模型，可以更准确地预测票房收入，进一步地，在将基于数据的预测结果应用于促销、订货等运营管理决策时，还需注意决策变量对结果变量的影响，直接基于历史数据的相关性挖掘很多时候并不能保证能得到优良的决策或预测表现需要通过学习决策变量和结果变量之间的因果关系才能有效地制定干预性的决策。将机器学习和运营管理问题整合，提出应该从预测分析（predictive analysis）到规范分析（prescriptive analysis）。

（二）产品设计

数字化技术能够实现更加贴合用户需求、更佳性能、更高效率的产品设计。首先，大量的消费者使用数据和社交媒体数据，为企业准确设计符合市场潮流的产品提供了可能。例如，通过手机应用 Niket，耐克公司更好地了解用户的运动习惯，包括用户的运动频率、时间以及位置信息等运动数据，可以帮助设计师和产品经理们设计出更加贴合用户需求的耐克产品。其次，数字仿真、虚拟现实（virual reality，VR）和增强现实（augmented reality，AR）等技术的发展，推动数字技术作为设计工具、精确地模拟和仿真产品的各种物理参数，并通过可视化的模式加以展示，尤其是可以在不同参数、不同环境下模拟不同产品设计的性能差异，从而形成最佳性能的产品设计。例如，基于智能互联产品传回的用户使用数据，利用虚拟现实等可视化技术，设计人员能够模拟产品的真实使用环境，构造出实际产品的数字化映射模型，这些技术手段对于企业持续改进产品设计，无疑具有重大意义。最后，为了更好地满足数字化时代消费者需求日益个性化的趋势，最大程度上实现个性化的设计，许多企业开始利用云计算技术，将越来越多的功能转移到云服务器，增强了与用户的互动设计，通过软件实现客户端产品的定制。例如，消费者可以根据使用习惯，自行设定数字产品的用户界面和硬件产品的功能布局等。

（三）定价和库存管理

借助数字化技术，企业可以制定更加优化的定价和库存决策。定价决策方面，首先，通过从数据中学习，企业能够动态优化定价策略，实现更好的收益管理。例如，当历史数据或者需求分布信息有限时，企业可以通过数据采样进行动态定价。现在非结构化的消费者评论数据成为企业定价的重要信息，尤其是对于体验型产品如电影戏剧等，企业可以从消费者评论数据中了解关于其产品质量的信息，发现价格需求函数，从而更好地制定价格，提高利润。其次，企业可以实现不同销售渠道或不同细分市场上的差异化定价。例如，京东经常为某些商品设定 Plus 用户专享的价格。更多时候，为避免价格歧视，差异化定价可以利用数字技术向不同细分市场推送不同优惠券来实现。现金返还机制也是经常采用的方式，具有品牌劣势的商家倾向于使用该机制吸引价格敏感用户。研究表明，现金返还机制虽然对用户有低价的吸引力，但其实际支付价格却可能比没有现金返还的固定价格更高。最后，在某些服务行业，结合用户的行为数据，甚至可以做到"一人一价"。例如，过去车辆的保险价格是基于地区、车辆类型、司机类型等因素制定的；现在借助车辆上传感器传回的数据，保险公司可以实时收集消费者的驾驶行为数据，从而更深入地了解用户的驾驶习惯、更合理地制定"一人一价"的保险价格。值得注意的是，企业在优化定价策略的过程中也有需要避免的行为。例如，在网络酒店预订平台，出现了老用户的价格比新用户贵的现象。在这个过程中，企业对老用户隐瞒了部分价格信息，利用信息不对称使老用户在缺失重要信息的情况下作出决策，这种基于数字技术的差异化定价对企业的长期发展而言弊大于利。在企业的实际运营中，动态调整价格特别是返利策略可能会带来额外的监控成本和管理成本。另外，顾客对于价格和等待时间的参考效应及损失厌恶也会影响公司管理决策，对于涉及实物产品的需求，企业的库存管理决策与定价决策密切相关，一方面动态的价格决策需要考虑剩余的库存数量，另一方面库存补货决策受到消费者需求的影响，需要同时对两者进行优化。例如，班恩和鲁丁（Ban & Rudin）研究了大数据环境中基于机器学习算法的报童模型，并对不同的算法进行了比较。基于数字化技术，企业甚至可以在需求发生之前就作出相应的库存补货计划。乌兰诺夫（Ulanof）介绍了亚马逊的一项专利技术，基于消费者的搜索数据以及在商品页面的停留数据，通过深度学习算法，亚马逊能够在消费者的真实订单到达之前，就将货物准备好并运往相应的配送中心，降低了运输成本和库存成本。通过学习潜在购买者在商品展示网站的点击数据与线下的实际购买数据之间的关系，企业可以优化其库存管理策略，降低缺货成本和库存持有成本。

（四）供应链管理

数字化及相关技术在企业的供应链管理创新中发挥了重要的作用，这既体现在流程日趋智能化，又体现在供应链上下游之间决策越来越多地依赖于数据分析。

首先，制造业正在变得越来越智能，越来越多地使用传感器和无线技术来捕获生产环节中的各种数据，再传递回智能设备以指导生产，工厂由集中控制转变为分散式自适应的智能网络。数字化及相关技术彻底地改变了制造环节设备维护的模式，在降低成本的同时有效提高了设备的可靠性。类似地，数字化技术还可以用于监控和分析整个生产流程，发现能耗异常，从而在生产过程中实现实时优化。

其次，在互联网时代，越来越多的供应链管理中的零售环节开始采用全渠道零售模式，即零售商通过线上及线下等多种渠道进行销售。中国一家领先的在线零售商于2017年10月在北京推出了首家线下"无收银员"零售店，2018年又新增了30家线下商店。新的零售店在购物体验和运营管理方面都与传统零售店有很大差异。例如，商店要求消费者在进店时扫描在线购物应用程序，以便商店掌握消费者的在线标识信息；结账过程实时完成，不需要排队等候。物流方面，依托在线零售商的先进物流，线下商店不需要考虑附属仓库的问题，相反，可以更频繁和灵活地补货，从某种程度上扩大了实体店的空间。通过线上的销售数据还可以帮助零售商更好地对线下零售中遇到的问题进行决策，特别是通过全渠道收集的数据多于传统数据，指导操作更具参考性，如选品问题、货架库存问题以及选址问题等。在多渠道运营的企业不可避免地会遇到渠道与产品属性的匹配问题。有些属性消费者可以通过访问网站获得，有些属性则涉及体验或是个性化目标，消费者必须要到线下门店才能得到。顾客渠道选择、线上线下同价和不同价两种策略对消费者行为的影响、消费者的导流问题等是需要深入研究的关键问题。

资料来源：陈剑，黄朔，刘运辉. 从赋能到使能——数字化环境下的企业运营管理 [J]. 管理世界，2020，36（2）：117 – 128 + 222.

[阅读2]

共享出行平台运营模式创新路径选择研究

运营模式创新是共享出行平台有效突破平台运营中隐私泄露、责任缺失、盈利不足等现实困境，实现可持续创新和发展的关键路径。然而，现有研究对如何选择共享出行平台运营模式创新的路径未能提供科学的理论依据和系统化的解决方案。本文综合运用扎根理论、灰色关联分析法和NK模型，分析了共享出行平台运营模式的构成要素及其创新的演进阶段和最优路径。研究发现：（1）共享出行平台运营模式的构成要素包含了营销战略、核心资源、伙伴网络、客户关系、关键业务、科技向善、ESG发展理念和盈利模式。（2）共享出行平台运营模式创新经历了资源主导型创新、业务开拓型创新、科技驱动型创新和责任导向型创新四个演进阶段。(3) 最优的创新路径是在"核心资源"创新的基础上，融合平台"关键业务"创新，考虑"科技向善"创新，最终实现"ESG 发展理念"创新。本文为共享出行平台企业优化运营模式创新路径提供理论指导，也为推进多主体协同创新提供有益参考。

随着数字经济、共享经济等新经济业态的兴起，共享出行凭借价格优势和便利性迎来了井喷式增长。共享出行的发展很大程度上依赖于共享出行平台。共享出行平台是连接乘车方与司机的第三方移动新型交通平台，满足了人们对短途和环保出行的需求，能够解决长期存在的巡游出租车打车难等问题。近年来，共享出行平台逐渐发展壮大，不仅有效缓解了交通压力，还有助于降低能源消耗，减少环境污染。然而，共享出行平台在运营中陆续暴露出隐私泄露、责任缺失及盈利模式不合理等诸多问题。共享出行平台运营模式是平台为获取可持续竞争优势，整合目标客户、盈利模式、技术管理和业务开发等内部资源形成的一套适用于平台长期稳定发展的模式。实践表明，共享出行平台运营模式创新通过迭代技术手段、优化成本结构、增加用户黏性，成为突破平台运营中现实困境的关键路径。而当前共享出行平台运营模式创新的效率存在损失，未能根本解决自身问题。因此，解构共享出行平台的运营模式及其创新路径，设计适应社会环境、具有可持续性的运营模式，优化运营模式的创新路径，成为实业界和学术界关注的焦点议题。现有关于共享出行平台运营模式的研究主要考察共享经济和传统经济背景下出行交易的发展历程和经营模式的分类及对比，或归纳运营模式创新的外部需求，如信息网络基础、产业基础及市场需求等。平台运营模式是由运行主体内部服务、信息和产品等多要素构成的有机系统。运营模式优化理论表明，在技术、运营和营销等多个环节，对多元构成要素进行系统性创新，能够优化平台现行的运营模式，促进平台可持续发展。学术界关注了平台运营模式的构成要素及其要素组合的创新。聚焦于平台运营模式的构成要素，学者们持有不同观点。从要素数量来看，资源配置和盈利方式是运营模式的两类关键要素；定义类要素、关联性要素、机理类要素则组成了运营模式的多元要素。聚焦于平台运营模式创新，理论探索和产业实践指出，共享出行平台发展主要包括三大阶段：初创阶段、发展阶段和相对成熟阶段。学术界对不同发展阶段平台运营模式创新研究的侧重点有所差异。共享出行平台的初创阶段，学界侧重于对由内部要素引发的运营模式创新路径选择的探究，包括价值创造、价值网络重构、价值共创等。共享出行平台进入发展阶段后，随着智慧出行观念的形成以及市场规模的增长，学者们开始转向探索由用户动机和盈利模式等外部因素引发的运营模式创新路径。共享出行平台发展到相对成熟阶段，学术关注点逐渐转向由内外部因素互动引发的运营模式创新路径选择。

尽管学术界围绕平台运营模式的构成要素和创新路径展开了研究，但以下方面仍有待于进一步探讨和深化。一方面，现有研究仅从定义类要素、关联性要素、机理类要素等角度明确了平台运营模式的构成要素，未识别出平台运营模式的关键构成要素及构成要素间的相互关系。另一方面，已有研究局限于讨论内外部构成要素对共享出行平台运营模式创新路径的影响，鲜有研究关注平台运营模式的创新效率。事实上，创新效率的提升是驱动平台运营模式创新高阶演进，实现平台可持续发展的重要方向。此外，共享出行平台运营模式是一个具有创新性、复杂性的有机系统，已有的针对共享出行平台运营模式创新路径的研究采用了模糊集定性比较分析法和案例分析法，未能清晰有效地讨论平台运营模式这一复杂系统构成要素对其创新的影响。NK模型在揭示构成要素间互动对系统适应性的影响时具有明显优势。有鉴于此，本文试图探讨以下研究问题：（1）共享出行平台运营模式的构成要素和关键构成要素分别有哪些？（2）共享出行平台运营模式创新的演进阶段和最优路径分别是什么？

管理启示

（1）注重提升运营模式构成要素水平，持续优化运营模式的创新路径。构成要素提升方面，平台企业应当主动感知市场需求，制定有效的营销目标和营销战略，优化产品和服务结构；将数据作为关键业务创新的依据，提高服务质量；坚持科技向善的思维，合理预知技术创新的潜在风险，积极践行负责任创新，重视社会效益和经济效益的协调发展。创新路径优化方面，在资源主导型创新阶段，平台企业应当强化核心资源创新，避免竞争者盲目效仿，此阶段更适用于初创期平台；在业务开拓型创新阶段，平台企业应积极开拓新业务提升平台盈利水平，此阶段更适用于发展期平台；在科技驱动型创新阶段，平台企业应利用科技创新实现从盲目追求速度与规模的粗放模式向注重效率和质量的精细化运营转变，此阶段更适用于成熟期平台；在责任导向型创新阶段，共享出行平台需重视ESG表现，实现平台可持续运营，此阶段更适用于成熟期平台。

（2）协同多元主体，高效推进共享出行平台运营模式创新。共享出行平台企业应当主动披露社会责任履行和ESG表现的相关信息，提升消费者对平台企业和运营平台的认识，引导消费者积极参与平台运行模式创新的反馈机制，不断提升服务质量和用户体验。共享出行平台企业还应当携手平台技术供应商和其他的合作伙伴，秉持科技向善和ESG理念，积极开展合作研发以推动多主体协同创新。此外，政府部门可以通过搭建平台企业及其利益相关者的沟通平台，有效促进技术、知识、资源等创新要素的融通，推动平台运营模式创新。政府部门应当持续完善共享出行平台监督机制，引导平台企业及其利益相关者遵循 ESG 标准，引领平台运营模式可持续创新发展。

不足与展望

本文的研究尚有不足，需要在之后的研究中进一步优化。首先，本文仅选取三个典型案例分析了共享出行平台运营模式的构成要素，后续研究可以进一步扩大样本量，更全面地表征平台运营模式的构成要素。其次，作为创新的重要主体，共享出行平台运营模式创新最优路径的选择尚未充分考虑平台工作者的作用，未来可以将平台工作者的影响纳入研究，为共享出行平台提出更可靠的建议。最后，本文将曹操出行平台作为仿真对象，验证了研究结论的有效性，但不同的共享出行平台存在明显的差异化特征，后续的研究工作可将其他共享出行平台纳入分析，提高研究结论的普适性和说服力。

资料来源：鲁锦涛，郭娅珍，林文芳. 共享出行平台运营模式创新路径选择研究［J］. 科研管理，2024，45（9）：184 - 192.

[阅读3]

数字农业运营管理的基本特征

广义上来说，数字农业属于数字经济的一部分。2016 年，在二十国集团（G20）峰会上发布的《二十国集团数字经济发展与合作倡议》把数字经济定义为：以使用数字化的知识和信息作为关键生产要素、以现代信息网络作为重要载体、以信息通信技术的有效使用作为效率提升和经济结构优化的重要推动力的一系列经济活动。该倡议提出要"促进农业生产、运营、管理的数字化"。可见，数字农业最基本的特征是把数字化的农业知识与信息作为关键生产要素。运营管理的概念从生产管理延伸出来，指与产品生产和服务创造过程及系统密切相关的各项管理工作，涉及计划、组织、实施与控制等。农业生产管理是指对农业生产活动的一系列管理，而农业运营管理的对象除了农业生产活动，还包括与农产品有关的各项过程与系统。与传统农业运营管理不同，数字农业运营管理的对象主要包括两个大的方面：一是与农业数字化相关的过程和系统；二是与农业数字资源使用相关的过程和系统。根据以上分析，我们形成数字农业运营管理的定义：采用新型物联网系统为基础支撑体系，对农业要素和过程进行数字化以及对形成的数字资源进行分析使用的过程中产生的与农产品生产和服务创造密切相关的计划、组织、实施与控制等各项管理工作，其目标是实现农业投入产出控制的精准化、农业知识经验传承的显性化、农产品交易过程的透明化和农业对环境负面影响的最小化。可见，数字农业运营管理是以信息通信技术在农业中深入应用为前提，以农业要素与过程的数字化和数字资源的创新使用为主要管理对象，以实现农业可持续发展满足人类需求为最终目标，主要具有6个基本特征，如图1所示。

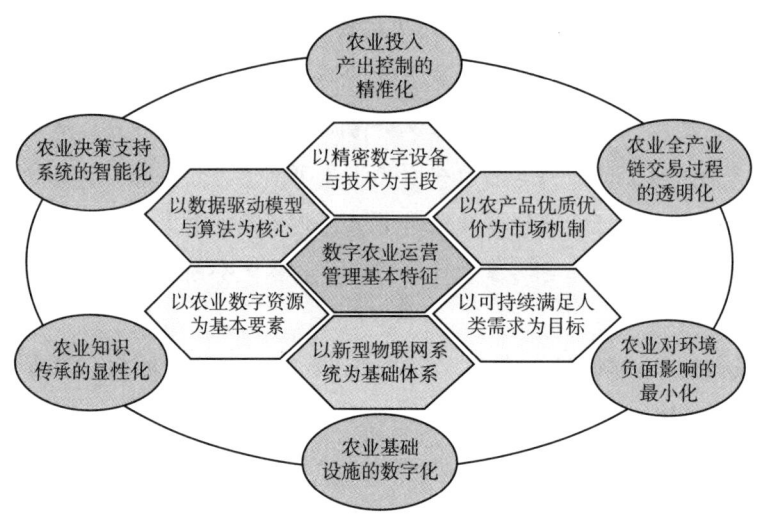

图1　数字农业运营管理的基本特征

（一）以新型物联网系统为基础体系，促进农业基础设施的数字化

经历了机械化和自动化之后，现代农业正在走向数字化和智能化，而影响这次农业革命进程的一个重要因素就是新兴信息与通信技术在农业中的应用程度。遥感技术、地理信息系统和全球定位系统等3S技术在农业中的应用已经比较成熟，但农业数字化和智能化的真正实现需要由新兴的传感技术（传感器、红外感应器和无人机等）、计算技术（云计算、边缘计算和区块链等）以及网络通信技术（5G等）共同构成的新型农业物联网系统。如何采用运营管理的思想与方法建设新型农业物联网系统以完成农业基础设施的数字化革命，是数字农业运营管理的首要任务。只有完成了这一首要任务，才能出现数字农业运营管理的基本场景，进而经过科学研究和实践检验才形成数字农业运营管理理论与方法体系，最终促进农业数字化、智能化和精准化的真正实现。

（二）以农业数字资源为基本要素，促进农业知识传承的显性化

农业数字化是指采用遥感、全球定位系统、传感器、无人机、云计算和边缘计算等各种信息与通信技术采集农业要素和农业模型并转换为计算机可以处理的二进制数字的过程。其中，农业要素主要包括4个方面：生物要素（例如茎流量、叶面温度和

果径大小)、环境要素(例如空气温湿度、光照强度和风力风向)、技术要素(例如农药效果、飞防效率和收割效率)和社会经济要素(例如农产品价格和农产品需求)。农业模型是指农业过程间的内在规律与外在关系,例如作物生长规律、施肥量与产量的关系、农产品产量与价格的关系,这些往往属于农业现有知识和涉农专家技术人员的经验。可见,经过农业要素和农业模型数字化形成的农业数字资源,是进行农业精准智能控制的前提,也是数字农业运营管理的基本对象。也可以看出,以农业数字资源为基本要素的数字农业运营管理理论与方法的形成,可以有效促进农业知识经验传承的显性化,进而可以加快农业技术发展和农业知识创新。

(三) 以数据驱动模型与算法为核心,促进农业决策支持系统的智能化

数字农业运营管理模型与算法的功能主要体现在两个过程。首先,在采用新兴信息与通信技术对农业要素进行数字化的过程中,要素数据采集环节与设备的优化配置、数据传输网络以及传输路径的优化设计、数据存储与计算资源的合理分配等都需要相应的模型与算法,才能形成合理有效的农业要素数字化方案,同时也需要把现有农业知识和农业专家技术经验转化成计算机可以处理的模型与算法。其次,在搭建新型农业物联网系统之后,农业要素状态实时被感知并传输到数据处理中心,作为农业决策支持系统的输入,需要经过模型与算法的识别、判断与优化,确定是否进行调控以及调控的精度,然后输出到农业物联网系统中实施。可见,数据驱动的模型与算法是进行数字农业运营管理的核心,也是实现农业决策支持系统智能化的关键所在。

(四) 以精密数字设备与技术为手段,促进农业投入产出控制的精准化

经过模型与算法处理得到的新型农业物联网系统搭建方案和系统运行过程中的调控方案相当于运营管理的计划功能,是否最终实现需要精准的实施与控制,这就需要精密的数字设备和管控技术。首先,需要精密的数字控制设备,需要研发新一代传感器和制动器,对农业要素进行更加精准的感知与控制;其次,也需要在新型物联网环境下对农业全产业链管控技术进行创新。一方面要采用新兴信息与通信技术重塑农业全产业链,实现全链条的精准优化,淘汰多余的运行环节、管理层级和工作岗位;另一方面要采用可现场部署的移动传感网络技术,实现对农业要素的更加精准动态管控。只有实现精准化的农业投入产出控制,才能真正实现精准农业,以持续提高农产品质量与产量。

(五) 以农产品优质优价为市场机制,促进农业全产业链交易过程的透明化

农业物联网系统的布置往往能够提高产量和品质,但如果缺少农产品优质优价市场机制,可能给农场带来的是损失而不是收益的增加。而农场对新兴信息与通信技术

的采纳行为往往受其感知的有用性程度所影响，因此，优质优价的市场机制是驱动农场主动加入新型农业物联网系统的一个必要条件。加入农业物联网系统的农场数量增加到一定程度，会形成巨大的农业要素数据网和农业模型算法库，此时农业物联网的巨大网络价值才会凸显，而在这一网络中信息获取和各种交易机会成本会接近于零，使得农业全产业链交易过程实现透明化，进而会保障农产品优质优价市场机制的持续运行。同时，新型农业物联网环境下，由于信息的透明化和交易机会成本的消失，会在农业产业链条之间形成开放式、分布式、协同式的横向规模经济体系，进一步降低农业生产和农产品流通成本。可见，农产品优质优价市场机制是进行数字农业运营管理的重要场景和导向目标。

（六）以可持续满足人类需求为目标，促进农业对环境负面影响的最小化

农业是满足人类物质需求和支持国家发展的基础产业，因此，数字农业运营管理的最终目标是在新兴信息与通信技术的支持下提高农产品的产量与品质，持续地满足人类生活基本的物质需要。数字农业运营管理可以从以下两个大的方面实现可持续农业的目标。一方面，利用农业物联网系统精准监测农业活动对环境的影响，设计最小化环境负面影响的农业活动计划、组织、实施与控制方案。另一方面，利用运营管理理论与方法优化农业物联网系统建设与数据采集传输方案，以最小化物联网系统本身对环境的负面影响。固定传感节点布置优化、移动传感节点路径优化以及传感节点数据上传间隔时间的优化设置等都可以应用运作优化模型与算法找出最优方案以最小化物联网系统对环境的负面影响。

第 2 章　运营战略与系统

2.1　竞争优势

2.1.1　成本与收益

在运营管理过程中，企业通过成本控制和收益最大化来获得竞争优势（见表 2-1）。

表 2-1　　　　　　　　　　　成本与收益竞争优势

竞争战略	具体内容
成本领先	借助数智技术推动生产流程智能化、数字化、精益化，减少浪费，提高生产率，降低成本，获取价格优势
规模经济	合理扩大规模，增强议价力，争取折扣，分摊成本，提高效率，注意规避过度扩张风险
供应链管理	构建数智化供应链，设计合理结构，精准预测需求，安排生产与库存，维护供应商关系，降低成本，提高效率与响应速度
技术创新	以数智驱动创新，研发应用新技术，优化产品、服务与流程，激发创新思维，提供创新方案
质量管理	设定具体的质量目标，收集分析客户反馈，解决出现的问题，提升顾客满意度，增加份额与收益
客户关系管理	利用数智工具收集分析客户数据，洞察需求，提供个性化服务，建立有效沟通机制，维护关系，提高忠诚度与复购率
数据驱动的决策	基于数据收集、分析与解释进行决策，建立数据仓库，确保数据质量与可访问性，运用图表可视化工具，提高分析自动化与智能化水平，快速响应市场与业务需求
风险管理	借助数智手段识别风险，降低发生可能性与影响，持续监测效果，根据环境变化调整策略，减少对成本与收益的冲击
人才管理	依据需求制定招聘与培训计划，满足技能需求，提供发展机会，提升技能，建立公平透明评估体系，增强忠诚度

管理小卡片

数智技术：指结合数字技术（如大数据、人工智能和智能制造技术）来提升效率的技术。

2.1.2 功能与质量

运营管理竞争优势可以通过功能和质量两个关键方面来体现（见表2-2）。功能是产品或服务所具备的特性和用途，质量是这些功能表现的水平和一致性。

表2-2　　　　　　　　　　　　功能与质量竞争优势

竞争战略	具体内容
产品差异化	利用数智化手段分析市场需求，开发独特产品，在外观、性能等方面与竞品区分，通过品牌营销塑造独特形象，满足特定需求，提供额外价值
功能创新	结合数智技术，在产品或服务中融入新功能，满足市场需求，提升用户体验，借助大数据等技术开发创新产品
服务保障	运用数字化工具，如智能客服系统，组建专业客服团队，提供及时专业服务，构建反馈机制，提高服务效率，提供用户自助解决问题的资料
技术整合	基于数智化理念，明确整合目标与需求，评估技术，将不同技术集成至统一平台或流程，提高效率、降低成本、增强功能
质量保证	以全面质量管理为指导，保证生产与服务过程的一致性、可重复性，运用质量数据分析使产品或服务符合质量标准与客户期望，提升客户满意度与忠诚度
质量认证	借助数智化手段进行质量评估，获得第三方机构证明，表明企业产品和服务符合质量标准与规范，体现企业质量管理承诺与社会责任
市场适应性	依据数智化市场分析结果，根据市场变化与客户需求调整产品、服务及运营策略，定期开展市场研究，构建敏捷组织，快速适应市场变化
客户体验管理	利用数智技术描绘客户旅程，管控各接触点，通过调研等手段收集客户数据，确保客户体验无缝衔接
敏捷开发	采用以人为核心，迭代、循序渐进的开发方式，强调团队协作与持续改进，运用自动化测试等数智技术提高软件开发速度与灵活性

在数智化背景下，企业应充分运用先进技术，将功能与质量紧密结合，全面提升运营管理水平，以增强市场竞争力。同时，秉持全面质量管理理念，确保各个环节高质量运作，实现可持续发展。

> **知识小卡片**
>
> 全面质量管理(total quality management):组织以质量为中心,以全员参与为基础,目的在于通过让顾客满意和本组织所有成员及社会受益而达到长期成功的管理途径。

2.1.3 定制化与创新

在当今数智化时代和全面质量管理的背景下,运营管理的竞争优势可通过定制化与创新这两个关键方面来达成。定制化旨在满足特定客户群体的独特需求,而创新则助力企业开拓新市场并提升产品或服务的竞争力。定制化与创新方面的运营管理竞争优势如表 2-3 所示。

表 2-3 定制化与创新方面运营管理竞争优势

竞争战略	具体内容
识别个性化需求	借助大数据分析和人工智能技术,挖掘客户个性化需求,保障客户隐私。利用新质生产力中的数字技术,更精准地分析客户数据,实现个性化需求的深度识别
灵活生产流程	采用模块化产品设计,调整生产线,培育多技能员工,运用自动化技术提高生产灵活性。引入新质生产力中的智能制造技术,提升生产流程的智能化水平,进一步增强灵活性
客户参与设计	将客户反馈和需求融入产品设计,提高客户满意度和忠诚度。通过新质生产力交互平台,加强客户与企业沟通,使客户更有效地参与设计过程
创新流程管理	构建标准化创新流程,设立指标体系,评估创新效果,培养学习文化,确保合法合规。运用新质生产力创新工具和方法,提高创新流程效率和质量
研发投入	明确预算,合理分配资金,提供环境设备,招募培养人才,采用专业管理方法,探索技术趋势。加大对新质生产力相关技术的研发投入,推动技术创新和应用
创新激励机制	制定政策,鼓励员工自主决策,建立奖励制度,激发创新精神。以新质生产力的发展需求为导向,激励员工开展与之相关的创新活动
灵活的业务模式	提高市场敏感度,构建灵活组织,开发多元产品服务,投资新技术,打造灵活业务模式。借助新质生产力驱动,加快业务模式数字化转型,提高适应市场变化能力
环境适应性	培养领导和变革能力,制定危机预案,拓展国际视野,采用绿色技术,参与社区活动。结合新质生产力特点,推动企业向绿色、可持续方向发展,提高环境适应性
全球视野	放眼全球经济格局,尊重文化差异,发展多语言能力,全球招聘人才,组建多元化团队。利用新质生产力互联互通优势,加强企业在全球范围内资源整合和市场拓展

[情景案例] 老厂新生——李氏机械的智慧转型

李氏机械厂,一个曾经辉煌一时的工业巨头,如今却面临着被时代淘汰的危机。厂长李明辉站在满是油渍的车间里,望着那些陪伴了他大半辈子的老旧机器,心中五味杂陈。但他知道,怀旧不能当饭吃,改革才是生存之道。

李明辉决定放手一搏,他引进了一排排闪烁着冷光的机器人和智能化设备。工人们开始时抵触,甚至有人扬言要砸了这些"铁疙瘩"。但李明辉没有放弃,他亲自下车间,和工人们一起学习操作,一起解决问题。几个月后,当第一件由机器人打磨的零件完美地呈现在众人面前时,所有人都被震撼了。

智慧工厂的名声不胫而走,订单如雪片般飞来。李氏机械厂再次焕发了生机,李明辉站在窗前,看着那些曾经冷清的机器如今忙碌地运转,心中充满了自豪。

案例启示:
1. 变革总是伴随着痛苦,但只有勇敢迈出第一步,才能迎来新生。
2. 领导者的身教重于言教,与员工并肩作战能够凝聚人心。
3. 创新不仅是技术的更新,更是对传统观念的挑战和突破。

[本节案例]

广东:以"新"提质势头正劲

【深入学习贯彻党的二十大精神·中国式现代化·因地制宜发展新质生产力】

发展新质生产力是推动高质量发展的内在要求和重要着力点,也是经济大省广东的战略之举、长远之策。

当前,广东正快马加鞭,以"新"提质,势头正劲。向空天探索,"鲲龙"AG600研制成功,大疆无人机畅销全球,量子通信、商业航天、低空经济如火如荼;向深海挺进,冷泉生态系统、大洋钻探船、深海科学中心加快建设,深海开发能力大幅提升;向微观进军,散裂中子源为生命科学、材料科学发展提供了新工具;向虚拟空间拓展,互联网、大数据、云计算、区块链、人工智能竞相发展,数字经济方兴未艾……在加快培育新质生产力的大道上,广东坚决扛起经济大省"挑大梁"的责任担当,展现出"走在前列"的精气神。

产出越来越多"从0到1"的原创成果

新质生产力,"新"在新的科学技术、新的生产方式、新的产业形态,核心要义是以科技创新驱动生产力向新的质态跃升。创新，是其最鲜明的特点。做好科技创新大文章，才能激发新质生产力的核心动力。《中国区域创新能力评价报告2023》显示，广东的区域创新综合能力蝉联第一，连续7年领跑全国。

在这里，粤港澳大湾区国际科技创新中心、综合性国家科学中心、高水平人才高地等全面建设。鹏城实验室、广州实验室、大科学装置等"国之重器"相继布局；深圳光明科学城、东莞松山湖科学城、广州南沙科学城加速崛起，成为原始创新策源地；高水平大学、科研院所、新型研发机构等积厚成势，为产业高质量发展提供不竭动力。

在这里，形成了"众创空间、孵化器、加速器和大学科技园"全链条孵化育成体系。广东省孵化器、众创空间数量均居全国首位，成为科技企业培育壮大的摇篮。

基础研究是创新源头。近年来，广东全面加强基础与应用基础研究，着力补齐原始创新短板。2023年，全省研发经费支出占地区生产总值比重达3.39%。广东系统性推进基础研究十年"卓粤"计划落地实施，全省获国家自然科学基金立项4 960项，获资助金额28.60亿元，立项数目、获资助金额均创历史新高。

随着创新能力不断提升，越来越多"从0到1"的原创成果出自广东。近两年，由鹏城实验室牵头、国内多所高校参与的6G无线测试刷新了业界纪录；中山大学教授王猛带领团队发现全新高温超导体，实现国际物理学界近40年来的新突破；航空轮胎动力学大科学装置落地转化"仿生合成橡胶"成果，助力我国民航轮胎实现从无到有的突破。

战略性新兴产业加速聚势成形

在第135届广交会上，来自广州开发区的智能机器人领域独角兽头部企业达闼科技，在现场展示了一台云端智能服务机器人，备受采购商青睐。这是一款基于智能柔性执行器开发的商用人形服务机器人，其具备的视觉抓取能力，能为不同客户提供个性化服务，甚至能根据交谈者使用的语言用相应的语言交流。

"推动机器人向人形具身智能机器人发展，是广东极具潜力的未来产业。"奥比中光科技集团股份有限公司董事长兼CEO黄源浩认为，粤港澳大湾区拥有全球领先的具身智能机器人制造基础，研发、设计、生产均有突出的供应链、人才优势，各城市在产业链上下游"各领风骚"，如深圳拥有服务机器人集群，东莞核心零部件产业链日趋成熟，佛山产业链中下游布局加速，形成了产业链协同创新雏形。目前，全国每3台工业机器人就有1台"广东造"，广东省的机器人产业链完备程度已居全国前列。

近年来，广东发展分化、优胜劣汰越发明显，缺乏技术含量的过剩生产力、重复生产力、低效生产力被市场出清，代表技术进步的数字生产力、智能生产力、绿色生产力迅速壮大。

在人工智能领域，广东省人工智能产业区域发展竞争力评价指数排全国第2位，紧随北京之后。小马智行、致景科技、奥飞数据、极飞科技、云从科技等一大批人工智能新锐企业活力涌现；广东海量的场景和数据为人工智能的发展提供了广泛的实践场景，越来越多企业将人工智能与各自产业紧密结合，打造"AI+制造""AI+金融""AI+医疗""AI+安防""AI+教育"等落地场景，人工智能产业应用不断深化，为千行百业发展提供前所未有的潜能。

在高端装备领域，广东各地创新举措，大批企业积极推进技术创新，推动高端制造业走向尖端。中科富海低温装备制造有限公司在中国首套具有自主知识产权的商业化LNG-BOG盐池提氦及液化示范项目完成运行，解决了国家氦资源"卡脖子"难题。

在生物医药领域，广东依托大量人才和资金投入，2012~2022年，完成了生物医药行业从"有"到"优"的蝶变。"十三五"期间，广东生物医药产值年均增长达到13.7%，高于同期全省GDP年复合增长率。到2025年，广东将实现生物医药与健康产业规模、集聚效应、创新能力国内一流，体制机制、服务体系、市场竞争力国际领先，打造万亿级产业集群。

广东正昂首阔步，加快把集成电路、新型储能、新能源汽车、低空经济、人工智能等打造成新的五千亿级、万亿级产业集群。

在岭南大地百舸争流的产业创新浪潮中，未来产业前瞻布局，战略性新兴产业加速聚势成形，处处涌动着高质量发展的蓬勃活力。

实现从科技强到企业强、产业强、经济强

2024年2月18日，广东省委、省政府在深圳召开全省高质量发展大会。大会指出，科技创新和体制创新如车之双轮、鸟之两翼，互为促进、缺一不可。要着眼发展新质生产力，下好改革"先手棋"，抓紧推进地方科技管理机构改革，带动科技体制改革向纵深和具体处发展，切实打通制约产业科技创新的卡点堵点。

作为国家设立的首批开发区，广州开发区在2023年10月发布《广州开发区（黄埔区）促进低空经济高质量发展的若干措施》。单个企业最高奖励3 000万元，是粤港澳大湾区综合力度最大、低空经济产业链条覆盖范围最广的专项支持政策之一。

广州开发区积极与中国民用航空局对接民航广州航空器审定分中心落户，与广州产投资本共同设立100亿元的广州开发区低空产业创投基金，在中新广州知识城谋划

建设低空经济产业园……广州开发区为低空经济产业打造了最适宜的营商环境，只为企业安心发展。

近年来，广东积极探索具体路径，促进有为政府和有效市场紧密结合，推进"有组织的科研""有组织的转化"，更好实现从科技强到企业强、产业强、经济强。

通过"揭榜挂帅"承接企业技术难题，广东粤港澳大湾区黄埔材料研究院将先导专项衍生的先进技术外溢到民航轮胎、新能源汽车轮胎等产品中，目前已累计孵化企业17家。

人工智能与数字经济广东省实验室（广州）与中国联通共建粤港澳大湾区人工智能与安全研究中心，与百度公司共建百度飞桨人工智能产业赋能中心，与云从科技共建人机协同技术研究中心。在广东，政产学研协同发力的创新联合体比比皆是。聚焦科技成果产业化这一关键环节，广东正在新型储能、集成电路、生物制造等领域布局建设一批中试验证平台，为企业提供小批量试生产、材料装备验证、生产工艺验证等公共服务。

通过推动一系列创新举措，广东实现"产业科技互促双强"前景已然显现。

资料来源：广东：以"新"提质势头正劲［N］. 光明日报，2024-06-20（5）.

2.2 运营战略

2.2.1 运营战略的内涵

运营战略是在使命、愿景、价值观与发展战略的引领下，融合数智化理念，对目标市场定位、价值主张、核心能力培育以及产品和服务提供等方面作出的中长期谋划。研发战略、区域布局战略、能力战略、质量战略、供应链战略等均为运营战略的重要组成部分。

在数智化时代，运营战略旨在借助先进的信息技术和数据分析手段，为实现企业的总体战略目标提供有力支持，使生产运营系统成为企业在市场中立足并获得长期竞争优势的坚实基础。

运营战略的研究对象是生产运营过程和生产运营系统的基本问题（见表2-4），基本问题是指包括产品选择、工厂选址、技术水平、设施布置、协作化水平、生产运营组织形式、劳动力计划、竞争优势要素、质量管理、生产计划与物料控制等。

表 2-4　　　　　　　　生产运营过程与生产运营系统基本问题

基本问题	具体内容
产品选择	在确定目标市场后，需考虑选择何种产品以占领市场
生产能力需求计划	在战略计划期内，对生产能力数量、时间以及产品柔性等方面规划
工厂设施	包括确定工厂规模、厂址选择以及专业化水平
技术水平	技术对竞争力至关重要，需选择合适技术设备并确定自动化程度
协作化水平	确定自制与外购比例以及协作厂数量，构建供应链，联合生产产品
劳动力计划	明确所需劳动力的技能水平、工资政策以及稳定劳动力的措施
质量管理	注重不良品的预防以及质量的监督与控制
生产计划与物料控制	制定资源利用政策、确定计划集中程度以及选择计划方法
生产组织	确定生产系统结构、进行职务设计以及明确职位职责

运营战略的性质是对上述基本问题进行根本性规划，涵盖生产运营过程和生产运营系统的长远目标、发展方向与重点、基本行动方针以及基本步骤等一系列指导思想和决策原则。

管理小卡片

没有战略的企业就像一艘没有舵的船，只会在原地转圈。

——乔尔·罗斯

2.2.2　运营战略的特点

（1）从属于经营战略，运用数智化手段，使研究对象更加具体和精准，从产品选择到生产组织的各个环节都能实现精细化管理。

（2）与营销战略、财务战略等紧密相关。一方面，运营战略在数智化的支撑下，更注重与财务和营销战略的协同，避免脱离约束；另一方面，运营战略通过精益生产和全面质量管理等，为实现营销与财务战略提供可靠保证。

（3）运营战略考虑面广，时间跨度长。在数智化的助力下，能够更好地把握市场动态和发展趋势，制定具有前瞻性和适应性的战略规划。

2.2.3　运营战略与竞争优势

运营战略成功的关键是明确竞争重点优势要素。竞争力是企业取得竞争优势的保证条件。在当代时代背景下结合国家发展战略，运营战略竞争优势可以进一步细化和强化。

竞争力是决定一个企业生存、发展和壮大的重要因素，是企业取得竞争优势的保证条件。斯金纳等最初定义的"四种基本竞争优势要素"为：成本、质量、快速交货和柔性。随后，又出现了第五种竞争优势要素——服务。而在新的发展形势下，环保也成为企业获取竞争优势的重要因素。

1. 成本

在部分以低价格为购物首选标准的行业中，企业需以低成本制造产品，但盲目降低成本可能导致市场供大于求，竞争激烈。新质生产力背景下，企业应借助数字化技术降低成本。

2. 质量

分为产品质量与生产过程质量，应根据用户需求确定质量标准，过度提高或降低标准都不利。新质生产力中的先进技术和工具可提高产品质量的稳定性。

3. 交货速度

交货迅速可以减少库存、增加流动资金。数字化供应链管理系统可提高交货的准确性和及时性。

4. 制造柔性

企业为用户提供多样化产品及快速转换生产线的能力，适应消费个性化、需求多样化的趋势。智能制造技术和柔性生产系统可增强制造柔性。

5. 服务

在当今企业环境中，企业开始为客户提供"增值"服务。信息技术快速发展，企业需要采用云计算、大数据、人工智能等数字化转型技术来提高运营效率和客户体验，提升对消费者的服务水平。

管理小卡片

市场来源于服务，因为服务可以增加客户的价值。

——范德·墨菲

6. 环保

环保工艺和环保产品的运用是竞争优势趋势,消费者更倾向购买环保产品,企业应响应国家号召,采用绿色生产等方式构建优势。绿色技术和可持续发展理念可推动企业在环保方面创新。

综上所述,企业在制定运营战略时,应充分考虑这些竞争优势要素,并结合新质生产力的发展,不断提升自身的竞争力,以适应市场的变化和国家发展的需求。

运营战略竞争理论是研究如何使运营系统各要素有机结合,形成整体优势思想体系。最新运营战略指导思想与传统观点相比,有很大的差异(见表2-5)。

表2-5　　　　　　　　　　　运营指导思想差异

最新运营战略指导思想	运营战略指导思想传统观点
强调产品竞争实力保障,以保障和发展竞争优势为出发点来实现企业竞争优势	以成本和效率为中心,强调规模经济和高产出
从保持竞争优势出发,把运营系统各要素(如生产类型、技术、管理系统等)有机地结合起来形成整体优势	过分强调品种少、批量大、技术高、质量好,注重某个要素优势

[情景案例] *织梦衣裳——陈小姐的定制时尚帝国*

陈小姐的服装店在繁华的商业街上并不显眼,但她的梦想却很宏大——她要为每一位顾客织造独一无二的衣裳。起初,顾客对这种定制服务感到好奇,却因为价格和等待时间望而却步。

陈小姐没有气馁,她深入研究顾客需求,优化设计流程,甚至亲自走访面料市场,寻找更高性价比的材料。她的故事和努力逐渐打动了顾客,订单开始慢慢增加。

一次偶然的机会,一位名人在社交媒体上晒出了陈小姐设计的服装,一夜之间,陈小姐的服装店名声大噪。顾客们纷纷慕名而来,希望拥有一件专属自己的衣裳。

陈小姐的服装店不再只是一个小作坊,而是成为了一个时尚品牌,她用一针一线,织就了自己的梦想,也织就了顾客的满意和忠诚。

启示:

梦想需要坚持和努力,即使在最艰难的时候也不要轻言放弃。

深入了解并满足顾客的需求,是产品和服务能够成功的关键。

创新服务能够为企业带来独特的竞争优势,甚至改变行业的游戏规则。

2.2.4 运营战略的制定

运营战略需与企业整体经营战略相结合,服从并服务于整体战略。企业制定运营战略时,应分析内外部环境,识别优势和劣势,以通过正确的运营战略克服劣势、增强优势。外部环境包括竞争、客户、供应商、经济环境、政策、技术设施及水平等;内部环境包括企业文化、员工素质、现存设备、工艺方案、管理水平和企业资金等。企业制定运营战略优势与劣势如表2-6所示。

表2-6　　　　　　　　企业制定运营战略的优势与劣势

优势	劣势
明确目标	资源消耗
提高效率	变革阻力
优化资源分配	过度依赖计划
增强市场竞争力	灵活性降低
促进创新和改进	风险管理需求
提升客户满意度	实施难度
强化品牌形象	可能短期利润下降
支持长期发展	市场适应性挑战
提高员工参与度	对变化的响应速度
降低运营成本	对新技术的依赖

关于运营战略的决策领域的观点越来越多,关键的标准是涉及运营资源的长期性决策问题,通常可以归纳为以下几个方面。

1. 生产服务能力的规划与调整

生产/服务能力是企业在一定时间内的最大产出量/服务顾客数量。规划生产服务能力需确定场地、设备规格和运输方式等,规划不当会造成浪费。生产服务设施建成后是企业固定资产,其能力需有计划地调整,以适应企业内外环境变化。扩大生产服务能力的办法包括扩充现有设施、新建设施或租赁设施。

2. 设施选址与设备布局模式

设施选址与设备布局决定生产服务设施建设地点及内部空间安排,对企业运行效率和效果有重大影响，决定基本成本结构。服务业也需考虑此问题，其设施选址更重要，需靠近顾客群体，服务设施内部布局更要注重顾客感受。

3. 基本产品结构及关键工艺技术

企业基本产品结构和关键工艺技术是核心竞争力的源泉，是生产/运营战略的重要内容。基本产品结构决定产品变形与多样化空间，关键工艺技术涉及产品关键性能或服务质量，不易被模仿，成为企业核心能力。

4. 供应商网络与纵向一体化

供应商网络（supply networks）和供应链（supply chain）是目前很流行的研究领域。

在生产/运营管理领域，供应商网络对企业至关重要。企业的生产/运营需上游供应商提供原材料等，供应商的各方面情况会直接影响企业绩效，所以供应商网络的设计与调整是战略性决策。纵向一体化是企业向上游产业扩张，将零件生产纳入直接控制，其深度与供应商网络范围紧密相关。

此外，企业生产/运营系统需依靠合理的组织结构设置和核心制度保证来有效组织内部运营资源形成生产能力。企业根据自身情况选择不同的组织结构，并设计部门间的沟通方式，同时建立相关管理制度与规范，以保证运营资源的协调配合。

管理小卡片

最好的战略往往来自你最意想不到的地方。

——查尔斯·汉迪

2.2.5 运营战略的评估与调整

运营战略的评估与调整是一个持续的过程，需要企业不断地回顾、学习和改进。这一过程可以确保企业运营战略始终与市场环境和目标保持一致。

1. 评估运营战略

评估运营战略具体内容如表 2-7 所示。

表2-7　　　　　　　　　　　评估运营战略

运营战略	具体内容
目标一致性检查	确保运营战略与企业的整体目标和愿景保持一致
绩效指标分析	通过关键绩效指标（KPIs）来衡量战略实施的效果
市场反馈收集	收集客户、供应商和合作伙伴的反馈，了解市场对运营战略的反应
竞争对手分析	持续监控竞争对手的动态，评估他们的战略变化对本企业的影响
内部流程审查	检查内部流程的效率和效果，确定是否有改进的空间
员工满意度调查	了解员工对当前运营战略的看法和建议
财务分析	评估运营战略对财务状况的影响，包括成本、收入和利润
风险评估	识别和评估运营战略实施过程中可能遇到的风险
技术适应性评估	检查技术是否支持当前的运营战略，并评估新技术的潜在影响
法规遵从性检查	确保运营战略符合所有相关的法律法规

2. 调整运营战略

调整运营战略方向和具体内容如表2-8所示。

表2-8　　　　　　　　　　　调整运营战略

调整方向	具体内容
战略修订	根据评估结果，对战略目标和计划进行必要的修订
资源重新分配	根据新的优先级和需求，重新分配资源
流程优化	改进或重新设计流程以提高效率和效果
技术升级	采用新技术来支持运营战略的实施
员工培训和发展	提供培训和发展机会，以确保员工能够支持战略调整
沟通策略更新	更新内部和外部的沟通策略，以反映战略调整
风险管理计划调整	根据新的风险评估结果，更新风险管理计划
市场定位调整	根据市场变化，调整产品和服务的市场定位
客户关系管理	加强与客户的关系，以更好地满足他们的需求
持续监控和反馈机制	建立持续的监控和反馈机制，以确保及时调整战略
文化和组织结构调整	调整企业文化和组织结构，以支持战略的实施
敏捷性和灵活性增强	增强企业的敏捷性和灵活性，以快速响应市场变化

 **管理小卡片**

战略越精炼,就越容易被彻底地执行。

——约翰·里德

[情景案例] 调味人生——赵氏食品的供应链逆袭

赵氏食品公司,一家以传统秘方著称的调味品企业,却在一场突如其来的自然灾害面前束手无策。原料供应中断,生产线停摆,CEO 赵雨薇心急如焚。她知道,如果不能迅速解决原料问题,多年的品牌声誉将毁于一旦。

赵雨薇连夜召集团队,她的眼神坚定而有力:"我们不能坐以待毙,必须主动出击!"她带领团队四处寻找替代原料,同时与技术团队合作,开发了一套基于大数据分析的供应链管理系统。系统能够实时监控市场动态,预测原料需求,甚至在原料短缺前就发出预警。

几个月后,当原料市场再次波动时,赵氏食品却能从容应对。该企业的产品不仅没有断货,反而因为快速响应市场变化,赢得了更多客户的信任。

启示:

危机中蕴含着转机,关键在于是否有发现机会的眼光。

技术和数据是现代企业不可或缺的武器,能够为企业带来先知先觉的能力。

灵活应变,快速调整,是企业在激烈市场竞争中立于不败之地的关键。

[本节案例]

酱香拿铁:创新制造需求

贵州茅台与瑞幸咖啡联名咖啡"酱香拿铁"开卖,迅速火爆出圈,出道即巅峰。当天,"瑞幸回应喝茅台联名咖啡能否开车""满杯茅台去咖啡液"等多个相关话题迅速冲上微博热搜。

热点加持下,贵州茅台当日股价飘红,最大涨幅达 1.56%,市值达到 2.3 万亿元。2023 年 9 月 4 日午盘收盘,A 股白酒板块整体上涨 4.44%,当日收盘涨幅达 2.97%。

实际上,从持续的话题热搜,到刷爆朋友圈,再到全民的关注和热议,一个品牌联名活动演变成了全民的体验狂欢和话题焦点。这是一次经典的企业品牌营销和新品推广案例，也注定成为载入企业品牌营销史的标杆式营销事件，同时留给我们许多的疑问和思考。

跨界联名天天有，为什么茅台和瑞幸的联手能火爆出圈？混搭饮品层出不穷，为什么酱香拿铁这么香？茅台咖啡，何以引爆全网，成为全民现象级的产品？本期商业案例，《中国经营报》记者采访多位业内相关人士，解析酱香拿铁爆火出圈背后的魔力。

1. 话题制造

自发传播成就 UGC 时代的爆火产品。

年轻人的第一杯茅台，中年人的第一杯咖啡，都相逢在了酱香拿铁里。让这款极富话题性和争议性的产品刚登场便喜提了朋友圈刷屏、社交媒体热搜的顶流待遇。

无论是茅台还是瑞幸，都是各自领域的国民级品牌，本身具备很高的关注度和话题性。

咖啡和白酒的中西合璧式混搭，高端奢侈白酒和咖啡中的"平民品牌"联名，有多出消费者意料之外，话题就有多火爆。

第一个话题是美酒加咖啡，到底什么味？"重口味"咖啡一经开售，即刻引爆了广大消费者的猎奇心理，对于口味的评价也成了社交媒体的段子比赛。

"要想引起热议，必须制造话题，而成为话题的关键是要'逆反'。所谓'逆反'，就是落差，就是颠覆，就是打破常规。"此外，逆反的势能越大，热议的度数就越大。即使被稀释到只有 0.5 度，只要花 19 元就能喝到真正的茅台，无疑能激发消费者的好奇心和购买欲。

紧接着的话题是"含茅量"几何？"咖啡里是否有茅台"？引发激烈讨论，酱香拿铁的成本等引来众多猜测。

随着质疑增多和话题发酵，茅台和瑞幸共同研发厚奶的供应商——宁夏塞尚乳业董事长闫建国及时出来澄清：在厚奶生产过程中，茅台酒厂押运了价值 3 000 万元的茅台，并派人盯着一瓶瓶加进原料，此后又将瓶子运走。为了进一步证实酱香拿铁中含有茅台酒，当天晚上，瑞幸在其官方视频号中也发布了生产全记录视频，展示了茅台酒如何变成白酒风味厚奶的过程。

而在确认确实含有茅台酒后，话题热度也自然地向"喝完是否是酒驾，能否开车"转移。有网友表示喝完有微醺的感觉，有网友表示平时不饮酒、出现胃部不适等症状；更多网友则称饮用后无感觉。瑞幸客服回应称，其酒精含量低于 0.5 度，但对于特殊群体和酒精过敏者不建议饮用。

此外，随着事件的进展和各方的回应，各种话题持续发酵。据拓尔思信息监测数据，监测期内，酱香拿铁相关舆情声量累计 51.2 万篇/条，迅速达到舆情峰值。2023 年 9 月 5 日，"酱香拿铁一日销售 542 万杯"再引热议，推动舆情声量在当日 11 时达到次峰值。

事实上，事件相关话题持续登上微博热搜榜，其中，"瑞幸回应喝茅台联名咖啡能否开车"冲上微博热搜榜第一，阅读量超 6 亿次。

大多业内人士认为，从整个事件的进展和各方反应来看，这次事件是一次典型的企业品牌营销事件。记者注意到，早在 9 月 1 日，瑞幸官方微博就发布"年度王炸，敬请期待""倒计时 3 天"，后续也有不少媒体求证并发文，不过彼时并没引发多少关注。同时，瑞幸对这次的联名物料显然是花了心思的：联名款纸袋采取和茅台酒包装相似的设计，连烫金元素印刷都是货真价实、质感满满。

实际上，早在 2023 年初茅台冰淇淋门店就曾推出过茅台咖啡，售价从 28～42 元不等，引来不少消费者尝鲜。茅台算是做过产品的市场调研和产品测试，有较高的可行性。

而从前期的专门录制视频到后期快速反馈来看，无论是联名开始带来的声量还是酱香咖啡引发的争议，似乎都在茅台与瑞幸的计划中，这一场引爆全民狂欢的跨界联名，本质上仍是一场巨大的营销胜利。

2. 定价策略

高性价比是产品销售的关键。

年轻人实现咖啡自由容易，白酒类顶流的茅台从高价格、稀缺性、高端品牌等角度说，都超出了大众尤其是年轻人的消费范畴，19 元一杯酱香拿铁的到来，给了他们"圆梦"茅台的机会。对比 59 元一杯的茅台冰淇淋，酱香拿铁门槛更低，而且咖啡的消费场景要比冰淇淋更多。

从 66 元的茅台冰淇淋到近期 29 元的冰淇淋新品"小巧支"，再到 19 元一杯的茅台咖啡，"年轻人的第一口茅台"门槛越来越低。

对很多年轻人来说，38 元的价格体验下，平时动辄千元的茅台已颇具诱惑力，而 19 元的活动价则让消费者产生了较强的获得感。

有网友计算，以一杯售价 19 元、容量为 480 毫升的酱香拿铁为例，可计算出茅台酒的体积约为 4.53 毫升。在不溢价背景下，一瓶 53 度飞天茅台的淘宝售价为 1 499 元，每瓶为 500 毫升。如此计算，每杯酱香拿铁的茅台部分成本价或达 13.5 元，19 元的价格相当划算。

"年轻人会出于好奇尝试新品，但能否做到产品的复购，对品牌产生兴趣，甚至购买旗下其他酒类产品，才是关注重点。"左颖表示，目前国内的咖啡、果茶赛道拼低价、搞花样、疯狂内卷，茅台的跨界产品如果要在未来长期发力，或可考虑在现有的产品线中切入主流价格带，甚至在未来长线发展中，在不影响原有品牌定位和目标人群的前提下，考虑采用子品牌的方式来做业务的衍生。

肖竹青对记者表示，我们注意到（酱香拿铁）零售价38元、到手价19元，价格上更加亲民、更容易带来复购，2023年茅台冰淇淋的新产品定价有所调整，就是要打造不同的产品价格带，更好满足消费者的不同需求。

3. 跨界联名

跨界联名已成为常见的品牌营销策略。

9月4日，瑞幸宣布与茅台达成战略合作，当天双方合作的首个产品酱香拿铁就火爆出圈。"美酒加咖啡"的联名为两个看似毫不相干的行业带来了新机遇。

茅台是白酒中的顶流，瑞幸则是咖啡中的话题王，强强联手；而动辄上千元一瓶的茅台和9.9元一杯咖啡的瑞幸牵手，着实让消费者感受到了"反差萌"，这种奇特的画风，很快引发了热议，没有意外地冲上了微博热搜。

从消费的角度，白酒加咖啡等中西合璧融合产品，打破了传统消费价值观的"次元壁"，突破了消费者的思维藩篱。酱香拿铁以"传统和现代"的反差，找到了时尚、青春与传统、经典的结合点，把年轻群体的消费心理和消费逻辑精准拿捏住了。

提高用户黏性和新品促销力度，成了茶饮咖啡品牌的关键目标，联名营销恰好可以同时满足。联名带来了非常可观的用户互动流量，《2023年H1新茶饮品牌跨界联名营销分析》报告显示，借助跨界营销，新式茶饮品牌5~6月互动量分别达2 331.4万杯、3 175.3万杯，增长明显。

瑞幸正是其中的爆款制造机，联名营销经验丰富。2022年4月，椰树与瑞幸联名发布新品椰云拿铁，迅速出圈；同年10月，瑞幸与日本知名动漫IP《JOJO的奇妙冒险》的联名咖啡一经上市便受到热捧，单日销量突破131万杯；2023年4月，瑞幸联名哆啦A梦推出冰吸拿铁也广受好评。此番与茅台的跨界联名，更是一炮而红。

如今，茅台想和年轻人交朋友，咖啡成为很好的突破口。一杯酱香拿铁，能够推广茅台酒的酱香口味与口感，拓展年轻消费群体，培育年轻人消费市场，从而推动茅台品牌的年轻化转型和多元化经营。

4. 深度

酱香拿铁如何才能"一杯再一杯"？

此次酱香拿铁的火爆出圈，与其是说口味的混搭产生了奇妙的口感，倒不如说是品牌联动引爆了营销的流量。流量密码其实不在产品本身的味道,而在于品牌之间擦出的火花以及背后的争议话题属性。

对茅台来说,此次合作不仅实现了市值增长,还依托瑞幸的门店、营销优势,在下沉市场、年轻人群体中,扩大了自身影响力;对瑞幸来说,不仅拉动了业绩,也可借助茅台的高端品牌形象,提升品牌调性。两者的合作实现了 1+1>2 的神奇效果。

本次联名出圈,也为我们提供了"创新制造需求"的经典范例。绝佳的创意加上到位的营销,新品就容易受到热捧,给企业带来丰厚回报的同时,也会创造更多的市场空间和机遇。我们相信,酱香拿铁不会是饮品圈内卷的封顶之作,而只是新格局的开始。在各方努力提振消费的当下,我们期待更多国产品牌用有创新、高品质的产品来活跃消费市场,推动中国消费品牌大时代的到来。

资料来源:吴清. 酱香拿铁:创新制造需求[N]. 中国经营网,2023-09-23.

2.3 运营系统

2.3.1 运营系统概述

运营系统是一个由相互关联的流程和活动所构成的有机整体,其涵盖了从产品或服务的设计到生产再到交付的全过程,旨在通过对生产和交付过程的设计、计划、组织、指导以及控制,实现企业的运营目标。

1. 核心组成部分

运营系统的核心组成部分包括流程设计、供应链管理、生产计划等。核心内容与具体操作见表2-9。

表2-9 运营系统核心组成部分

核心内容	具体操作
流程设计	确定高效地完成工作。通过对工作流程深入分析和优化,提高工作效率,减少浪费,确保工作顺利进行
供应链管理	管理从原材料采购到产品交付整个流程。需对供应商有效管理,确保原材料及时供应,优化物流配送,降低成本,提高客户满意度

续表

核心内容	具体操作
生产计划	根据市场需求和企业生产能力，合理安排生产活动。包括确定生产产品种类、数量及生产时间，确保按时满足市场需求
库存管理	控制库存水平，减少成本。通过精确需求预测和合理库存控制策略，避免库存积压和缺货现象发生
质量管理	从原材料检验到产品生产过程中的质量控制，及产品交付后质量跟踪和反馈，以确保客户得到高质量产品和服务
设施布局	通过合理规划生产车间、仓库等设施布局，减少物料搬运距离，提高工作流程顺畅性
项目管理	通过制订详细项目计划，合理分配资源，监控项目进度，确保项目按时、按质、按量完成

2. 技术与工具

运营系统技术与工具如表 2-10 所示。

表 2-10 运营系统技术与工具

技术与工具	具体内容
企业资源规划（ERP）系统	企业资源规划，整合财务、人力资源、供应链等信息
客户关系管理（CRM）系统	客户关系管理，优化客户互动
供应链管理（SCM）系统	供应链管理，优化库存和物流
物料需求计划（MRP 或 MRPII）	物料需求计划，确保生产所需物料的及时供应
商业智能（BI）工具	商业智能，提供数据分析和报告

3. 挑战与机遇

（1）全球化：随着经济全球化的发展，企业需要管理跨国运营的复杂性。这包括应对不同国家和地区的文化差异、法律法规、市场需求等方面的挑战，同时也为企业提供了拓展国际市场、获取全球资源的机遇。

（2）技术进步：新技术的不断涌现为企业提高运营效率提供了可能。例如，自动化生产技术、物联网、人工智能等技术的应用，可以帮助企业实现生产过程的智能化和自动化，提高生产效率和产品质量。然而，技术进步也带来了技术更新换代快、技术投资风险高等挑战。

（3）环境可持续性：在全球对环境保护日益重视的背景下，企业需要在追求经济效益的同时，注重环境可持续性。这要求企业采取更加环保的生产方式，减少能源消耗和废弃物排放，以实现经济发展与环境保护的平衡。这不仅是企业的社会责任，也为企业带来了创新和发展的机遇，如开发绿色产品、提供环保服务等。

（4）客户需求多样化：随着消费者需求的不断变化，客户对产品和服务的个性化和定制化需求日益增加。企业需要更加灵活地调整生产和服务模式，以满足客户多样化需求。这对企业的生产灵活性、供应链响应速度和客户服务能力提出更高要求，同时也为企业提供差异化竞争机会。

> **管理小卡片**
>
> 今天最成功的商品，明天可能最快过时。
>
> ——彼得·德鲁克

2.3.2 运营管理的系统思维

运营管理的系统思维是一种全面考虑运营活动的方法，强调了各个组成部分之间的相互关联和相互作用。

运营战略的决策过程分两步进行：先进行关于运营系统的功能目标的决策，然后进行关于运营系统结构的决策。

运营系统功能目标的决策过程如图 2-1 所示。

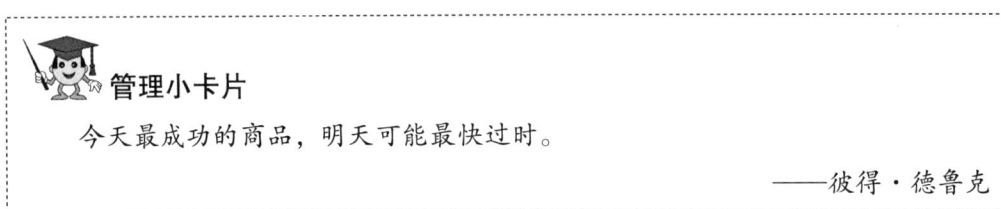

图 2-1 运营系统功能目标决策过程

1. 用户需求与企业竞争战略

企业使命是企业存在的基础，其由性质决定，如工厂生产产品、医院提供医疗服务等。企业为践行使命，需明确竞争战略，如某汽车零部件厂以"成为世界顶尖供应商"为目标。在数智化时代，企业需细分市场，精准定位用户，借助大数据分析等手段洞悉用户需求变化。

2. 产品功能

数智化背景下,用户对产品(或服务)的需求多元且多变,主要集中在产品特性、质量、价格、售后服务、交付及时性五个方面。不同用户对同类产品需求差异大,如电信服务中,有的关注话费,有的注重通话质量与网络服务。企业应根据市场定位,确定产品或服务的竞争优势功能,有的突出质量,有的强调价格等。同时,在全面质量管理理念下,提升产品与服务质量,结合数智化技术把握市场动态,增强竞争力。

3. 运营系统的功能目标

运营系统是企业实现其使命和竞争战略的重要支撑,其功能目标的设定直接影响着企业的运营效率和市场竞争力。在数智化时代,运营系统的功能目标需要与时俱进,以适应市场的快速变化和用户的多元化需求。

运营系统的功能目标主要包括以下几个方面(见表2-11)。

表2-11　　　　　　　　　　运营系统的功能目标

功能目标	具体内容
高效生产	运用先进的生产技术和管理方法,提高生产效率,降低生产成本。通过数智化手段,实现生产过程的自动化、智能化监控和管理,减少人为误差,提高产品质量的稳定性
优质产品与服务	秉持全面质量管理理念,确保产品和服务满足或超越用户的期望。从原材料采购到生产加工,再到售后服务,全过程严格把控质量,以提升用户满意度和忠诚度
快速响应市场	借助数智化的信息系统,实时收集和分析市场数据,快速准确地把握市场需求变化。能够及时调整生产计划和产品设计,以敏捷的供应链体系实现对市场的快速响应,提高企业的市场适应性
创新与改进	鼓励员工积极参与创新活动,不断改进运营流程和产品服务。利用数智化技术,挖掘潜在的创新点,推动企业持续发展,保持在市场中的竞争优势
可持续发展	将环境可持续性纳入运营系统的功能目标中,通过精益生产方式,减少资源浪费,降低能源消耗和环境污染。实现经济效益和社会效益的有机统一,为企业的长远发展奠定坚实基础

运营系统的功能目标是支持企业以高效生产、优质产品与服务、快速响应市场、创新与改进以及可持续发展为核心,为企业实现其使命和竞争战略提供有力保障。如图2-2所示,当响应时间降低50%时,所带来的单位成本降低10%~30%。如果响应时间降低时再采取降价措施,则会因为更高的响应速度和更低的价格而进一步提升

给顾客的价值。对生产商意味着更大的市场份额；而若不采取降价措施，则意味着更高的边际利润和更高的销售额。

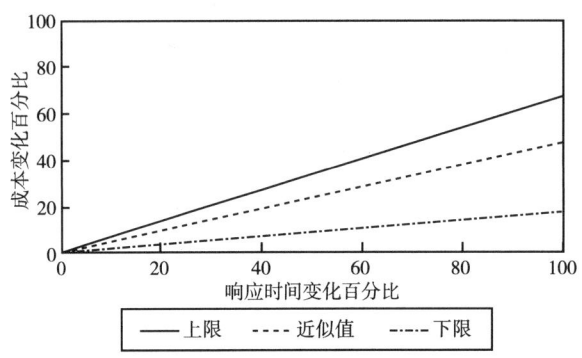

图 2-2　减少响应时间与降低单位成本间的关系

资料来源：杰克·R. 梅雷迪思，斯科特·M. 谢弗. MBA 运营管理（第三版）[M]. 焦叔斌，等译. 北京：中国人民大学出版社，2007.

运营系统要满足用户对产品的特点、质量、价格、服务和交货期等方面的要求，必须达到柔性、质量、成本、继承性和时间控制等方面的功能目标。不同的企业，由于用户对产品的要求不同，企业运营系统中强调的功能目标也不一样。

虽然企业突出的功能目标不同，但这些功能目标之间是相辅相成，互相支持，互相依赖的。

进行运营系统功能目标决策时，首先根据用户对产品的需求和企业竞争战略的需要来定义产品的功能，即产品性能、质量、数量、价格、服务和交货期等功能；其次根据产品的功能，进一步转换成运营系统的功能目标，即创新、质量、柔性、成本、继承性以及时间控制等功能目标。不同的用户，对产品功能要求的优先级是不同的，因此转换成对运营系统的要求和所强调的功能目标的优先级也是不同的。

4. 运营系统结构的决策

当完成运营系统功能目标确立后，就应该对运营系统的结构与功能的"匹配"进行决策。决策过程如图 2-3 所示。

图 2-3　运营系统结构的决策

2.3.3 运营系统的结构化要素

运营系统的结构要素分为结构化要素和非结构化要素。

1. 结构化要素

结构化要素包括工艺流程、布局、生产能力及运营系统的集成（见表2-12）。

表2-12　　　　　　　　　　　　　　　结构化要素

结构化要素种类	具体内容
工艺流程与工作流程	决策涉及生产或服务所需的工艺方案与设备，决定技术、设备及人力资源的运用，影响产品质量、成本与设备维护，且多具长远影响并与投资决策紧密相关，服务业亦存在工作流程问题
布局	关乎企业设施在各部门的分布，影响部门规模与专业化分工，受生产能力需求、人员素质、采购决策及库存需求等因素制约
生产能力	涵盖大小、特征及柔性，旨在合适时空确定恰当生产能力，其大小取决于运营系统投资，影响运行成本；特征体现为生产能力与需求的平衡及增长方式；柔性指对市场需求变化的适应能力
运营系统的集成	指集成的范围、方向及与外部的协作关系，决定企业生产职能范围与活动边界

结构化要素是运营系统的物质基础，投资大、影响久，决策应谨慎，一旦确定，改变调整会涉及高额费用。

2. 非结构化要素

非结构化要素包含人力资源策略、生产计划策略、库存策略及质量策略（见表2-13）。

表2-13　　　　　　　　　　　　　　　非结构化要素

非结构化要素种类	具体内容
人力资源及组织策略	运营系统设计的关键部分，包括人员素质特点、人力资源管理政策及组织结构形式与划分依据，影响部门业务界限与业务流程。如美国迪士尼对大门售票人员进行针对性培训，营造良好服务氛围
生产计划策略	依据市场需求构建灵活高效生产计划体系，包括编制方法与关键技术
库存策略	针对不同库存确定控制模型，如安全库存与订货量，服务业若不提供有形产品则无库存策略问题

续表

非结构化要素种类	具体内容
质量管理策略	确定顾客质量期望并制定实现标准的政策方法,数智化背景下质量管理模式不断创新完善。例如,摩托罗拉六西格玛模式,使公司生产率提高,费用消耗减少

以上四项是运营系统中支持和控制系统运行的软件要素,决定了运营系统的运行机制。这些要素不涉及大量的投资,在日常业务活动中需要多次重复作出决策。一次决策的结果,影响有限,调整与改变相对容易。但是,同一问题重复决策会带来一种思维的固定模式,对非结构化要素的内容及其组合关系的调整与改变产生障碍。

表2-14展示运营系统思维对企业的影响。

表2-14 运营思维对企业的影响

项目	有运营管理的系统思维的企业	没有运营管理的系统思维的企业
战略规划	明确且长远,能够考虑到内外部环境的变化	缺乏明确的战略规划,或者战略规划过于短期,无法适应市场变化
组织架构	清晰且合理,各个部门之间协调配合,能够高效地完成工作任务	组织架构混乱,部门之间职责不清,工作效率低下
流程优化	注重流程优化,能够不断地改进和完善业务流程,提高工作效率和质量	流程烦琐,缺乏优化,工作效率低下,容易出现错误
资源配置	能够合理地配置资源,包括人力、物力、财力等,提高资源的利用效率	资源配置不合理,存在浪费和短缺的情况,影响企业的发展
绩效管理	建立了完善的绩效管理体系,能够对员工工作表现进行客观、公正评价	绩效管理体系不完善,无法准确评估工作表现,影响员工积极性和创造力
持续改进	注重持续改进,能够不断地学习和创新,提高企业的竞争力	缺乏持续改进的意识,企业发展缓慢,容易被市场淘汰

通过以上对比可以看出,有运营管理的系统思维的企业在战略规划、组织架构、流程优化、资源配置、绩效管理和持续改进等方面都具有明显的优势,能够更好地应对市场变化和竞争压力,实现企业的可持续发展。

 管理小卡片

老板要问自己三个问题:我们的业务是什么?我们的业务将来会是什么?我们的业务应该是什么?

——彼得·德鲁克

2.3.4 运营系统组织结构

运营系统的组织结构是企业内部组织和管理生产和服务流程的方式。这种结构通常包括多个层级和部门,每个层级和部门都有特定的职责和功能。

组织结构类型:

1. 功能型结构:按功能(如生产、销售、财务)组织部门。
2. 产品型结构:按产品线组织部门。
3. 地理型结构:按地理位置组织部门。
4. 矩阵型结构:资源共享,员工可能同时承担多个项目。

在当今数智化背景下,全面质量管理理念深入人心,企业运营战略的制定显得尤为重要。不同的组织类型在运营战略中具有各自的优势与劣势,具体见表2-15。

表2-15　　　　　　　　　　不同企业运营战略制定的优势与劣势

不同组织类型	优势	劣势
功能型组织结构	具备清晰明确的专业化分工,层级结构易于管理,提高工作效率和专业水平	部门之间可能形成壁垒,阻碍信息流通与协作,对创新活动产生一定限制
产品型组织结构	能够集中产品知识,具备快速响应市场需求的能力,有利于产品的专业化发展和市场拓展	不同产品线之间会出现资源竞争的情况,增加管理复杂性,需要进行有效协调与平衡
地理型组织结构	具有明确地理覆盖范围,能够更好地适应地区市场特点和需求,提高地区市场竞争力	会过于关注地区市场,忽视整体战略统一性,导致地区间协调困难,影响企业整体发展
矩阵型组织结构	实现资源共享,具有较高灵活性,能够有力地支持跨职能合作,促进团队协作和创新	管理上存在混乱,资源分配不均问题较为突出,需要建立科学的管理机制和协调机制

在数智化时代,企业应充分认识到各种组织类型的特点,结合自身发展需求和市场环境,制定出更加科学合理的运营战略,以实现全面质量管理目标,提升企业核心竞争力。

管理小卡片

不弄清什么是正确的,就无法区分正确的妥协和错误的妥协。

——彼得·德鲁克

[本节案例]

中国质造，让欧锦赛更智能更绿色更便捷

"喜欢我的新车！"——2024德国欧锦赛开赛当天，英格兰球星福登在社交媒体上发出自己与新车的合影。这位上赛季英超最佳球员的新座驾，正是中国汽车品牌比亚迪在海外市场推出的纯电新能源汽车"海豹"。

福登其实不是第一位开"海豹"的英格兰队员。上个月，他的队友沃克也曾晒照喜提新车。

和这几名球星一样，欧足联也选择了中国新能源汽车。在德国这个欧洲汽车制造中心，比亚迪取代大众，成为欧锦赛官方出行合作伙伴。这是欧锦赛历史上首次携手新能源汽车品牌，也是首次与中国汽车品牌合作，在全球减排的大背景下有标志性意义。

对于这一决定，欧足联代表盖伊·爱普斯坦表示，这符合欧足联打造绿色欧锦赛的愿景。"比亚迪因在新能源汽车领域的创新而闻名世界，我们看好比亚迪对欧锦赛绿色转型的促进作用。"

这正是欧锦赛上中国元素的一个缩影。本届欧锦赛，13个官方顶级合作伙伴中，有5家中国企业——比亚迪、海信、Alipay+、VIVO和速卖通，代表着新能源汽车、显示技术、支付科技、移动终端、跨境电商，无一不与科技和创新相关，都是成长于中国市场的新质生产力代表，也是当下热门的出海赛道。

与以往赞助体育赛事相比，欧锦赛上的中国企业不再满足于只是赛场边的品牌露出，而是深度参与赛事各个环节。来自中国的新技术、新业态、新理念，正在重塑赛事本身。

中国方案

有不少球迷发现，每当比赛进行视频助理裁判（VAR）回看时，屏幕上都有中国品牌海信的标志。

从2016年开始，海信成为欧锦赛官方合作伙伴已有8年时间。本届欧锦赛海信还成为赛事VAR显示官方合作伙伴。

这是欧足联第一次开放涉及专业判罚领域的商业权益。欧锦赛开始前，欧足联再三论证，并对海信的产品进行了多轮技术测试，最终才下定决心。

能通过欧足联的严苛技术测试，彰显了海信在显示领域的科技积累。欧锦赛开幕

前，海信推出全新的 ULED X 全场景 AI 计算画质平台，可以根据场景需求对画面进行像素级的实时识别与处理。为了在电视上更好地呈现足球比赛，海信运用 MEMC 运动补偿技术，让高速运动场景的显示效果更加流畅。同时，海信还专门开发了体育模式、球星识别、AI 搜图等观赛功能。

除了提供技术产品以外，中国企业也给欧锦赛带来了消费方式的变革。蚂蚁集团旗下的 Alipay+ 作为欧锦赛官方全球支付合作伙伴，把中国消费者最熟悉的"扫码支付"带到欧洲。

据了解，目前已经有来自全球 30 个电子钱包、银行 App 等合作伙伴的用户可以在欧锦赛各大球场使用移动支付应用进行付款。这些用户无须下载新的应用软件，只要使用自己的电子钱包，看到 Alipay+ 的蓝色二维码牌，就可以扫码支付。

来自中国的蓝色二维码，正在助力习惯使用信用卡支付的欧洲加快进入移动支付时代。

《商业内幕》网站称："中国在欧锦赛上扮演着惊人的角色。中国品牌正在通过人们对欧锦赛的关注来征服新市场。"

借船出海

中国企业"走出去"，往往是先产品后品牌，因为品牌形象的建立需要长期积累。对于胸怀全球化战略的企业来说，体育营销是实现品牌影响力提升和企业国际化发展的重要加速器。在欧锦赛上的亮相，有效助推中国品牌在欧洲落地生根。

通过欧锦赛，Alipay+ 在欧洲加速落地。今年 4 月，Alipay+ 与欧洲移动支付平台 Bluecode 达成合作，Alipay+ 的全球商家能够支持来自德国和奥地利 300 多家银行的移动支付方式。目前在欧洲已有超过 40 万商户可以"扫码支付"。

比亚迪的多款车型亮相欧锦赛比赛场馆与官方球迷广场。比亚迪的 5 款车型已进入欧洲 19 个国家（地区），累计开店超 230 家。

大众汽车集团旗下的沃尔夫斯堡足球俱乐部总经理米斯克认为："中国经济的成长在这次欧锦赛上得到自然而然的体现，尤其反映在赞助商数量上。我们看到一种趋势、一种转变。当新的市场参与主体进入欧洲市场时，就会出现这种情况。这意味着欧洲市场主体需要迎接竞争，并找到解决方案。事实上，围绕大型体育赛事的商业竞争，所有参与者、挑战者都在这个市场中扮演角色、发挥作用。"

从 2016 年至今，海信的海外收入从 234 亿元增长到 858 亿元人民币，在整体营收中的占比从 23% 提升到 43%。

第三方数据显示，在海外，500 美元（约合 3 630 元人民币）是低端家电与中高端家电的分水岭，中国家电产品此前长期在500美元以下的红海市场拼杀。通过技术创新和自主品牌建设，海信等中国家电企业开始闯入500美元以上的蓝海市场。

在本届欧锦赛举办地德国，截至今年5月，海信电视500美元以上产品销量同比增长101%，海信冰箱500美元以上产品销量同比增长91%，海信德国公司今年1~5月累计销售额同比提升52%。

"高溢价能力来自产品的创新力。在出海的过程中，我们越来越强烈地感受到，提前进行高端化转型的中国企业，在"走出去"时更具韧性和后劲，也更能赢得竞争优势。"海信国际营销公司总裁方雪玉说。

中国贡献

合作的基础在于互利共赢。中国企业在欧洲市场发展壮大，也给欧洲带来新的商业机遇和就业机会。

欧锦赛所带动的"你扫我、我扫你"热潮，引起了欧洲科技领域专家埃菲·皮拉里努的注意。她在社交平台上表示，Alipay+让跨境支付变得"丝滑"，无论大小商家，从街头小冰激凌摊到连锁餐厅都能从中受益；跨境移动支付的价值会日益凸显，将有利于旅游经济的发展。"这是跨境支付的下一个数字化时代。"她说。

2023年12月，比亚迪宣布在匈牙利建设新能源汽车整车生产基地，帮助当地构建绿色"生态圈"，推动欧洲能源结构绿色转型。

在欧锦赛慕尼黑赛场的华人志愿者窦文韬认为，现场最大的感受就是中国企业的广告覆盖率非常高，能够感受到很多中国企业已经成为欧洲人日常生活的一部分。欧锦赛上出现大量中国广告不只是依靠赞助费，还意味着在这些领域中国企业正逐渐在欧洲立足。

深耕欧洲市场多年的海信在欧洲拥有近1万名员工，在斯洛文尼亚、塞尔维亚、捷克、法国和波兰有5个主要生产基地，并在欧洲建立了6个研发中心。

方雪玉表示，通过欧锦赛等体育赛事建立的品牌认知，也改变了海信欧洲合作客户的看法——"这说明和很多来欧洲赚快钱的企业不一样，我们是要在这里长久发展的，是要认真做品牌。"

"如此，双方就不是单纯的买卖关系，而是可以一起成长的共同体关系。"方雪玉说。

资料来源：肖世尧，肖亚卓，刘旸，等.中国质造，让欧锦赛更智能更绿色更便捷[N].光明日报，2024-06-22（6）.

[**团队场景练习**]

练习名称:运营管理战略模拟演练。

目标:

(1)理解运营管理战略的关键要素。

(2)学习如何制定和评估运营战略。

(3)培养团队合作和决策能力。

场景设定:一个虚构的制造企业"FutureTech",专注于生产智能穿戴设备。公司希望扩大市场份额,提高产品质量,并优化成本结构。

团队角色:首席执行官(CEO)、首席运营官(COO)、首席财务官(CFO)、首席技术官(CTO)、市场营销经理、供应链经理、质量控制经理、数据分析师、人力资源经理

练习步骤:

(1)团队组建。每个成员选择一个角色,并阅读相关职责。

(2)背景介绍。向团队介绍"FutureTech"公司的现状、市场环境、竞争对手分析等。

(3)战略制定。团队成员根据角色,讨论并确定公司的运营战略,包括成本控制、技术创新、质量管理、供应链优化等。

(4)角色扮演。每个成员根据角色提出战略建议,并进行讨论,以达成共识。

(5)战略实施。制订详细的行动计划,分配资源,设定时间表和关键绩效指标(KPIs)。

(6)模拟运营。通过模拟软件或桌面游戏形式,实施运营战略,并观察结果。

(7)评估与调整。根据模拟结果,团队评估战略的有效性,收集反馈,并进行必要的调整。

(8)结果呈现。每个团队展示他们的运营战略和实施结果,其他团队提供反馈。

(9)总结讨论。讨论学习到的经验,分析成功和失败的原因,以及如何将这些经验应用到实际工作中。

学习点:

(1)理解运营战略与企业整体战略的关系。

(2)学习如何通过系统思维来优化运营管理。

(3)掌握制定和评估运营战略的方法。

(4)培养跨部门沟通和团队协作能力。

工具与材料：

(1) 市场分析报告。

(2) 竞争对手资料。

(3) 财务和运营数据。

(4) 模拟软件或桌面游戏。

(5) 白板和标记笔。

通过这个练习，参与者将能够在一个安全的环境中实践运营管理战略的制定和实施，同时提高解决复杂问题的能力。

[本章小结]

本章探讨了运营管理的竞争优势，这些因素共同构成了企业运营管理的竞争优势，介绍了运营要素影响着产品或服务的功能表现和质量水平，讨论了定制化与创新是运营管理中实现定制化服务和推动创新的关键；定义了运营战略的内涵，讨论运营战略与竞争优势的联系，以及如何制定和评估运营战略；介绍了运营系统概念、核心组成部分和技术工具，同时，分析了全球化、技术进步、环境可持续性和客户需求多样化等挑战与机遇，强调了运营管理的系统思维的重要性，讨论了不同的运营系统组织结构类型，以及它们各自的优势和劣势；通过管理小卡片的形式，提供了一些管理智慧和思考问题的方式，以帮助读者更好地理解和应用运营管理的理论和实践。

[关键词]

运营管理　运营战略　运营系统　竞争优势

[简述题]

1. 竞争优势分为几类？具体是什么？
2. 运营战略的内涵是什么？运营战略竞争优势是什么？
3. 运营战略的制定包括哪些？运营战略的评估与调整有哪些步骤？
4. 运营系统的内涵是什么？目的是什么？
5. 列举至少三种运营系统的方法或技术。
6. 简述企业运营战略不同组织类型。

[拓展阅读]

[阅读1]

组织创新视角下的企业管理数字化变革研究

在数字经济高度发展背景下,数字化变革已成为企业高质量发展的新动能,尤其在数字化变革成为重塑市场竞争优势关键力量背景下,企业管理过程中如何全方位融合数字技术实现转型升级已成为各界广泛关注的焦点问题。同时,我国在数字经济发展过程中享受了先发红利,数字化转型氛围浓厚,更是让大量企业对此跃跃欲试。然而,高额的数字化投入与产出的不确定性让不少企业主对管理数字化变革的必要性产生了疑虑,已进行数字化投入的企业由于转型"阵痛期"颇有骑虎难下之感,对是否继续推进变革也充满困惑,更有甚者在"不转型等死,转型找死"的困局中踌躇不前。企业如何推进管理数字化变革已然成为一个谜题诸多的"黑盒",受到众多学者关注,但目前尚缺乏成熟的管理数字化变革推进机制和理论支撑,造成当前企业数字化转型信心不足。所以,从微观视角对"通过何种路径可以促使企业实现管理数字化变革,其背后蕴含何种机制?政策制定者如何设计政策助力企业管理数字化变革?"等问题进行解答,并引导资源高效配置,改变企业"不会转"的局面;进而探索企业管理数字化变革助推机制,强化转型信心,打消"不愿转"和"不敢转"的顾虑,具有重要的理论和现实意义。

文献回顾发现,当前企业管理数字化变革相关研究可分为宏观层面、产业层面以及微观企业层面,在宏观层面的研究发现政府数字经济政策推动了实体企业数字化改革,而基于数字产业和传统产业融合的新经济显著提升了整体社会效率;产业层面研究发现互联网发展提升了城市制造业整体数字化水平;而微观层面研究发现,管理数字化变革影响了企业投入产出率以及企业分工,同时还能通过数字技术应用大幅提升企业灵活性。由此可知,学者们已基于多层次和多视角探索了数字政策、数字产业和管理数字化变革的作用和影响。这些颇有洞见的发现,为本文从微观企业视角探索管理数字化变革推进机制提供了启发。但是,现有研究依然存在如下不足亟待完善:首先,对管理数字化变革的认知尚停留在具体业务层面,并未基于有效的理论视角对该行为背后的理论逻辑进行深度归纳;其次,相关研究主要聚焦于管理数字化变革对企业的影响,少量从前因视角探索管理数字化变革推进机制的研究也以理论研究和案例研究为主。因此,如何选择恰当的理论视角以及探索何为推动企业管理数字化变革的前置因素等重要理论问题并未被充分研究与回答。

已有研究指出，企业数字化与组织创新高度相关，如企业数字化投入能显著促进组织创新，且当投入方向与业务匹配时，该作用更显著；同时，也有研究表明企业数字化相关能力与组织创新正相关；此外，企业数字化会推动组织架构变革。因此，组织创新视角可能是剖析企业管理数字化变革行为的有效切入点。管理数字化变革是企业借助数字技术对管理方式、运营机制和生产过程的系统重塑，以实现管理模式从工业化向数字化转变。通过对自身关键业务、关键环节、关键部分实施有效的数字化，企业不仅实现了业务模式创新，还更新了客户互动模式，在实现有效创新的同时重新定义了企业的价值创造。对企业而言，数字化不仅是革新工艺的手段，更是拓宽创新边界、升级创新和价值创造模式的路径。数字经济背景下，企业战略转型不只是重塑业务流程，更是从组织创新切入，推动创造新价值。管理数字化变革要求企业对现有业务模式和流程进行再造，打破对传统管理模式路径依赖，实现生产智能化、销售精准化、资源管理高效化，完成管理范式和管理制度的颠覆性创新。所以，企业管理数字化变革的实质是基于数字技术的深度组织创新，即通过数字技术的引入，对各流程进行全方位再造。双元性理论认为，组织创新普遍遵循"开发"和"探索"两个途径，其中"开发"侧重利用现有知识，而"探索"则强调学习和吸纳新知识。管理数字化变革的这些特质对传统企业管理模式形成了挑战，不仅倒逼企业实施运营机制、内部控制和治理结构的颠覆性变革，还要求企业既要开发现有知识，引入数字化思维改造管理和生产流程；也要积极探索新知识，尝试新的数字技术，学习企业外部成功经验。值得研究的是，企业管理数字化变革过程会产生大量资本需求和沉淀成本，资源约束迫使企业在该过程中须在开发和探索间权衡，如何根据行业、规模等异质性因素选择合适的探索和开发策略组合，选择适配的数字化方向，制定合理的投入预算，设计科学的技术线路，都是企业管理数字化变革实施过程中亟待解决的问题。

主要研究结论及启示如下。

本文从组织创新视角出发，以我国首个"两化"深度融合国家示范区内3 109家企业连续6年动态推进数字化管理的追踪调查数据，以采购数字化、生产数字化和销售数字化三个维度测度企业管理数字化变革，研究了企业通过数字领域探索和开发推动管理数字化变革的路径和机制，在理论层面，拓宽了企业数字化的研究视角。本文结论可归纳为以下三点：（1）企业在数字领域的探索和开发对管理数字化变革三个维度均有正向促进作用。管理数字化变革的顺利推进需要企业在数字领域的探索和开发的协同作用。一方面，探索为企业获取数字化相关外部知识，为管理数字化变革提供技术支持；另一方面，开发为企业挖掘利用已有知识，实现外部引进数字化技术与现有系统的有效结合，提高管理数字化变革成功率。基于此，本文探索了一条企业推进管理数字化变革的有效路径，即"通过同时实施外部知识探索和内部知识开发确保数字技术引入的同时，能够实现与已有业务有机整合，最终完成管理数字化变革"。另外，本文通过揭示开发、探索行为与管理数字化变革间的关系，为企业合理制定数字化策略提供理论依据，丰富拓展了企业管理数字化变革的前因研究。（2）龙头企业示范效应对当地企业管理数字化变革有显著促进作用。龙头企业数字化经验降低了当地企业数字化变革的不确定性，提升了数字化转型信心，进而推动了当地企业管理数字化变革进程。具体而言，龙头企业的采购数字化和销售数字化对其他企业数字化变革的影响较为显著，而龙头企业生产数字化的影响却不显著。这也证明龙头示范效应只在周边企业"可见""可知"的领域存在，但在涉及核心竞争力的生产制造环节难以实现这一效应。通过探索龙头企业示范效应为地方政府在数字化改革浪潮中制定符合地方产业特质和企业实际的精准化政策体系提供了有效抓手和理论证据。（3）龙头企业示范效应对其他企业管理数字化变革的影响存在行业和企业规模异质性差异。具体而言，首先，针对制造业，探索行为能显著推进企业在生产和销售领域的管理数字化变革；而开发行为的正向影响体现在采购数字化和生产数字化两个维度。对加工业，探索和开发行为对企业的管理数字化变革促进并不显著，此类行业管理数字化变革更依赖龙头企业示范效应推进。而对制品业，探索行为对管理数字化变革三个维度均有促进作用，开发行为则对采购和销售数字化影响显著。其次，探索和开发对不同规模企业的差异性影响主要体现在生产数字化和销售数字化这两个维度，中小企业开展数字化探索和开发作用好于大型企业。该发现为不同类型企业管理数字化变革的投资重点和方向提供了指导性建议。

资料来源：潘李鹏，刘淑春，秦山敏，等．组织创新视角下的企业管理数字化变革研究［J］．科研管理，2024，45（6）：126－135．

[阅读2]

新能源汽车产业创新生态系统演进及企业竞争优势构建
——以江淮和比亚迪汽车为例

从当今的创新实践来看，生态化发展已经成为企业、产业乃至国家间创新发展的基本范式，创新生态系统作为新的创新范式应运而生。从国内外产业发展实践看，家电产业、传统汽车产业等都经历了几十年的发展才走向成熟，其体系相对庞杂，如果从系统视角研究这些产业发展过程，必然存在外延难以界定且因素之间内在关系相互裹挟等问题，我们很难辨别其发展动因及其内部发展过程。我国新能源汽车产业发展具有一定独特性，表现为发展历史相对较短、产业发展逻辑清晰等特征。自国家重大科技攻关专项《新能源汽车生产准入管理规则》《节能与新能源汽车产业发展规划（2012—2020）》等文件及规划出台，经过20年发展，我国新能源汽车产业已经成为全球化产销量最高、市场推广最好、配套设施最为完善的产业。另外，整个产业组织表现出具有相对完善产业链、一定市场集中度，且以几家代表性厂商为主等特征。对我国新能源汽车产业发展过程进行扫描和剖析，有助于我们进一步明晰产业创新生态系统演化过程中国家产业政策、技术发展路线、产品路线等如何影响产业自身发展。

一、文献回顾及分析框架

学术界关于新能源汽车创新生态系统的研究较为丰富，在基础理论和发展成果方面均有涉及。早期的研究主要集中于系统框架及概念方面研究，这是在吸收国内外源于创新系统及生态系统研究成果基础上，就汽车产业方面的相关研究。中期的研究主要是集中于新能源汽车自身基础上，就系统模型构建及其系统内产业演化机理方面开展探讨。后期的研究主要是结合新能源汽车产业创新系统自身发展，就理论和实践方面开展研究。基于此，最近10年的关于新能源汽车产业创新生态系统的研究是在吸收有关理论的基础上，逐渐深化并就理论本身的实践性开展探讨，特别是后期很多学者积极结合结构功能主义等相关理论，进一步整合和发展创新生态系统理论，促使创新生态系统作为一种新的研究范式。

在结构功能视角下，传统的产业生态是一个包括研究机构、企业和社会等不同主体或领域的系统，各主体在其中发挥着重要功能，维护系统的运转。其中，政府通过加大政策手段，包括科技政策、技术和市场政策等手段实施强化、补充或调整生态系统中的输入/输出结构，进而强化政府价值或者社会价值在系统中的输入/输出功能，满足和调整社会对各种产品和资源的需求。另外，在系统（包括政府）中随着知识和技术发生变化，新产品和新市场出现，又会对现有技术应用和产品市场等构成影响，进而调整了产业生态系统中的结构功能，有助于降低由于环境变化、组织创新等形成的系统风险。新能源汽车产业生态系统作为一个内生于汽车产业的新系统，系统内主体只有以构建者的身份参与到产业社会实践中，并对其他内外影响作出反馈，进而规范和整合自己的行为及动机，这样形成了新的结构功能，是长期动态调整过程，也是促进系统发展的内生动力。学术界基于生态系统内创新行为及其动机的相关研究，倾向于将上述行动逻辑概括为"参与—反馈"模式。该模式是对以"原则—秩序—标准"为依据的汽车产业生态系统涅槃为新能源汽车产业生态系统"投放—遵守"模式的逻辑优化与动态调整。根据新能源汽车产业生态系统发展阶段性和内外系统的交互性，将上述模式延伸为"政策—响应—结果"的行动逻辑。该逻辑强调内生动力的决定性作用，并在内外系统的交互中实现内生动力的多重检验和深度融合。该行动逻辑下新能源汽车产业发展有明确的产业发展路径：一是政府通过产业引导、政策供给和社会氛围塑造等实现产发展意图；二是企业是产业创新的关键主体，企业的响应及结果，即企业的创新行动和创新行为是内源系统中的关键变量，该关键变量决定了产业技术路线和产品路线，并通过技术—产品—市场组合作用反作用于企业创新行动和行为；三是内生动力由内到外，借助外在的条件响应，提升整个系统中各个主体作用的空间范围和系统层次，也决定了整个生态系统结构和功能。因此，结合生态系统发展理论和实践问题，构建"政策—行为—结果"研究框架，具体如图1所示。

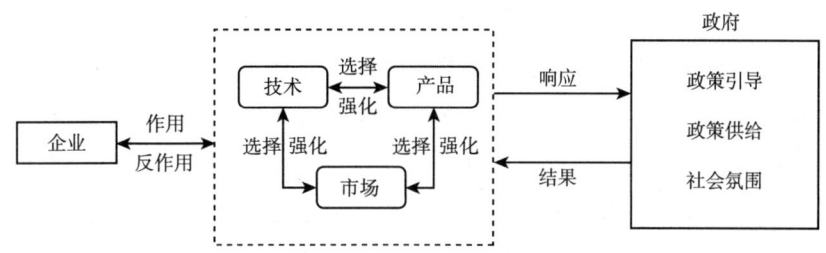

图1 研究框架模型

二、研究结论与启示

（一）结论

（1）系统化政策推动了整个产业技术和产品发展。这一点在新能源汽车产业创新生态系统构建过程中体现得尤为明显。在产业发展初期，有效的国家重大科技政策促进了产业技术创新；到产业技术路线相对明确化后，国家科技政策主要集中于引导产业化目标，起到了产业协同作用；在产业发展中后期，国家产业政策更多体现为市场引导，目标是推动技术与产品匹配、产品与市场匹配，加快了企业技术创新和市场创新的步伐。

（2）产业是随着技术路线逐渐明确和产品逐步成熟而得到发展。技术路线逐渐明确，为技术和产品之间匹配、产品和市场匹配关系提供了基础，也为产业内创新主体共同努力方向奠定基础，同时在匹配机制建立过程中，国家产业政策包括科技政策、市场支持政策在其中具有一定的调节作用，引导和促进了技术与产品、产品与市场之间匹配关系的建立。

（3）在产业生态系统的演变中，在位企业竞争关系和对技术及产品市场响应能力，决定了不同企业竞争优势及生态位。从产业发展及生态系统建立过程看，该过程是动态调整及扩张过程，这样企业能否适应快速系统内外变迁，决定了企业生存。同时，在快速产业技术迭代和产品迭代过程中，企业能否具有快速响应能力决定了企业竞争优势来源和最后在生态系统中的位次。

（二）启示

本文通过两个典型的新能源汽车企业案例，从技术—产品—市场关系角度探讨并揭示了新能源汽车产业创新生态系统演进路径，研究发现组合性政策引致企业行为以及其技术与产品及市场匹配关系存在差异。这一方面促进了创新生态系统自身发展动因，另一方面进一步加快了技术—产品—市场耦合关系，促进了整个生态系统逐渐走向成熟过程。本文构建了新能源汽车产业创新生态系统理论模型，可为我国新能源汽车乃至其他战略性新兴产业领域创新生态系统的构建与发展提供理论支撑与决策参考。但是不可否认的是，本文的研究尚存在若干不足或亟待予以深入研究之处。

第一，关于研发项目如何支撑企业在技术和产品迭代方面的研究相对薄弱。从调研资料和现实问题看，早期很多企业研究主要集中于产业化研究，与高校和研发机构的合作目的性也不是很明确，这也解释和说明了企业参与基础性技术研究动力不足的问题；如果说这两类企业制度性质不一样，那么研发倾向应该存在差异，但是从我们案例调查看，两者之间没有什么差异，这有很多深层次问题有待于进一步破解。

第二，对于两个案例企业来说，这两家企业对于中国新能源汽车产业创新生态系统的发展具有较好的推动作用，但是我们也可以看出，外部高校和科研院所在其中的作用还是比较有限，这值得大家思考，就是在一个创新生态系统中，高校、科研院所和核心企业之间如何建立有效联系推进产业创新。

第三，本文研究虽然基于新能源汽车，并结合两个重点企业开展案例研究，但是没有就两家企业创新过程不同点作进一步分析和比较，这可能影响到整个研究的完美性，未来将进一步针对新能源汽车企业创新过程作比较研究。部分结论是否具有普适性，还需要结合更多案例进一步展开论证。

资料来源：胡登峰，冯楠，黄紫微，等. 新能源汽车产业创新生态系统演进及企业竞争优势构建——以江淮和比亚迪汽车为例 [J]. 中国软科学，2021（11）：150 – 160.

[阅读3]

新兴技术类企业竞争优势的建立：基于认知框架视角的单案例研究

新兴技术类企业通常面临来自技术端和市场端的双重约束，探究如何建立竞争优势对企业成长意义重大。本文以认知框架和战略转型为理论视角，通过对北京得意音通技术有限责任公司的纵向单案例研究，考察了新兴技术类企业在不同发展阶段面临的约束，分析了认知框架和战略转型的互动作用，解析了竞争优势建立的内在机理。研究结果表明：首先，新兴技术类企业在发展过程中面临技术承诺惰性，导致企业逐渐失去技术先进性带来的先发优势；其次，战略转型能有效降低新兴技术类企业的技术承诺惰性，而竞争式建构能使企业重新获得市场竞争优势；最后，新兴技术类企业从技术端向市场端转移的过程中会面临合法性约束，企业采用聚焦式建构方式，创造了市场，提高了声誉，培育了企业核心竞争力。因此，新兴技术类企业应该更加关注技术与市场的整合，通过为用户提供技术解决方案和产品来提升市场份额；企业管理者应同时关注并获取技术端和市场端的信息，培育新兴技术类企业的竞争优势。

新兴技术与竞争优势新兴技术的扩散一般是通过创业者提供创新性的产品和服务实现的，并受到新技术的突破性进展、政策变迁和消费者需求转移的影响。初期阶段，消费者的需求通常是模糊的，新兴技术类企业将新技术转化为产品并推向市场的周期较长，且面临较高的风险和不确定性。根据全球创业观察的定义，成立时间在6年以内的企业才可以称为初创企业，但6年的时间不足以让一家技术类企业获得竞争优势。为此，本文采用"新兴技术类企业"这一名词代指基于某一项新兴技术而成立的新企业，不包括在位企业跨界进入新兴技术领域所成立公司的衍生企业。有学者认为，在这种情况下，新兴技术类企业成功与否取决于它们应对不确定性的能力，通过不断地试错、实验和拼凑，创业者可以迅速地捕捉到市场机会。技术是驱动新兴行业崛起的关键要素，但很多新兴技术类企业在技术领先的情况下逐渐丧失了先发优势。蒂斯（Teece）对企业技术进行了系统性探讨，提出保护技术的专用权体系、行业的发展周期和互补资产是影响企业从技术创新中获益的关键要素。也有学者从知识基础观的视角出发，认为新兴技术类企业拥有差异化的知识和资源，这些知识和资源决定了企业的初始竞争优势，从而产生路径依赖，限制其后续的战略选择。这些观点都从新兴技术类企业内部的视角阐释了如何构建竞争优势，但缺乏与市场需求端的互动。蒂斯提出，设计能够满足消费者需求的商业模式、向消费者传递价值是企业获取竞争优势的重要因素。从某种程度上讲，蒂斯强调了供给端和需求端要素对构建企业核心竞争力的影响。通过强调供给端的创新性技术和需求端的价值创造与传递，这些研究抛出了几个非常重要却容易被忽视的问题：新兴技术类企业在市场拓展中面临哪些挑战？这些企业该如何克服挑战以建立竞争优势？近年来，虽然有学者开始关注上述企业面临的约束，但对于如何打破这种约束的解释则相对匮乏。

战略转型与认知框架战略转型是企业成长过程中的关键。受市场需求和行业环境变迁的影响，企业在解决社会问题、与客户群体互动等方面发生了转变，并带来组织过程和结构的变化，甚至产生了对组织认知的重新定位。一般而言，若没有实现预期的绩效，企业会进行转型。大部分研究也从该视角出发，聚焦探讨企业战略转型的意愿，以及企业如何管理与外部利益相关者的关系。比如，格兰姆斯（Grimes）从心理所有权（psychological ownership）视角解析了创业者如何通过外部反馈进行创新想法的修正。汉佩莱塔尔（Hampeletal）分析了战略转型与利益相关者的关系，认为利益相关者是企业关键资源的提供者，战略转型可能会增加企业与某些利益相关者的冲突。汉佩莱塔尔通过对某个摄影企业进行案例研究，建立了识别与管理关键利益相关者冲突的模型，认为向利益相关者坦白企业面临的困境、分享共同的经历，可以有效减少战略转型中面临的冲突。尽管这些研究为本文理解战略转型提供了有益的洞见，但依然不能解释战略转型的核心议题，即企业通过战略转型能够获得什么。认知框架是管理者对他们所在环境中的模糊信息赋予意义的方式，也被认为是管理者进行决策的微观基础。认知框架影响个体看待问题的视角，通过塑造个体的信念、感知和偏好的基本结构，影响个体的决策行为。战略转型是管理者基于建构所作出的决策选择，不仅反映了企业当前的状态，也会对企业未来的战略选择产生影响。本纳和特里帕萨斯（Benner & Tripsas）研究发现，先前的行业经验会影响管理者建构新兴行业中的产品形态，随着行业默会知识和经验的增加，先前的行业经验对企业塑造产品形态的影响逐渐下降。此外，认知框架还是企业战略决策中的重要内容，代表了企业对行业竞争格局的基本认知。总之，认知框架为企业的战略决策提供了微观解释基础，但现有研究对认知框架的探讨多采用静态视角，旨在发现认知框架影响企业决策模式的因素，缺乏动态视角下的解析。因此，有必要拓展认知框架理论的应用范围。本文以新兴技术类企业为研究情境，结合战略转型与认知框架理论，进一步明确企业竞争优势建立的微观机制，对于解释技术与市场双重约束下技术类企业如何进行战略转型以获取竞争优势具有重要的理论和实践意义，这些研究将弥补当前战略转型理论注重探索转型的前因而忽视转型结果的研究空缺。

新兴技术类企业如何获取和保持竞争优势？

本文通过探讨企业在不同的发展阶段面临的情境约束和应对策略，突出了战略转型和认知框架的动态交互过程，弥补了现有研究只从战略转型或建构的单个视角解析企业成长的不足。现有文献对战略转型的讨论集中于分析战略转型的前因以及战略转型对企业绩效的影响，这种相对静态且只关注创业初始行动的分析，缺乏对创业动态演进中的重复性循环、反馈式循环和创业者自我修正的关注。本文通过解析新兴技术类企业在不同发展阶段面临的情境约束，一方面梳理了战略转型的动因，另一方面以认知框架的理论视角提出解决情境约束的基本策略，将战略转型与认知框架理论整合在同一个分析框架内。两者的结合，对本文理解管理者的意义建构如何反映在企业战略选择上以及企业的战略选择如何影响管理者在下一阶段的意义建构上具有重要价值。

本文识别了新兴技术类企业建立竞争优势的关键要素：认知框架。蒂斯提出了企业获取竞争优势的三大要素：保护技术的专用权体系、行业发展周期和互补资产。本文在此基础上提出聚焦式建构和竞争式建构的概念，为企业竞争优势的获取提供了微观解释机制。相比于蒂斯的研究，本文更强调企业如何从环境中提取信息并赋予它意义。通过对新兴技术类企业的动态发展过程进行分析，提出战略转型和认知框架是新兴技术类企业建立竞争优势决定性要素的观点。

由于对技术的过高承诺，新兴技术类企业在发展初期就可能产生惰性。现有研究对企业惰性的讨论主要聚焦成熟企业的组织官僚结构，而祖勒和特里帕萨斯（Zuzul & Tripsas）通过多案例研究发现，受创始人个人身份认同的影响，小企业在发展中缺乏灵活性，从而会产生惰性。但就企业如何克服惰性的研究，已有研究相对较少，本文研究发现，新兴技术类企业可以通过战略转型和认知框架克服这种惰性。理论上，本文的研究为身份认同理论、战略转型和建构理论的连接提供了可能性；实践上，为创业者通过个人努力改变"惰性"现状提供了指导。未来研究可以从个体的认知模式、身份认同和建构的视角对该问题进行深入探讨。

资料来源：李晓华，王金晓. 新兴技术类企业竞争优势的建立：基于认知框架视角的单案例研究［J］. 北京工商大学学报（社会科学版），2024，39（3）：122－134.

第3章 转化系统设计与监控

3.1 转化系统设计

3.1.1 内涵与目标

转化系统设计是企业在运营过程中，对生产产品和提供服务所进行的系统性规划、设计、运行、评价及改进的过程。

1. 内涵

（1）转化系统设计在生产设施建造阶段至关重要，涵盖对现有系统的更新与改造。在数智化时代，这一过程更加注重利用数字化技术，实现精准规划与高效设计。

（2）设计过程融合生产选址与布局、设施布置、生产与服务交付系统的研发与设计、流程设计以及工作设计等多个方面。通过全面质量管理的理念，确保每个环节都达到高质量标准。

2. 目标

转化系统设计目标如图3-1所示。

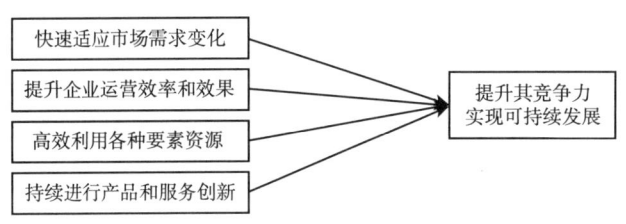

图3-1 转化系统设计目标

3.1.2 设计原则与方法

转化系统设计作为企业运营管理的关键组成部分,要求企业在关注当下运营效率的同时,具备前瞻性眼光,以顺应不断演变的市场与技术环境。借助以下设计原则和方法,打造一个高效且灵活的转化系统。

1. 设计原则

转化系统设计原则如表 3-1 所示。

表 3-1　　　　　　　　　　转换系统设计原则

顾客导向	将顾客需求置于核心位置,满足其个性化与多样化需求,借助数智化手段实现精准的市场洞察与需求分析
流程优化	运用数字化工具简化和优化流程,剔除冗余步骤,提升效率,实现流程智能化管理
灵活性	设计具备高度灵活性,能够迅速响应市场变化趋势,利用云计算、大数据等技术实现快速调整与优化
标准化	构建标准操作程序,保障一致性和可预测性,通过信息化系统确保标准的严格执行与持续改进
质量控制	在设计环节中融入质量控制机制,确保产品和服务达到高标准,运用质量管理软件实现全过程质量监控
资源优化	合理调配各类要素资源,降低资源错配风险,提高运营效率,借助数据分析实现资源的精准配置
技术整合	深度整合数字技术,提升决策速度与准确性,利用人工智能、物联网等技术推动运营管理的智能化升级
风险管理	识别潜在风险,制定相应缓解策略,降低不确定性,通过风险预警系统实现实时监控与应对

2. 设计方法

转化系统设计方法如表 3-2 所示。

表 3-2　　　　　　　　　　转换系统设计方法

设计方法	具体内容
价值流分析	运用数字化工具识别、优化产品或服务整个生产流程,构建清晰价值流图,实现价值最大化创造
流程再造	以创新思维重新审视设计流程,借助信息化技术改进转化系统,提升运营效率与质量
拉动系统设计	依据客户需求精准生产产品和提供服务,减少库存积压,提高响应速度,通过供应链管理系统实现供需精准匹配

续表

设计方法	具体内容
模拟和建模	利用计算机模拟技术对转化系统设计性能进行仿真分析,提前识别潜在问题,为优化设计提供依据
持续改进	秉持持续改进理念,不断挖掘改进机会,借助质量管理工具持续优化转化系统,实现运营卓越发展
六西格玛	应用六西格玛方法,减少过程缺陷和变异,提升过程能力和质量水平,通过数据分析实现精准改进
精益运营	采用精益原则,最大限度减少资源浪费,提高生产效率,借助精益管理工具实现精细化运营
系统集成	确保运营各个组件和流程协同合作,实现无缝集成,通过集成化信息系统提升整体运营效能

 知识小卡片

六西格玛是一种旨在通过消除缺陷和减少变异来提高组织过程性能的管理策略。它起源于1986年的摩托罗拉公司,由比尔·史密斯(Bill Smith)提出。六西格玛的核心目标是实现过程的几乎完美,即每百万机会中只有3.4个缺陷。六西格玛已被广泛应用于各种行业,帮助组织提高质量、降低成本、增强客户满意度,并提升竞争力。

六西格玛包含以下几个关键概念。

DMAIC:这是六西格玛项目中使用的主要方法论,代表定义(define)、测量(measure)、分析(analyze)、改进(improve)和控制(control)五个阶段。

DMADV:用于新产品或服务的开发,代表定义(define)、测量(measure)、分析(analyze)、设计(design)和验证(verify)。

统计工具:六西格玛广泛使用各种统计工具和技术,如控制图、假设检验、回归分析等,以支持项目中的数据分析。

项目选择:六西格玛项目通常选择那些对组织影响最大的问题或机会进行改进。

角色和培训:六西格玛有一套角色和培训体系,包括黑带(black belts)、绿带(green belts)、黄带(yellow belts)等,他们接受不同程度的培训,并在组织中推动六西格玛项目。

持续改进:六西格玛强调持续改进的文化,鼓励组织不断寻找改进机会。

[情景案例] **智能工厂的华丽转身**

老李的工厂在引入智能化转化系统后,彻底改变了原有的生产模式。新的生产线配备了智能机器人和自动化设备,这些设备能够通过人工智能算法自我优化,提高生产效率。工厂内部安装了成千上万的传感器,它们收集数据,分析生产过程中的每一个细节,预测设备故障,减少停机时间。

老李还建立了一个虚拟的数字孪生系统,这个系统能够模拟生产流程,测试新的生产方案,降低创新的风险。客户可以通过一个交互式的平台,实时看到他们的订单在生产线上的进展情况,甚至可以远程调整订单细节。

随着时间推移,老李的工厂不仅提高了生产效率和产品质量,还吸引了一大批高科技人才,成为地区内的技术标杆。老李的工厂故事被媒体广泛报道,他本人也受邀在各种工业论坛上分享经验,成为工业4.0的积极倡导者。

案例启示:

智能化转型不仅提升了生产能力,也为企业带来了新的发展机遇。

数字孪生技术为生产流程的优化和风险管理提供了新的视角。

透明化的生产过程增强了客户信任,提升了企业服务的附加值。

 管理小卡片

如果你不改变,你就会被改变。

——杰克·韦尔奇

3.1.3 类型与选择标准

转化系统设计包含不同类型的系统,每种系统都有其特定的应用场景和优势。选择适合的转化系统类型时,需要考虑多种因素。

1. 转化系统类型

转化系统类型如表3-3所示。

表3-3　　　　　　　　　　转换系统类型

系统类型	具体内容
推动式系统	这是一种依据预测结果和库存水平来组织的生产系统。它会按照对市场需求预测进行产品生产,随后将产品存储起来,以待销售。在数智化背景下,通过大数据分析和智能预测技术,提高需求预测准确性,优化推动式系统运行

续表

系统类型	具体内容
拉动式系统	该系统仅在接到客户订单后才开始生产产品。有效降低库存水平，减少浪费现象，并提升对市场需求响应速度。借助数字化供应链管理系统，实现更精准订单跟踪和生产调度，进一步增强拉动式系统优势
混合系统	融合推动式和拉动式系统特性，旨在更好地适应多样化产品和市场需求。利用智能化生产计划与调度系统，根据市场变化灵活调整推动和拉动比例，提高系统适应性和灵活性
项目型生产系统	该系统主要用于生产独特项目或定制化产品。每个项目具有唯一性，需要专门设计和生产流程。通过采用数字化设计工具和项目管理软件，提高项目型生产系统设计效率和管理水平，按时并高质量完成
批量生产系统	此系统适用于标准化产品大规模生产，注重生产效率和成本控制。在数智化制造技术支持下，实现生产过程自动化和智能化，提高批量生产效率和质量，降低生产成本
单元生产系统	将生产流程分解为多个单元，每个单元负责一个或多个产品生产阶段，提升生产灵活性和效率。结合数字化制造技术和精益生产理念，对单元生产系统进行持续优化，减少生产中浪费，提高生产效率和产品质量

[情景案例] **即时响应的时尚品牌**

"潮流前线"在采用拉动式转化系统后，进一步强化了其市场地位。公司开发了一个先进的数据分析平台，能够实时分析社交媒体趋势、销售数据和消费者反馈，预测未来的流行趋势。

基于这些数据，设计师团队能够快速创作出符合市场趋势的新款设计，并通过3D打印技术快速制作出样品。公司还与供应商建立了紧密的合作关系，确保原材料的快速供应和生产的灵活调整。

"潮流前线"还推出了一个客户定制服务，消费者可以在线上选择自己喜欢的款式、颜色和图案，甚至上传自己的设计。这些个性化的订单通过智能生产线得到快速响应和生产，大大提升了消费者的满意度和忠诚度。

随着品牌口碑的传播，越来越多的消费者选择"潮流前线"作为他们时尚选择的首选。公司的成功案例被商学院作为即时响应市场的典型案例进行研究。

案例启示：

数据驱动的决策能够帮助企业快速捕捉市场动态，实现精准营销。

个性化定制服务不仅满足了消费者的需求，也为企业创造了独特的竞争优势。

与消费者建立直接的沟通渠道，可以为企业带来宝贵的市场信息和品牌忠诚度。

2. 选择标准

在设计转化系统时，企业需要综合考虑自身的运营特点和市场环境，选择最合适的系统设计（见表3-4）。

表3-4　　　　　　　　　　企业转换系统选择标准

选择标准	具体内容
需求波动性	身处需求波动频繁市场环境中，企业需选取能够敏捷响应市场变化的系统，例如拉动式系统。凭借数智化市场监测与分析手段，精准把握需求动态，实现系统灵活调整
产品多样性	对于产品种类丰富的情况，企业配备具备灵活性生产系统，诸如单元生产或项目型生产系统。借助数字化设计与生产技术，满足多样化产品的生产需求，提升市场适应性
生产规模	对于大规模生产作业，推动式或批量生产系统更为适宜；而对于小规模生产或定制化生产领域，则需要拉动式或项目型系统来支撑。通过智能化生产规划与调度系统，实现生产规模与系统精准匹配
成本控制	推动式系统在原材料与库存成本管控方面具备一定优势，而拉动式系统则有效削减过剩库存所产生的成本。运用数据分析与成本管理系统，精确核算各类成本，优化系统选择，实现成本有效控制
交货时间	若快速交货成为企业关键竞争要素，拉动式系统能给予更为迅速的响应时间。依托数字化供应链管理系统，实现高效订单处理与生产配送，确保按时交付
技术能力	企业需充分考量自身现有技术实力是否足以支撑所选系统。借助技术评估与能力提升机制，不断强化技术能力，为系统顺利运行提供坚实保障
资源可用性	对要素资源（人力、物资、设备）进行全面评估，判定其是否足以支撑所选转化的系统。利用资源管理系统，实现资源合理配置与高效利用
战略目标	务必确保所选系统与企业的整体战略目标高度契合，为企业长期发展提供有力支撑。通过战略规划与系统设计紧密衔接，推动企业实现可持续发展

 管理小卡片

设计不仅仅是外观和感觉，设计是关于产品的动作方式。

——史蒂夫·乔布斯

[本节案例]

创新服务器系统设计浪潮信息发布融合架构3.0

在第五届开放计算中国技术峰会（OCP China Day 2023）上，浪潮信息正式推出融合架构 3.0 原型系统，以开创性的系统架构设计实现了计算资源、存储资源、内存资源、异构加速资源等核心 IT 资源彻底解耦与池化，支持池化资源异步升级、支持细粒度多主机共享高并发存储、亚微秒级远端内存共享访问等特性，可通过软件定义实现"一套系统，N 类应用"，有效缓解当前数据中心"内存墙""I/O 墙""功耗墙"等瓶颈。

融合架构 3.0 原型系统的发布，将有望发展出一种全解耦、全池化、高可扩展、易部署、易管理的新型硬件基础架构，实现软硬高度协同，加速数据中心释放数字生产力，促进数字经济发展以及与实体经济的深度融合。

一、智算时代，计算体系架构亟待突破

当前，数字化、智能化转型已成为企业发展、科研创新和社会治理的刚性需求，也催生了云计算、大数据、人工智能等数字技术的蓬勃发展。然而，越来越多样化的应用对底层硬件资源的需求存在差异，导致使用传统架构的云、数、智、边、端等各类技术平台彼此独立，硬件资源难以共享复用，造成资源浪费的同时也使得运维管理难度激增。

例如，以大模型为代表的 AIGC 技术需要基于海量数据集，在拥有成百上千 AI 加速卡的集群上对千亿级参数的 AI 大模型进行分布式训练，对异构算力的需求更高；科学计算要求更高的计算精度，对通用算力的需求更高；内存计算则希望让更多应用程序的数据驻留在内存之中，使得数据和算力更接近，以提高处理速率，对内存容量要求更高。但传统架构下，IT 资源的扩展是以整机形态来完成的，即便用户急需的是某种特定资源，但仍然需要为整机附带的额外资源付费，这势必增加了 IT 支出并造成资源闲置浪费。

与此同时，在算力供给侧摩尔定律逐渐放缓和登纳德缩放定律走向终结，现有的计算体系架构先天性不足被成倍放大，数据中心计算体系架构的创新已迫在眉睫。

浪潮信息服务器产品线总经理赵帅表示："当前数据中心遇到的'内存墙''I/O 墙''功耗墙'等现象，并不是孤立存在，它们是现有计算体系架构不足放大后的体现。只有通过计算体系架构的整体创新，才能彻底解决各种瓶颈带来的挑战。"

二、融合架构 3.0：以数据为中心的新架构

在此背景下，浪潮信息推出融合架构 3.0 原型系统，打破了以往"以 CPU 为中心"的设计理念，而是从整体出发，通过系统架构创新解耦重构服务器系统，突破性实现了计算资源、存储资源、内存资源、异构加速资源等核心 IT 资源彻底解耦与池化，可支持多种通用处理器平台与 GPU、FPGA、DPU 等多种异构加速单元的协同计算，并可通过软件定义实现资源协同动态调度。

这种基于硬件重构技术而开发的新一代基础架构，将实现更加自由的资源随需定义，为上层软件定义系统提供更出色的灵活性，使其能够根据应用特点，以高度自动

化的方式分配与重新配置硬件资源，不再受到非动态设置的硬件基础设施的限制，让数据中心内部的人工智能、科学计算、云计算、大数据等各类应用统一运行于同一架构之上，实现多技术平台融合，加速业务创新及数字化转型。

与传统的CPU为中心的计算架构不同，融合架构3.0原型系统以数据为中心，实现计算节点内部各种算力芯片共享内存数据、统一编址和协同工作；在跨节点之间则通过智能数据处理单元和高速网络形成分布式互联交换，实现CPU、GPU、FPGA等各种加速芯片的算力协同以及内存池化、新型存储资源池化，具有节点间的数据访问延迟极低，支持高效弹性扩展等优势。此外，融合架构系统可以实现更为灵活的资源重构，为人工智能、大数据等多种应用场景提供强大的算力支撑。

内存解耦与池化一直是业界的热点与难点，随着以CXL为代表的串行缓存一致性总线的出现，给主机和远端共享内存之间提供了低延时的访问路径以及缓存一致性保证，为大规模内存扩展与内存资源池化提供了可能。融合架构3.0原型系统突破内存解耦池化关键技术，研制新型应用串行缓存一致性总线及其交换技术的内存模组和内存池化系统，保障主机系统对大容量、高带宽内存的应用需求。

赵帅介绍，融合架构3.0原型系统首创JBOM独立内存资源池设计，创新实现高密度内存扩展方案，主机系统远端内存扩展技术领先业界。通过软件定义系统设计及CXL高性能交换技术，率先实现内存资源池化与细粒度多主机共享。

系统互连设计方面，解耦与池化带来了新的互连挑战，整系统通过设计供电控制、复位、时钟锁定等协同工作方式实现解耦单元整体运行。此外，随着数据速率的不断攀升和系统链路变得更加复杂，解耦池化系统互连链路互连延展已经接近极限，系统针对复杂链路高速互连进行高精度的拟合仿真研究，准确分析系统互连链路多样化拓扑和传输速率的极限。

此外，融合架构3.0原型系统开发软件定义管理系统，实现拓扑切换、端口动态管理、多主机资源共享与资源动态分区等高级功能；开发资源管理软件，实现设备利用率监控、设备分配情况配置与管理、I/O吞吐量监控和链路健康诊断，保障主机系统硬件资源的动态部署与高效管理。

赵帅表示："融合架构3.0原型系统效率可比上一代软件虚拟化系统提升1~2个数量级，可扩展性提高2~4倍，系统延时降低90%，PUE低于1.1。随着数字经济、人工智能持续发展，企业的各项业务越来越依赖数据及其价值，算力技术也需要不断演进，融合架构3.0原型系统的发布，有助于企业提升数据管理效率，最大化数据价值。"

资料来源：创新服务器系统设计浪潮信息发布融合架构3.0［EB/OL］. https://www.cet.com.cn/itpd/itxw/3427589.shtml.

3.2 转化系统监控

3.2.1 监控的重要性与目的

转化系统监控作为运营管理的关键环节,涵盖了对转化过程的实时监测、深入分析以及持续优化,提升转化效率与效果。

1. 重要性

表 3-5 阐述转换系统监控的重要。

表 3-5　　　　　　　　　转换系统监控的重要性

重要性	具体内容
提高转化效率和效果	借助数智化监测手段,精准洞察转化过程中各类问题与瓶颈,并迅速采取针对性措施加以优化改进,显著提高转化效率与效果
降低成本和风险	利用智能化数据分析,及时发现转化率偏低和成本过高的问题,实施有效优化举措,对潜在风险和问题妥善处理,实现成本降低与风险把控
优化资源配置	利用大数据分析技术,全面了解不同渠道、不同产品或服务转化效果与成本情况,实现资源精准配置,大幅提高资源利用效率
提升用户体验	依托数智化用户行为分析,深入了解用户行为模式与需求偏好,及时发现并高效处理用户投诉与问题,持续优化产品或服务,切实提升用户体验感,增强用户满意度与忠诚度

[情景案例]

智慧医疗公司在提供远程医疗服务的基础上,进一步推出了"全心关怀"计划。该计划通过大数据分析,预测患者的健康风险,并提供个性化的健康指导和干预措施。

公司还开发了一款智能手表,可以实时监测患者的生命体征,并将数据同步到医疗服务平台。这样,医生可以远程监控患者的健康状况,及时提供医疗建议或紧急救助。

"全心关怀"计划受到了患者的热烈欢迎,许多慢性病患者表示,这款手表就像他们的私人医生,给他们带来了前所未有的安全感和便利。智慧医疗的这一创新举措,不仅提高了医疗服务的质量和效率,也为医疗行业树立了新的标杆。

案例启示:

技术的发展应该以提高人们的生活质量为目标,而不仅仅是追求效率。

通过大数据和智能设备,医疗服务可以更加个性化和精准。

创新服务模式能够为患者带来更好的体验,同时也为企业创造更大的价值。

2. 目的

转换系统监控的目的如表3-6所示。

表3-6 转换系统监控目的

目的	具体内容
确保系统正常运行	通过实时监控转换系统的各项参数和指标,及时发现并解决可能出现的故障或异常情况,保证系统的稳定性和可靠性,确保业务的连续性
提高系统性能	监控系统的性能指标,如处理速度、响应时间和资源利用率等,以便及时发现性能瓶颈并进行优化,提高系统的整体性能和效率
满足业务需求	确保转换系统能够满足业务的需求和期望,及时调整和优化系统配置,以适应业务的变化和发展
预防和解决问题	通过对系统的监控,能够提前发现潜在的问题和风险,并采取相应预防措施,减少问题发生概率。同时,在问题出现时能够快速定位和解决,降低问题对业务的影响

管理小卡片

目标不是追求利润,而是追求有价值的工作,利润自然会随之而来。

——稻盛和夫

3.2.2 过程监测的方法与技术

转化系统的过程监测涵盖了数据分析、流程优化、用户反馈收集以及技术支持等多个层面,旨在通过精益化的手段,提升转化效率与优化效果。

1. 数据分析

数据分析方法如表3-7所示。

表 3-7　　　　　　　　　　　　　　　数据分析

分析方法	具体内容
关键业务指标监测	运用数智化分析工具，精准确定关键业务指标，并实时跟踪其变化趋势。深入挖掘数据，精准找出影响转化的关键因素，为优化决策提供有力支撑
A/B 测试	进行 A/B 测试，对比不同版本或策略的成效。借助数据驱动的评估，精准优化转化过程，探寻最优方案，实现精益转化
用户行为分析	利用先进用户行为分析工具，细致了解用户在转化过程中的行为路径、停留时间和点击次数等关键信息。精准找出用户流失关键环节与原因，为促进用户行为转化提供精准方向

 知识小卡片

A/B 测试，也称为分割测试或桶测试，是一种统计学方法，用于比较两个或多个版本（如网页、产品功能、营销策略等）的效果，以确定哪个版本在特定指标上表现更佳。A/B 测试的目的是减少决策中的不确定性，通过数据驱动的方式来优化产品和营销策略。

以下是 A/B 测试的一些关键点。

目标设定：在开始测试之前，明确你想要测试的目标是什么，如提高转化率、增加用户参与度、提高点击率等。

假设提出：基于假设提出两个或多个不同的方案，这些方案在设计、内容、功能等方面有所不同。

样本选择：随机选择一部分用户或流量，将他们分为不同的组，每组接受不同的方案。

实施测试：同时运行所有方案，确保测试环境的一致性，以便结果的可比性。

数据收集：收集各组的关键性能指标（KPIs）数据，如访问量、点击率、购买率等。

数据分析：使用统计方法分析数据，确定哪个方案在关键指标上表现得更好。

结果评估：根据数据分析的结果，评估哪个方案更有效，并决定是否全面推广该方案。

迭代优化：A/B 测试是一个持续的过程，根据测试结果进行迭代优化，不断提高产品或服务的性能。

> A/B 测试的优点:
>
> 数据驱动:基于实际用户行为数据,而非主观判断。
>
> 风险降低:通过小规模测试避免大规模改变带来的风险。
>
> 优化决策:帮助企业作出更加科学的决策。

2. 流程优化

流程优化方法如表 3-8 所示。

表 3-8　流程优化

优化方法	具体内容
流程可视化	运用数智化手段,将转化过程以清晰的流程图形式呈现,助力团队成员深度理解流程结构与关系,精准发现潜在问题与瓶颈
环节优化	对转化过程中的各个环节进行深入分析与优化。通过简化流程、减少步骤和提升效率,改善用户体验,有效提高转化率
持续改进	培育持续改进的精益文化,定期回顾与评估转化流程效果,依据数据分析与用户反馈,精准进行调整与优化,推动转化流程不断完善

3. 用户反馈收集

用户反馈收集方法如表 3-9 所示。

表 3-9　用户反馈收集

收集方法	具体内容
调查问卷	精心设计针对性强的调查问卷,广泛收集用户在转化过程中的意见与建议,深入了解用户的满意度与改进需求,为优化产品与服务提供依据
用户评论和投诉	密切关注用户的评论与投诉,及时高效地处理和解决用户问题,通过对用户反馈的深入分析,精准找出共性问题,并进行针对性的改进
客服沟通	客服人员作为与用户直接接触的一线人员,能够提供关于用户体验的一手信息。与客服团队紧密合作,全面收集用户在与客服沟通中问题与反馈,为优化服务提供有力支持

4. 技术支持

技术支持方法如表 3-10 所示。

表 3-10　技术支持

支持方法	具体内容
用户行为追踪	借助先进追踪技术,对用户网站上行为进行全面追踪与记录。深入了解用户来源、操作行为与转化路径,为数据分析与优化提供坚实数据基础
热图分析	运用热图工具,直观展示用户在页面上点击分布与注意力集中区域。精准发现用户的兴趣点与需要改进环节,为页面优化提供精准指导
实时监控和预警	建立智能化实时监控系统,对关键业务指标进行实时监测。设置灵敏预警机制,及时通知相关人员迅速采取措施,确保转化过程顺利进行
战略地图	战略地图作为一种强大沟通工具,为组织清晰呈现其经营战略关键细节,有助于提升员工对战略理解与认同,推动经营战略高效实施

管理小卡片

在你生命的某个阶段,你会发现阻挡在你前进道路上的砖墙其实是一扇门。

——史蒂夫·乔布斯

通过综合运用以上方法和技术,运营团队全面监测转化系统过程,发现问题和机会,不断优化转化流程,提高用户体验和转化率。同时,要注重数据驱动决策,根据客观数据和用户反馈来进行决策和调整,以实现持续增长和优化。

3.2.3　过程控制的原理与实践

过程控制是通过一系列行动来缩小计划与实际之间的差距,确保过程高效性、优质性与一致性。倘若在实际与计划出现显著偏差时未能及时采取行动,对活动依据计划进行的监测、比较以及结果报告将毫无意义。控制对于管理者而言是极具挑战性的任务之一,它往往涉及机器与人力两个方面的要素。

1. 控制过程的原理

表 3-11 列式了过程控制原理。

表 3-11　过程控制的原理

控制原理	具体内容
系统化思维	以数智化视角将企业运营视作一个有机整体系统,深度剖析各部分之间的相互关联与影响
过程定义	精准明确每个过程的输入、输出、活动以及控制点,借助数字化手段实现精细化管理

续表

控制原理	具体内容
标准化操作	制定标准操作程序（SOP），依托智能技术确保过程的高度一致性与可重复性
实时监控	运用数智化技术实时监测过程的关键指标，及时精准地发现偏差与问题
反馈机制	构建高效数字化反馈机制，将过程监控成果有效应用于过程的优化改进
持续改进	采用如 PDCA（计划—执行—检查—行动）等持续改进方法，结合数据分析推动过程不断完善
技术和自动化	充分利用先进技术和自动化工具，提升过程控制的精准度与效率，实现精益生产
质量控制	确保产品和服务质量达到标准要求，运用质量控制方法如六西格玛、TQM 等，借助数据分析进行质量优化

知识小卡片

标准化操作程序（standard operating procedure，SOP）是一份详细的文档，它描述了完成特定任务或过程的标准方法。SOP 的目的是确保一致性、效率、质量和安全，同时减少错误和变异。以下是 SOP 的一些关键特点。

明确性：SOP 应详细说明每个步骤，包括所需材料、设备、条件和具体操作。

一致性：确保所有执行任务的人员按照相同的方式操作，以避免由于操作差异导致的结果不一致。

可重复性：SOP 允许任何人在任何时间按照文档执行任务，并得到相同的结果。

可访问性：SOP 应易于访问，以便需要执行任务的人员能够快速找到并遵循。

可更新性：随着技术、法规或业务需求的变化，SOP 应定期审查和更新。

合规性：SOP 应符合相关的行业标准、法规要求和公司政策。

培训工具：SOP 可以作为新员工培训的材料，帮助他们快速了解和掌握工作流程。

审计准备：良好的 SOP 是审计过程中的关键文档，可以证明组织的操作符合规定标准。

风险管理：通过定义清晰的步骤和检查点，SOP 有助于识别和管理潜在的风险。

改进基础：SOP 的执行过程中收集的数据可以用于分析和持续改进流程。

创建 SOP 的步骤通常包括：

需求分析：确定需要标准化的过程或任务。

过程映射：详细描述当前过程的每个步骤。

文档编写：编写清晰、简洁的 SOP 文档。

审查和批准：由相关专家和管理层审查 SOP，确保其准确性和完整性。

培训：对相关人员进行 SOP 培训。

实施：在实际工作中执行 SOP。

监控和改进：监控 SOP 的执行情况，并根据反馈进行必要的改进。

SOP 是组织管理和质量控制的重要组成部分，对于提高工作效率、保证产品和服务质量具有重要作用。

PDCA，即计划—执行—检查—行动（Plan-Do-Check-Act），是一种迭代的管理和持续改进的方法，由美国统计学家沃尔特·A. 休哈特（Walter A. Shewhart）提出，并由威廉·爱德华兹·戴明（W. Edwards Deming）进一步发展和推广。PDCA 循环广泛应用于各种组织和业务流程中，以提高效率和质量。

以下是 PDCA 循环的四个主要阶段。

计划（plan）：明确目标和目的。确定需要解决的问题或改进的机会，制定实现目标的策略和计划，预测可能的问题和障碍。

执行（do）：实施计划。执行选定的策略和行动步骤。通常在小规模或试点基础上进行，以测试计划的可行性。

检查（check）：收集数据和反馈，评估执行结果。与原定目标或标准进行比较，分析差异，识别问题和成功的因素。

行动（act）：根据检查阶段的发现，采取必要的行动。如果结果符合预期，标准化成功的流程或方法，以便在未来的应用中复制。如果结果不符合预期，识别需要改进的地方，并开始新一轮的 PDCA 循环。

PDCA 循环的特点如下。

迭代性：PDCA 是一个循环过程，每个阶段的结束都是下一个阶段的开始。

系统性：涵盖了从计划到执行、检查和行动的全过程。

灵活性：可以根据不同的情境和需求调整 PDCA 循环的每个阶段。

数据驱动：强调基于数据和事实的决策。

PDCA 循环在质量管理、项目管理、产品开发、流程改进等领域都有广泛的应用。通过 PDCA 循环，组织能够持续学习和改进，提高竞争力。

2. 过程控制的实践

表3-12列示了过程控制实践方法。

表3-12　　　　　　　过程控制实践方法

实践方法	具体内容
过程映射	运用数智化技术绘制详尽流程图，通过流程图实现流程可视化与分析，精准识别瓶颈与改进点
关键绩效指标（KPI）	确定流程中关键控制点，利用智能监控手段实施监控与控制措施，实时跟踪关键绩效指标，精准衡量过程表现
数据收集与分析	广泛收集过程数据，大数据统计分析方法精准识别趋势与问题
过程模拟	在实施变更前，借助模拟技术对过程变化进行预测，以数据驱动决策，降低风险
质量管理工具	应用因果图、控制图和散点图等质量管理工具，结合数据分析精准识别和解决问题
变更管理	对过程变更进行科学管理，确保变更经过恰当评估、审批与实施，实现精益变更
跨部门协作	促进不同部门之间高效沟通与协作，通过数字化平台实现流程的无缝对接，全面优化整个转化系统
绩效评估	定期运用数据分析对流程控制效果进行评估，确保有效完成目标，依据评估结果进行精准调整
环境和社会责任	充分考虑环境影响和社会责任，确保流程控制符合可持续发展要求，实现绿色精益运营

管理小卡片

重组不是为了重组本身，而是为了创造更有竞争力的过程。

——迈克尔·哈默

[本节案例]

让造纸产业焕发新活力

一张看似普通的生活用纸，放入水瓶轻晃，柔韧的纸张迅速溶为白色纸浆。

"这款产品不使用干强剂、湿强剂、荧光增白剂等化学制剂，而是创新性地采用纤维缠绕工艺，实现了纤维间更加紧密的物理缠绕，遇水可迅速溶解，更加健康环保。"在山东太阳纸业股份有限公司（以下简称太阳纸业）的生活用纸生产车间，工作人员拿起一张刚刚下线的纸巾进行演示。

近年来,面对国际造纸行业竞争日益激烈的局面,太阳纸业坚持科技创新、绿色发展,推动造纸产业转型升级,加快高端化、智能化、绿色化发展步伐,努力打造具有国际竞争力的高端造纸产业链集群。目前,太阳纸业浆纸年产能超1 200万吨,走上绿色低碳的高质量发展之路。

一、创新驱动,拓展新赛道

在不少人眼中,造纸是高耗能的传统产业。"现代造纸通过科技创新、绿色环保的改造提升,已经焕发出新的生机和活力,成为'朝阳产业'。"太阳纸业党委书记、董事长李洪信表示。

"纸在日常生活中随处可见,人们的需求在不断变化。"太阳纸业市场部总监潘天倚介绍,企业致力于不断研发生产科技含量高、市场潜力大、差异特性强的新产品,形成市场竞争新优势。近年来,为满足消费者需求,企业先后研发了液体食品包装纸、环保低克重铜版纸、环保斑纹纸、吸水衬纸等产品。

"某知名牙膏品牌一度受到假冒伪劣产品困扰,企业联系我们共同开发了高端防伪纸,把商标'生产'在纸张的内层。"潘天倚说,只要撕开牙膏盒,就能看到纸张内层的品牌标识,提升了产品的防伪能力。

"不拘泥于生产纸,我们的产品广泛应用于时装、家居、食品及工业领域。"太阳纸业研发中心主任张伟介绍,溶解浆连续蒸煮技术打破了过去溶解浆依赖进口的局面,可把普通的造纸浆变成纺织用品的新材料;木糖提取技术从普通的木材中成功提取出木糖,填补了行业空白。2020年,太阳纸业凭借"高纯度生物质纤维素清洁制备关键技术及产业化项目"获得中国工业大奖表彰奖。

2016年以来,太阳纸业累计研发投入超40亿元,构建了国家级企业技术中心、院士工作站、博士后科研工作站等多个创新研发平台,承担国家"863"计划项目1项、国家及省部级科研课题30余项。

二、绿色发展,坚持生态为本

从太阳纸业兖州本部生产区域西行10公里,太阳纸业水处理中心坐落其间。企业的生产废水通过管道输送至此,经过多项环保工艺处理后,中水流入氧化塘和湿地系统,最终可达地表水Ⅲ类标准。

"太阳纸业在产量提高10倍、利税增加7倍的情况下,主要污染物排放量却减少90%以上。"太阳纸业环保节能部总监姜红梅介绍,在造纸的每个环节,太阳纸业都大力推行清洁生产,对造纸原材料物尽其用,实现废弃物无害化、资源化处理,变废为宝、循环再生。

太阳纸业还积极构建水资源一体化利用模式,通过设备升级、工艺创新和精细管理多措并举抓节水。目前，水资源重复利用率达93%以上，各项指标均达到世界先进水平。此外，企业还围绕"双碳"目标，加大节能降碳技术改造力度，创新科学高效的全流程节能降碳措施，通过实施造纸固废综合利用及余热发电项目等，实现能源结构转型。

在2019年度国家科学技术奖励大会上，太阳纸业与中国工程院陈克复院士等共同完成的"制浆造纸清洁生产与水污染全过程控制关键技术及产业化"获得国家科学技术进步奖一等奖，这是中国造纸行业在环保领域的第一个国家科技进步奖一等奖。这项技术如今已在全国数十家大中型造纸企业的制浆造纸生产线上及末端废水处理中广泛应用。

三、聚链赋能，构建高端产业集群

作为山东省造纸产业链链主企业，太阳纸业一直努力打造具有国际竞争力的高端造纸产业链集群。为拓展上游产业链，太阳纸业稳步推进老挝基地原料林种植项目，未来规划将形成数十万公顷的种植规模。

"通过建设'林浆纸一体化'项目，可以更好地利用国内国际两个市场、两种资源，提升全球配置资源能力，积极融入双循环新发展格局，为企业高质量发展提供了坚实的原料保障。"潘天倚说。

围绕造纸产业链特点，济宁市深化制造强市战略，开展"干部助企攀登"活动，大力推进产业链招商引资。如今，在济宁市兖州区，以太阳纸业为核心的高端造纸产业已集聚16家纸制品新材料及配套企业，聚链成群、集群成势。"去年我们成功招引浙江鼎辉公司年产8万吨的高端食品级淋膜纸项目落地，有力巩固了太阳纸业的链主地位。"市派驻企干部高聪最近正忙着对接各大高校，帮助太阳纸业招引人才。

"企业的发展，离不开良好的营商环境。驻企干部来到企业后，帮助我们解决了很多实际困难。"潘天倚表示。

"太阳纸业坚持打造'林浆纸一体化'绿色循环产业链条，通过三大基地协同互动，形成从原料到消费终端产品的高端造纸全产业链集群，我们对未来充满信心！"李洪信说。

资料来源：肖家鑫. 让造纸产业焕发新活力［N］. 人民日报，2024-06-18.

[团队场景练习]

情景模拟（1）：在线零售商的转化系统监控。

背景：

公司：XYZ 在线零售商。

业务：销售各种电子产品和配件。

目标：提高网站访问者的购买转化率。

情景：XYZ 在线零售商最近推出了一项新的营销活动，旨在通过电子邮件营销、社交媒体广告和搜索引擎营销吸引更多顾客。

情景模拟（2）：一家新兴的在线健身指导服务公司，提供个性化的健身计划和实时在线指导。

挑战：

如何提升客户满意度和忠诚度？如何优化服务流程以提高效率？如何利用技术提高服务质量和客户互动？

角色分配：

客户服务经理：负责客户关系管理和服务流程优化。市场分析师：负责市场趋势分析和客户偏好研究。运营分析师：负责服务运营数据分析和成本效益分析。IT 支持：负责技术支持和在线平台的维护与升级。

实施步骤：

各小组分析当前服务运营管理中存在的问题和机遇。讨论并设计服务运营管理转化方案，包括服务流程改进、客户反馈机制、技术应用等。模拟实施方案，并预测可能的挑战和效果。向全班展示方案，并接受其他小组和教师的评估和反馈。

[本章小结]

本章深入探讨了转化系统的设计和监控，这是确保运营管理过程高效和稳定的重要环节。第一，详细阐述转化系统设计的内涵与目标、设计原则与方法以及类型与选择标准；第二，系统分析转化系统监控的重要性与目的、过程监测的方法与技术以及过程控制的原理与实践，为系统转化实践提供理论基础。

[关键词]

运营效率　市场优化　技术监测控制

[简述题]

1. 转化系统设计和转化系统监控的目标是什么？

2. 在转化系统设计中，关键的设计原则有哪些？
3. 转化系统设计中运用的设计方法有哪些？
4. 转化系统监控的重要性体现在哪些方面？
5. 列举至少三种过程监测的方法或技术。

[拓展阅读]

[阅读1]

新型研发机构的组织架构与运营模式探析
——以国际声学产业技术研究院为例

新型研发机构是中国特色自主创新体系的重要组成部分，克服了产学研各环节科研主体"各自为政"的缺陷，能够在吸纳创新链和产业链主体优势基础上协同生成最大效能。相比于传统科研机构，新型研发机构更加注重赋能创新发展，具有人才实力强、科研成果精、容纳要素广、对接现实顺等特征，为跨组织、跨区域交流合作和联合攻关提供优质环境条件，有力推动源头创新和自主创新。伴随科技体制改革深入推进，新型研发机构逐渐淡化产学研归属形态，在突破传统研发机构自我循环的封闭性中呈现出交叉复合特征，以产业需求为导向增强创新活力，促进科技创新资源实现跨组织高效流动，在多样化发展中紧抓知识经济发展的关键内容，有力实现价值共创和增值。

新型研发机构主要为解决产业共性技术研发和科技成果转化问题建立，通过密切产业发展需求和研发创新之间的连接性，提升成果转化效率和效用价值，实现这一目标关键需要组织运营和协同管理。组织运营工作通过筹划调配机构所投入的创新资源，形成增进价值水平的产品和服务，自然成为新型研发机构正常运作和实现效能的关键环节。可以说，组织运营与新型研发机构的有机融合搭建出科技创新成果高效转化的路径模式，畅通科学研究与价值实现的桥梁。新型研发机构具有人才、资金、政策、设施等优势，而组织管理是促进这些优势发挥的重要手段。相比于传统研发机构，新型研发机构在组织管理和具体运营上具有领先优势，能够基于技术突破、成果转化、人才培养、产业发展的一体化功能实现，有力增进科学研究与产业发展的连接度，有助于提升创新整体效能，拓展世界科技强国建设的有效路径。

根据上述研究分析，新型研发机构有效连接产业链、创新链、价值链、人才链，为特定专业领域的多螺旋动态合作创设有利环境，依托政府政策和资金支持积极探索市场化运营路径，高效组织管理具有显著重要性。为解决科学研究与社会经济发展需求脱节问题,对未来新型研发机构管理运营及建设发展提出以下措施建议。

(1) 有的放矢推进管理运营工作管理活动对机构研发过程产生能动影响,理应依托有效组织制定实施,持续优化运营策略措施,破除阻碍价值生成的体制机制。理解有的放矢管理运营的重要性,定期组织科研人员进行现地调研,在全面掌握市场真实需求基础上自主推进关键技术攻关,提升科学研究和技术创新的有用性。进一步细化明确奖励和惩罚政策,对满足考核要求和完成既定考核标准的研发机构给予奖励,对于难以完成基本任务和运营失败的研发机构则及时撤回优待条件,避免奖罚不清催生的人员积极性不高问题。由此,依托有的放矢组织管理保证研发机构体系处于最优状态,更好实现创新资源的最大效能。

(2) 积极推行适宜的现代化管理制度鼓励新型研发机构根据现实情况采用项目经理制,保证各类研发活动的组织管理获得全过程专业性指导,减少行政级别规制对新型研发机构运营的束缚。拓宽独立法人制度广泛推行的路径,以现代化治理促进资源要素高效流动调配,为构建新型研发机构体系提供优质组织氛围。实行人才队伍管理的"一所两制",赋予科研人员自我管理和决策的适当空间,对管理团队及人员具体分工作出制度化规定,为持续推进研发工作提供完备政策支持。依托专业管理团队建立动态管理评估机制,针对性支持研发各环节人员工作,为创新工作有序开展创设优质生态氛围。

(3) 培育整体效能突出的人才梯队作为科技体制改革的先行者,新型研发机构应在高端人才培养方面积极探索,根据具体科研项目的要求联合培养科研人才,建立研究生提前进入研发机构开展试验的路径渠道,密切高等院校与科研机构的连接性,推动科学研究成果有效生成现实价值。与此相配套,制定实施科研领军人才的联合聘用制,依托灵活宽松的人事管理机制促进人才流动,对作出重要贡献的科研人员给予适当奖励,为新型研发机构高效运营提供根本支持。青年科技人才具有优质创新活力、工作精力、科研动力,对团队取得突破成果具有独特作用,应制定措施强化专业青年科技人才培养与引进,有力激发创新队伍潜力。

(4) 开展差异化管理评价和组织运营动态调整创新管理运营政策,对建立初期的新型研发机构加强政策引导和保护,有效弥补其内部力量不足的缺陷;当研发机构在运营过程中获得核心能力,则需要减弱政府支持力度,将资金和政策转向机构成长领域,搭建独立运营和价值生成的基础架构;针对已经能够自主经营的研发机构,应聚集资源要素优化创新生态,实现知识、人才、经费有机循环。

(5) 畅通各类创新资源要素流动多数新型研发机构分布在各个专业领域,占据某一方面优势成为客观形势,这就要求畅通人才、专利、知识、基础设施、产业集群、经济发展之间的相互作用渠道，确保充分发挥既定创新优势，在持续优势积累中更好实现最大创新绩效。专业化的知识产权管理服务具有重要意义，无论是新型研发机构自身推进成果转化，还是发挥连接科技创新和产业发展的媒介功能，均需要高质效专利管理运营，为机构主体实现自我"造血"提供支持，更好生成高质量发展动力。

（6）有效市场和有为政府相结合推动管理运营探索制度化管理和市场化运营的多向路径，增进政府资助和市场融资之间的契合度，在共担责任和共享利益中实现成果突破和转化。根据行业发展需求调整重点路径，充分利用市场机制推进运营工作，保持参与合作主体之间的适当竞争，以服务经济高质量发展为目标调整运营模式架构，支持科技创新成果高效转为经济社会发展的动力。适当吸收传统科研机构依托举国体制聚集全国优势的做法，在政府和市场共同支持下构建更为高效完备的组织运营体系，推进多元主体参与的多样化管理运营，有效化解科技与经济"两张皮"问题。

（7）注重加强各类科研机构的密切合作加强新型研发机构之间及其同其他创新主体深化协同合作，互学互鉴各方组织管理和运作运营经验，提高科研设施共享水平，将率先改革创新积累的组织运营有益经验传输到其他机构。发挥组织机构中战略决策主体的能动性，动态优化科研机构内部上下层级的管理运营，综合考虑机构所处发展阶段的实际需求，动态调整具体管理政策措施，支持整体创新绩效提升。充分发挥党组织的领导作用，在集中统一领导下探寻多样化组织运营模式，支持研发机构形成特色运营模式架构，在实际运作中不断甄选出最适宜有效的管理政策，保证运营管理实现效力。

资料来源：刘庆龄，曾立. 新型研发机构的组织架构与运营模式探析——以国际声学产业技术研究院为例［J］. 科学管理研究，2024，42（1）：53–63.

［阅读2］

从场景到生态：服务型制造的企业运营管理变革

服务型制造是制造与服务融合发展的新型业态，为我国制造业和服务业蓬勃发展提供动力支持，引领中国制造迈向世界制造。

服务型制造为制造业高质量发展提供动力。在我国的国民经济中，制造业是较快进入蓬勃发展的主要产业，并带动其他产业进入快速发展阶段。制造业取得的技术创新与进步支持着国民经济技术改造，并加快对农业、服务业和基础产业的技术改造过程，为经济高质量发展提供技术保障。同时，制造环节在全球价值链中的相对地位正在提升，信息技术与制造业结合诞生的以智能制造为代表的新型制造模式重塑了全球价值链中制造环节的作用，增值能力显著增强。我国的现代工业体系配套完整、种类齐全，制造业体系庞大，但是仍处于全球价值链分工的中低端，制造业占国内生产总值比重连续下跌，从2010年的32.06%跌至2020年的26.18%。这都迫使我们需要找到新的思路和方法加强制造业的引领地位，基于制造，服务制造的角度强化中国制造，防止制造业发生区域转移。

服务型制造为服务业高质量发展提供动力。我国的服务业正处于快速发展期，与制造业相比仍有较快增长的条件。在产业结构调整升级的过程中，对生产性服务业的需求快速增加，各类生产性服务业既能获得新的发展机会，提供更多的就业岗位，也能为产业结构升级等提供市场服务，进而确保经济市场的稳定运行。先进制造业与现代服务业深度融合，强化了中国制造在全球制造中的地位，促进制造业向"微笑曲线"两端延伸。我国高端生产性服务业占服务业比重远低于其他发达国家水平，且自主创新能力偏低，无法有效匹配制造业需求结构，迫切需要提高我国生产性服务业能力。

用户个性化需求的增加拉动服务型制造的发展。在居民消费水平较低的情况下，追求高性价比、物美价廉的产品是社会消费主流，大规模生产成为主要的生产方式，制造企业大规模的生产标准化、统一化的产品满足用户的需求，进而降低制造企业的制造成本，提高企业的盈利空间。随着经济水平的不断提高，用户所追求的不再是标准的产品而是具有差异化的产品，细小的消费市场成为企业竞争的主要战场，企业的生产方式也转变为大规模定制用户购买的产品，更加关注的是产品所包含的附加值，并对产品的服务属性需求愈发强烈。制造企业在这样的环境下不再单单提供产品，转而提供"产品+服务"的组合。

产品复杂程度的增加推动服务型制造的发展。经济水平的发展导致生产过程的复杂性不断提高，产品零部件的精密度不断提高。随着产品复杂程度的增加，工业产品的专业化、集成化的程度越来越高，用户难以了解产品的内部结构，甚至是产品的操作都难以掌握，从而无法完成产品的运行维护、安装调试等工作。在制造企业中，一些制造产品的用量较少，拥有完整的产品售后团队人员具有较高的成本，不具备规模效应。所以，产品的用户越来越需要售后能够提供专业化的服务，需要制造企业提供专业的"产品+服务"的组合，服务型制造成为制造企业提供专业化服务的一个重要转型方向。

新兴技术的发展为服务型制造提供了技术支撑。云计算、5G等新一代信息技术的加速创新，拓展了服务型制造的发展空间。一方面，信息技术硬件的成本大幅度降低；另一方面，信息技术硬件的性能大幅度增强，促使工业办公软件等一系列功能的工业应用场景更加丰富，如云制造等新模式。制造企业能够通过这些条件整合自身、合作伙伴和客户的信息、数据等进行服务模式的创新。比如，对产品进行全生命周期管理，为远程监控和预警产品提供技术支持；对供应链成员提供有偿金融服务，解决供应链伙伴资金短缺的问题；根据大数据分析修改高度柔性的生产线，以更低的成本为用户提供定制化服务。

服务型制造是先进制造业与现代服务业融合发展的新业态，是推动制造业快速发展的新增力量。本文主要通过企业调研案例分析，并结合运营管理理论，探讨了服务型制造对企业运营管理带来的影响与变化。同时，创新性地将服务型制造这一制造业转型升级的新方向对企业管理的影响纳入讨论，为企业的实际管理提供了新的思路和见解。但由于本文主要讨论对企业运营管理的影响，并没有从定量模型的角度分析相关企业的影响，后续可从实证或模型的角度进一步分析服务型制造企业的发展和变化，为该领域的转型发展提供更有力的理论支撑。

服务型制造对企业的运营管理与变革具有重要的意义，随着经济发展和制造体系的升级，制造企业必将面临新的机遇与挑战。对于中国制造企业而言，应当重点从以下五个方面进行思考和探索。

第一，因地制宜聚焦支柱产业，制定转型升级路线。鼓励地方政府强化制造业高质量发展的顶层设计，围绕当地的支柱产业进行统筹规划，将发展服务型制造同优势产业的发展紧密结合，探索在服务型制造下支柱产业的发展模式与路径。同时，依托新兴技术加快服务型制造企业的数字化转型，促进支柱企业的智能化、信息化发展，并鼓励龙头企业率先将数字化过程融入生产，带动全产业链数字化改造。

第二，实施延链补链强链工程，提升中国制造竞争力。支持本地的龙头企业，进一步强化本地支柱产业上下游配套协作，打造具有地方特色的世界级产业集群。围绕支柱产业进行全产业链招商，构建区域联动招商机制，打通产业链的断点与堵点，强化地区产业链完备性。完善推广"链长制"，由地方领导带头担任产业链链长，负责产业链统筹工作，帮助产业链企业解决遇到的问题，提升产业链的核心竞争能力。

第三，完善要素保障，营造良好政策环境。强化复合型、应用型人才培养，对服务型制造企业的人才机构引进进行补贴，并降低行业高端人才的个人所得税。鼓励金融机构创新支持服务型制造发展的金融产品与服务，支持知识产权等无形资产抵押贷款业务发展。设立省级服务型制造发展专项资金，并对评选为示范的企业给予奖励，给予符合条件的企业一定比例的税收返还支持创新研发。减少服务型制造在用能、优惠政策等方面的区别待遇。

第四，加强示范推广，提高企业转型能力与意识。开展服务型制造示范遴选活动，培育一批具有代表性的示范企业，形成可复制可推广的典型发展模式与经验。通过现场推介会、编写典型案例等方式，提升企业对服务型制造的认识。鼓励大型制造业企业充分发挥工业互联网的数字化优势，率先进行服务化转型，将成熟经验模式向同类企业复制推广。鼓励产业联盟、行业协会等，共同搭建服务型制造咨询服务平台和共性技术平台，解决服务型制造中企业发展所遇到的共同问题。

第五，提高自主创新能力，打造高端化制造业。制造业企业从根本上重视研发，在保证企业正常发展的情况下适度强化研发投入，提升企业的技术能力和创新能力，解决高端装备技术基础薄弱、核心装备集成度低等问题。促进两业融合，提升制造环节质量，加快培育高技术复杂度中间品制造业生产企业，引导生产性服务业向制造业高技术复杂度中间品生产环节嵌入，使制造业价值链实现从"微笑曲线"向"武藏曲线"的反转。

资料来源：陈旭，焦楷，王鹏飞. 从场景到生态：服务型制造的企业运营管理变革 [J]. 工程管理科技前沿，2022，41（1）：82-89.

[阅读3]

公共数据运营何以创新？
——来自国家级海洋数据交易平台改革样板的探索

作为一种新型生产要素，发掘公共数据的价值是数字时代的前沿课题。既有研究较好地解释了作为数据管理机构的政府主管部门如何实现公共数据的授权运营，但对数据运营单位的微观过程研究相对较少。基于对全国首个海洋数据交易平台的观察，还原公共数据运营的微观过程。研究发现，面对数据供需不匹配、数据质量安全、数据定价难等公共数据运营的关键瓶颈，海洋数据交易平台借助数据商城和区块链技术实现公共数据的归集与资产化，通过"平台+人工+第三方"的数据质量监测体系实现公共数据的加工与规范化，并创新"坐标+网格化"的数据价值灵活定价方式，在综合传统定价模式的基础上定制化数据价格，实现公共数据的交易闭环。对这一国家级海洋数据交易改革样板案例的深挖，可以为公共数据尤其是行业数据的创新运营提供重要理论和实践启示。

自2020年4月数据作为一种新型生产要素写入中央文件以来，如何促进数据要素，尤其是公共数据的流通和交易，成为学界和实务界都密切关注的重要前沿议题。各级政府部门在公共数据交易政策上层层加码，但公共数据交易仍处于相对空白（起步）阶段。面对海量的公共数据资源，政府在公共数据开发利用的制度形式上作出了积极努力。"十四五"规划指出，通过数据开放、特许开发、授权应用等方式，鼓励更多社会力量进行增值开发利用。2022年12月，明确提出要推动区域性、行业性数据流通使用，针对公共数据建立起确权授权机制。浙江、青岛、成都、北京等地也颁布了《浙江省公共数据授权运营管理办法（试行）》《青岛市公共数据管理办法》等公共数据运营相关条例。政策不断"加码"为尚处于起步阶段的公共数据交易市场的发展提供了方向指引和制度框架。在研究层面，围绕"如何实现公共数据的流通和交易"这一核心问题，包括经济学、管理学、法学、公共管理等学科在内的社会科学领域展开了激烈的学术讨论。最早受到学界关注的是数据产权的问题，主张建立合理的数据产权制度是公共数据要素流通的重要前提。进而，学界试图从公共数据的授权运营出发回答这一问题，系统讨论了这一过程中涉及的收益分配、功能定位、法律属性、实现机制等诸多问题。总体来看，已有研究对作为数据管理机构的政府如何实现公共数据的流通交易给出了较为完备的实现方案，贡献了丰富的知识积累。而值得注意的是，现在的研究仍然存在两个重要的理论缝隙。

第一，已有研究对这一议题的讨论限定在作为数据管理部门的政府视角以及其对公共数据授权运营的研究，数据运营单位推动公共数据运营的微观过程却鲜少受到研究关注。不同于数据管理部门侧重于"授权"过程，数据运营单位具体承载公共数据的流通和交易，侧重于"运营"过程。后者能够直接回答"如何实现公共数据运营"的问题。

第二，现有研究的注意力大多落脚在公共数据中的政府数据，而公共数据中具有更高价值性的行业数据被忽视。这对于如何更好地发挥数据要素价值，是亟须弥补的一部分遗漏。正是在这一意义上，公共数据运营的"黑箱"仍未被完全打开。上述两大理论缝隙，引出了研究问题：作为数据运营单位，如何实现公共数据的有效运营？这一问题包含三个环环相扣的子问题，即：当前公共数据运营面临何种阻滞？实现公共数据运营的可能路径和创新机制是什么？公共数据创新运营的未来方向在哪里？在研究之前，需要厘清公共数据的边界。各省市已出台的条例关于公共数据的定义不一，尚未达成共识性意见。按照《网络数据安全管理条例（征求意见稿）》的说法，公共数据是指国家机关和法律、行政法规授权的具有管理公共事务职能的组织履行公共管理职责或者提供公共服务过程中收集、产生的各类数据，以及其他组织在提供公共服务中收集、产生的涉及公共利益的各类数据。这一广义的概念，强调公共数据是数据资源体系中带有公共属性的数据资源，不仅包括政府内部的政务数据，而且还涵盖了企业等市场主体在商业活动中产生的与社会公共利益相关的数据。而在挖掘数据作为要素的创新试验中，公共数据中的行业数据因其高价值性，被认为是最有潜力的数据资源之一。鉴于此，本文选取了行业数据中增长速度最快的海洋数据作为研究的切入点。此外，沿袭既有的研究范式，对公共数据运营微观过程的观察主要聚焦"数据交易"这一关键环节，公共数据运营的关键也是可以带动数据要素市场化的数据交易过程。需要特别说明的是，之所以选择海洋公共数据为研究抓手，主要出于以下三点原因：一是海洋数据的特殊公共属性。随着海洋强国战略实施和数字技术的广泛发展，海洋数据呈现出爆发式增长，并已日益成为重要的国家战略资源，海洋公共数据的重要性不断上升。二是海洋公共数据不仅数据体量大、战略意义强，同时具有公共数据运营的强现实需求。海洋公共数据的市场需求日益扩大，海洋能源、海洋生态、海上物流等对海洋公共数据需求的精度与广度不断提升，相应对海洋公共数据开发利用也提出了更高的要求。三是在研究公共数据运营问题上的代表性。海洋公共数据不仅具有海量、多样、快速流转等公共数据的共性特征，也面临突出的数据孤岛等阻碍公共数据运营的一般性问题，更重要的是，海洋公共数据正处在从传统的数据共享流通走向数据交易流通的过渡发展阶段，为我们以海洋数据为翘板，系统打开公共数据创新运营的黑箱提供了一个巧妙的观察窗口。

形成行业数据的标准规范促进数据交易的安全化合规化行业数据交易面临着高风险和高额的合规成本。因此，合规高效、安全有序的数据交易规则体系是数据流通最基础也是关键的环节，行业数据交易需要在安全有序的前提下发挥行业数据的价值，这是着力破解数据交易安全和隐私难题、促进公共数据运营和行业数据交易的重要抓手。有必要形成可操作和可落地的制度、标准与规范，使得相关的数据运营商以及数据主体具有明确的标准指引与政策参照。做好公共数据授权运营自身的分级分类，合理编制可供授权运营的公共数据目录按照自身特定要求限定授权运营的数据范围。需要进一步明确行业数据交易规则体系构建的关键点。一是行业数据的标准化、规范化。这是确保数据交易质量、降低数据使用成本的关键。行业数据的标准化和规范化是一个综合性的体系，通常涵盖数据资源、架构、标准化和质量监测等多个关键环节。二是制定涉及行业数据交易的安全审查标准、隐私审查标准等。这需要数据运营商、数据提供方和第三方服务机构等的共同努力和相互协作，需要调动政府、行业协会、平台企业等各方力量积极参与和支持建立合规高效、安全有序的数据交易规则体系，减少出现数据交易规则的不协同。2022年12月，中共中央、国务院发布了《关于构建数据基础制度更好发挥数据要素作用的意见》，明确提出推进实施公共数据确权授权机制。上述研究有助于在实践和理论层面推动公共数据运营，为突破公共数据运营过程中存在的瓶颈提供了针对性的策略。海洋领域的数据交易作为最活跃、开放互动程度最高的行业领域之一，数据要素交易呈现蓬勃发展趋势，是率先探索数据交易流通机制的最佳试验田。海洋数据交易平台的创新实践及其背后体现的行业公共数据运营的创新机制，在其他领域的适用性以及公共数据运营的改革优化方向有待学界进一步探讨。

资料来源：徐雅倩，丁玉洁，吴嘉莉. 公共数据运营何以创新？——来自国家级海洋数据交易平台改革样板的探索［J］. 电子政务，2024（12）：79-91.

[阅读4]

居家社区养老服务如何可持续运营？
——基于A市多案例分析

居家社区养老服务是积极应对人口老龄化国家战略的重要举措，是满足老年人养老不离家、不离社区"安老""享老"美好需求的服务支撑。但现实中很多居家社区养老服务机构经营困难，举步维艰。如何破解居家社区养老服务的困局，让居家社区养老服务机构活下去？本文基于A市三个典型运营模式进行案例分析和审视，发现居家社区养老服务供给存在协同共治难、供需结构性失衡、政策制度联动保障不足等多重困境，提出应通过推动多元主体共治，加快供给侧结构性改革、精准匹配需求与供给，促进政策与制度联动，提升居家社区养老服务驿站可持续运营能力。

党的二十届三中全会提出，应积极应对人口老龄化，完善发展养老事业和养老产业政策机制，优化基本养老服务供给，培育社区养老服务机构。如何让"养老"逐步迈向"享老"，推进养老服务高质量发展，成为各地方政府积极应对人口老龄化的重要任务。居家社区养老服务能够为家庭养老充分赋能，具有兼顾家庭看护和社区专业服务支持，满足中国老年人在熟悉的环境中"安老""享老"的需求，已经成为我国养老服务重要举措，提供养老服务支撑的社区养老驿站成为很多城市公共服务建设的重点。我国居家养老服务发展过程中呈现出政府主导、循序渐进和城镇优先的特点。2016年5月，中共中央政治局就我国人口老龄化的形势和对策举行第三十二次集体学习，习近平总书记在主持学习时强调，要构建居家为基础、社区为依托、机构为补充、医养相结合的养老服务体系。要构建居家社区机构相协调、医养康养相结合的养老服务体系。中央层面关于居家社区养老服务的定位越来越明确，地方政府也积极推动实施，打造形成了我国养老服务的"9064""9073"格局。根据民政部数据，截至2022年底，全国共建成34.7万个社区养老服务机构和设施。本文选取人口老龄化程度高、增速快，居家社区养老驿站布局早、发展快的A市为例进行剖析。截至2024年3月，A市养老驿站共计1 459家，但这些社区养老服务驿站的生存状况堪忧，"A市80%以上的社区养老驿站入不敷出，有些甚至自新冠疫情之后没有开过门"（访谈编号：20230405L）。A市民政局养老工作处于2020年开展的调研中发现，各区均有几家驿站处于关闭状态。这种情况在全国其他城市也不少见。S省民政厅某厅长表示，"这种情况在该省也很严重。不会比A市情况更好"（访谈编号：20210615SL）。该省调研提供的数据显示，老年人日间照料中心和农村幸福院70%以上闲置。

一方面是各地政府积极布局居家社区养老服务机构，另一方面却是已建的居家社区养老服务机构经营困难，举步维艰。如何破解居家社区养老服务的困局，让居家社区养老服务机构活下去？

居家社区养老驿站为何难以可持续运营？现实中，很多居家社区养老驿站模式新、功能全，智慧化水平较高，但仍难以可持续运营。一些学者围绕居家社区养老驿站发展困境，从政策扶持精准度不够等角度探寻问题产生根源。有的学者认为养老服务立法滞后导致系列不良效应，如养老主体责任边界不清晰，责任失衡；经营主体进入养老服务业难，发展好更难；养老服务人才缺乏、队伍不稳等，造成运营困境。

针对现有困境，一些学者提出了优化建议。其一，围绕功能提升，提出发展社区嵌入式养老服务模式，认为通过推动居家社区机构养老服务一体化发展，依托机构形成养老服务中心，由中心辐射多个养老驿站，把服务送进社区和老人家里，以功能提升解决居家社区养老服务面临的困境。其二，围绕服务供需平衡，学者研究发现我国面临养老服务需求"橄榄型"特征与养老服务供给"哑铃型"特征之间的供需结构性矛盾，应加强对居家社区养老服务扶持发展。其三，智慧养老研究认为，通过人工智能等信息技术能够实现"家庭适老、社区养老、社会助老、康养医养融合的数字养老服务链"，更好解决养老困境。

以上研究对居家社区养老驿站这种养老模式发展提供了很好的理论基础和实践探索，但未能解答为什么有些居家社区养老驿站运行顺畅，有些却难以为继？本文尝试以供需理论为视角对A市在开展居家社区养老驿站中不同服务模式进行比较研究，探寻居家社区养老驿站可持续运营的可行性和发展进路。

研究表明，从不同群体老人养老服务需求情况出发，按照不同运营模式为老年人提供精准化服务供给，需要推动多元主体协同共治，发挥政府、市场、社会与家庭协同作用；精准匹配老年人需求和供给，做好居家社区养老服务供给侧结构性改革；加强服务供给中的政策支持和制度支撑联动保障，进一步提升居家社区养老服务驿站可持续运营能力，提供优质为老服务。

一是推动居家社区养老服务中多元主体协同共治，发挥政府、市场、社会和家庭的协同作用。更好发挥有为政府作用，精准施策，确保政府保障兜底服务，对养老驿站进行精细化监管。要给予有效市场更多空间，培育具有专业化水平的养老服务企业，打造连锁经营模式，形成区域性养老综合体，以市场化运作分类分层保障不同老年人群需求，中高档老年人群的刚性需求交给更有服务供给能力的市场来提供。应进一步放宽企业准入门槛，给予更多政策支持，更好激发市场活力，为不同老年群体提供多样化服务。发挥社会互助力量，鼓励社区尝试时间银行、楼宇互助小组、家庭互助小组等各种社会力量参与居家社区养老服务中，为驿站补充服务力量，提升驿站服务覆盖范围和服务能力。鼓励企业捐赠，加大宣传力度，鼓励社会力量为居家社区养老服务中的兜底服务人群提供资金来源。要塑造有责家庭观念，强化家庭和个人责任，及早进行养老规划和养老资金储备，为居家养老提供家庭和个人保障。

二是加快供给侧结构性改革，精准匹配居家社区养老服务需求与供给。养老驿站只有精准定位，形成自己的盈利模式，才能可持续运营。可以打造以社区为平台的居家社区养老服务需求管理机制，统筹整合社区资源要素配置，对老年人群全周期服务需求提供精准化供给。通过社区进行摸底统计，根据社区各养老服务驿站的服务能力，圈定服务半径，分类分层精准匹配各类老人需求，在确保满足基本服务对象需求基础上，允许其对中高端服务对象提供市场化服务。

三是完善政策体系，促进政策与制度联动，为社区养老服务驿站可持续运营提供制度保障。政府的政策体系是居家社区养老服务驿站可持续运营的最根本保障，政府要提升政策体系和制度设计的精准性、连续性和联动性，政策"朝令夕改"和"一刀切"不利于市场培育和人才培养，针对不同类型的企业，有不同扶持政策和监管措施，能够更利于"政策落地，企业进入"。此外，应尽快研究制定长期护理险制度发展指导意见，推动养老服务相关人才建设相关政策落地，提升中低收入失能失智老年群体的可支付能力，为居家社区机构带来更多盈利能力。

值得我们进一步讨论的是，居家社区养老服务驿站可持续运营关系到居家社区养老服务格局构建和为老服务"最后一公里"的实现，如何做好政策和制度设计，避免养老驿站大批关门现象重现，需要引起政府的高度重视。此外，新形势下，能否通过以满足老年人服务需求为出发点，按照党委领导、政府主导、社会协同、因地制宜的思路，实现为老服务的可持续发展，既是当下政策实践落脚点，也是我们未来需要关注和继续研究的方向。

资料来源：尹艳红. 居家社区养老服务如何可持续运营？——基于A市多案例分析[J]. 行政管理改革，2024（7）：63－73.

第4章　运营要素体系与结构

4.1　运营要素的内涵

4.1.1　要素的定义与分类

1. 运营要素的定义

在数智化时代背景下，运营要素是企业或组织在日常运营中至关重要的组成部分，它们支撑着组织的运作。运营要素的内涵具有多元性和综合性，涵盖了从战略规划到精益生产等日常管理的各个层面。这些要素相互关联、相互影响，共同决定着组织的运营效率与效果。在当今竞争激烈的市场环境中，运营要素的精准把握和有效整合已成为企业实现可持续发展的关键。

2. 运营要素的分类

（1）人力要素：作为运营的核心要素，人力要素不仅涵盖员工的数量和质量，还包括团队的协作能力、有效的组织激励机制等方面。在数智化背景下，员工的数字化素养和创新能力也成为人力要素的重要组成部分。

（2）资本要素：资本要素包含物力资源和财力资源。物力资源主要有土地、厂房、设备、原材料等物质性资源。在精益生产的理念下，资本要素的优化配置和高效利用是提高企业运营效益的重要途径。

（3）技术要素：技术要素是企业在运营管理中应用的各类技术和工具，是塑造企业核心竞争力的关键因素。它涉及信息化、自动化、智能化、数据化以及创新技术的应用。随着数智化的发展，技术要素在提升运营效率、优化产品质量和推动创新方面发挥着日益重要的作用。

（4）知识要素：知识资产是企业在生产经营过程中创造和积累的各种知识产权、技术专长、管理经验等无形资产。在知识经济时代，知识要素的有效管理和应用是企业实现价值创造与持续发展的重要动力。

（5）管理要素：企业的管理要素主要体现在决策、组织、领导、控制和创新五个方面。在数智化和精益生产的要求下，管理要素需要不断创新和优化，以适应快速变化的市场环境和客户需求。

（6）数据要素：在当今数智化时代，数据已成为企业运营中不可或缺的重要资产和决策依据。数据要素包括客户数据、运营数据、市场数据等方面。通过对数据的深入分析和挖掘，企业可以实现精准营销、优化运营流程和提升决策科学性。

管理小卡片

在今天的数据驱动的世界中，洞察力就是竞争优势。

——道格拉斯·梅里尔

4.1.2 要素间相互作用分析

人力要素、资本要素、技术要素、知识要素、管理要素和数据要素是组织运营中的关键要素，它们之间存在复杂的相互作用和依赖关系。表4-1分析了要素之间的相互作用。

表4-1 要素之间的相互作用分析

要素	人力要素	资本要素	技术要素	知识要素	管理要素	数据要素
人力要素		以适当人力配置可管理资本	创造力推动技术创新	促进知识积累与传承	需有效管理来提高效率	是数据生产者和使用者
资本要素	可支持人力发展和培训		满足技术升级所需投入	有助于吸引知识人才	合理资本结构助力管理决策	帮助建立数据库与获取数据
技术要素	为人力提供更高效的工具	增加企业的利润和资本积累		为知识利用和保护提供支持	优化管理流程	确保数据高效处理和利用
知识要素	提升人力资本水平	促进企业资本的智能化	技术发展的基础和动力		合理运用可提升管理水平	使数据解释更准确、更有价值
管理要素	通过管理手段合理配置人力资源	优化资本结构，有效配置资本	决定了技术应用程度	建立知识管理系统，保护产权		负责统筹、协调、监督数据流程
数据要素	辅助人力决策、优化流程	辅助资本投资，推动资本积累	收集要依赖人力和技术	保障知识更新和扩张	数据分析支撑管理的科学性	

表 4-1 表明，在数智化背景和精益生产的理念下，这些要素之间的相互作用更加紧密和复杂。一个要素的改进或变化往往会引起其他要素的连锁反应，它们共同构成了组织运营的复杂网络。有效的运营管理需要深入理解和优化这些要素之间的相互关系，以实现组织的目标并提高其竞争力。

 **管理小卡片**

员工是企业最宝贵的资产。

——沃伦·巴菲特

[本节案例]

数据要素"×"势而上勾画新质生产力发展新蓝图

在福建宁德三都澳大黄鱼产区，养殖渔排上安装的"5G+AI"智慧监控设施，让养殖户通过手机 App 就能查看渔排上的情况。按照技术趋势，未来 AI 可以识别大黄鱼的尺寸和数量，计算渔排产量和鱼饲料投放量，实现精准投资和产出，让大黄鱼养殖更加智慧。

从福州长乐的纺织工厂，到泉州德化的白瓷工厂，其智能生产线上都配备了"AI 质检师"，大大提高了产品瑕疵识别的准确率，提升了瑕疵检测的速度，智能生产让传统产业焕发出新的生机和活力……

这是数字福建建设成果的缩影，更是数字中国建设取得显著成就的真实写照。2024 年 5 月 24 日至 25 日，以"释放数据要素价值，发展新质生产力"为主题的第七届数字中国建设峰会在福建省福州市举行，来自各领域的代表围绕新技术、新模式、新业态展开碰撞，勾画出一幅数据要素点亮新质生产力的新蓝图。

数据要素"乘势而上"。

本届峰会是国家数据工作体系优化调整后，首次举办的数字中国建设峰会，主题也聚焦在"数据要素"上，许多参展企业专门设立数据要素展区，全方位展示企业在积极加快数据开发利用、推动数据要素发挥乘数效应、激活数据要素潜能和价值方面的能力。

基于"数据要素×文化旅游"的数智文旅平台，可以智能分析出最适合游客的福建 5A 级景区；基于"数据要素×工业制造"的工业互联网平台，能够实现海量数据的灵活接入和工业数据的集成处理以及建模分析……数字技术把数据要素的价值释放出来，越来越多的数字化智能新模式新业态应运而生。

近年来，5G、AI、物联网技术的创新发展及智能设备的规模应用，推动数据生产规模实现快速增长。峰会上发布的数据显示，2023年，全国数据生产总量达32.85泽字节（ZB），同比增长22.44%。

中国工程院院士、中关村实验室主任吴建平表示，我国是全球数据量最大、数据规模增速最快的国家。同时，云计算、人工智能等数字技术的快速迭代发展，为数据要素价值进一步释放提供了无限的空间。

国家数据局挂牌成立后，与16个部门联合印发了《"数据要素×"三年行动计划（2024—2026年）》，在峰会上，国家数据局会同多个部门发布首批20个"数据要素×"典型案例，从建立工业数据空间推进产业链上下游加强信息共享，到融合农情、植保等数据提供历史病害、监测分析等服务，再到融合材料数据提升开发效率……案例涵盖了工业制造、现代农业、商贸流通、交通运输等12个行业和领域。

不过也要看到，我国海量数据和丰富场景优势潜力还需进一步释放，峰会期间发布的《全国数据资源调查报告（2023年）》显示，2023年，全国数据存储总量为1.73泽字节（ZB），但只有2.9%的数据被保存。存储数据中，一年未使用的数据占比达到约四成，数据加工能力不足导致大量数据价值被低估、难以挖掘复用。

在峰会上，国家数据局局长刘烈宏表示，数据作为新型生产要素，要充分发挥其放大叠加倍增作用。要推动数字经济和实体经济深度融合，全面深化数据要素市场化配置改革，在推进数据领域关键核心技术攻关、培育发展新质生产力中发挥更大作用。

新技术"闪亮登场"。

基于多模态大模型图生图技术，利用神经网络算法引导AI大模型学习，参观者通过拍摄照片就能实现"一键簪花"；从平板电脑上选择茶叶种类、数量、外包装要求等，机械臂便可自动取茶、封装、镭刻合盖，为体验者提供一份专属定制茶叶……各类AI机器人成为峰会现场体验区备受关注的热点。

支持30种方言混说的语音大模型，大大提高了语音客服的沟通效率；集数据、算法、经济业务模型于一体的经济大模型，提供了经济运行全领域监测服务，助力政府全面提升经济调节数字化水平……各种大模型应用也在本届峰会上"闪亮登场"。

"人工智能的产生基于巨量的数据和全人类的知识，会自主学习、自主迭代，是新质生产力发展的动力和引擎。"中国工程院院士，中国信息安全测评中心研究员、专家委员会副主任黄殿中表示，大数据可以作用于不同的场景、不同的领域、不同的主体，释放出倍增效应。

数据是人工智能时代的血液；人工智能与数据要素就像是发动机与燃料，是引领数字经济发展的黄金组合；人工智能和数据是孪生关系……在第七届数字中国建设峰会的特色活动之一"院士专家行"上,各方专家各抒己见。

当前,我国多项数字技术处于世界领先地位。峰会上发布的《数字中国发展报告(2023年)》显示,2023年数字中国建设取得积极进展。数字基础设施不断扩容提速,算力总规模达到230EFlops,居全球第二位;人工智能、5G、6G等关键核心技术不断取得突破,高性能计算持续处于全球第一梯队。

产业界各方也将一起发力新技术新领域,向"新"而行,为新质生产力的发展添动能。在峰会上,中国电信董事长柯瑞文表示,科技创新是发展新质生产力的核心要素,中国电信将在人工智能、量子、网络领域持续攻关通用大模型和量子计算云平台,加快6G网络架构与标准研究,积极抢占科技竞争和未来发展制高点。

展望未来,在"人工智能+"和"数据要素×"的浪潮中,数字中国建设的步伐将持续加快,勾画出新质生产力发展的新蓝图。

资料来源:数据要素"×"势而上勾画新质生产力发展新蓝图 [N]. 人民邮电报,2024-05-30.

4.2 运营要素结构与转化

4.2.1 人力要素在运营中的角色与管理

1. 人力要素内涵

在数智化背景下,从狭义上讲,人力要素是为达成组织目标,针对组织人力资源的获取、配置及利用而展开管理职能活动。人力要素涵盖人力资源管理与人力资源开发,强调对人力资源的深度挖掘以及对其的培育与发展。在全面质量管理的理念下,人力要素的有效管理是实现组织高质量运营的关键。

2. 人力要素的特点

人力要素具有的一般特征见表4-2。

表4-2　　　　　　　　　　　人力要素的特征

人力要素的特征	特点表述
不可剥夺性	人力资源是人类所独有的,具有不可被剥夺的特性
生物性	人力资源存在于人体之中,是一种具有生命力活性资源。随着科技的发展,人们更加关注自身的身心健康,确保其在工作中充分发挥潜力

续表

人力要素的特征	特点表述
时代性	人力资源形成受到时代条件限制和影响。在快速变化的社会环境中，人力要素需要不断适应时代需求，具备与时俱进的知识和技能
时效性	一方面，人的生命是有限的，不同人生阶段具有不同特点，应根据这些特点进行差异化应用；另一方面，若人力资源未能得到充分利用，将造成资源浪费
可再生性	通过科学的招聘和系统的培训，人力资源可以不断得到丰富和拓展
能动性	人力资源具有思想、情感和思维能力，能够有目的地、有意识地主动运用其他资源。充分发挥人力资源主观能动性，推动组织创新与发展

3. 人力要素重要作用

在数智化背景与全面质量管理要求下，人力资源管理在组织中发挥着至关重要的作用，其肩负着对组织内最宝贵的资源（员工）进行管理与发展的重任。具体见表4-3。

表4-3　　　　　　　　　　人力要素重要作用

人力资源管理内容	表述
人力资源规划	将企业人力资源战略转化为中长期目标、计划及政策措施，包括现状分析、供需预测与平衡，确保及时获取所需人力资源
工作分析与设计	运用技术和方法，对工作职位的性质、结构、责任和流程及人员素质等进行调查分析，编写职务说明书和岗位规范等文件
员工招聘	依据规划和分析要求，利用数智化平台招聘、选拔人员并合理安排到合适岗位
绩效考评	运用科学体系，考核评价员工一定时间内的贡献和绩效，及时反馈，为培训、晋升和计酬等决策提供依据
薪酬管理	设计合理薪酬结构，确保公平和合理激励员工积极工作
员工激励	基于激励理论和数智化工具，分析员工需求，予以满足或限制，激发员工向企业目标努力
培训与开发	借助数智化平台和资源，提高员工个人、群体和企业的知识与能力，开发员工潜能
职业生涯规划	关注员工发展需求，运用数智化工具，鼓励帮助员工制定发展规划，激发积极性和创造性
人力资源会计	与财务部门合作，建立会计体系，开展人力投资成本与产出效益核算，为管理与决策提供数据支持
劳动关系管理	协调改善劳动关系，加强企业文化建设，营造良好氛围，保障经营活动正常开展

现代企业人力资源管理是对传统人事管理的发展，在20世纪80年代初逐渐过渡。这一演变在管理观念、模式、内容和方法等方面都有本质变化，以适应数智化时代和全面质量管理的要求，为企业提供人力资源支持（见表4-4）。

表 4-4　　　　　　　　　　人力资源管理与传统人事管理的区别

区别点	人力资源管理	传统人事管理
理念	视员工为有价值的重要资源	视员工为成本负担
模式	以人为中心	以事为中心
视野	广阔、远程性	狭窄、短期性
性质	战略、决策性	战术、业务性
深度	主动、注重开发	被动、注重管理
功能	系统、整合	单一、分散
内容	丰富	简单
地位	决策层	执行层
方式	参与、透明	控制、秘密
关系	和谐、合作	对立、抵触
角色	挑战、变化	例行、记录
部门属性	经营决策部门	行政管理部门

4. 人力资源管理的基本原理

人力资源管理的运行应遵循一定的内在规律。表 4-5 为人力资源管理的基本原理。

表 4-5　　　　　　　　　　人力资源管理的基本原理

基本原理	表述
同素异构原理	化学中事物成分因空间关系变化引起不同结果，移植到人力资源领域，相同人数用不同组织网络联结，会产生不同效果，数智化时代该原理可优化人力资源配置
能位匹配原理	具有不同能力的人应被放在不同岗位，赋予其不同权力和责任，实现能力与职位适配，有助于提高工作效率和质量
互补优化原理	通过合理的人员配置，使个体之间的能力、知识、技能、性格等方面相互补充，从而达到整体优化的效果
动态适应原理	人与职位的适应是相对的，不适应是绝对的，需通过岗位、人员等调整实现适应，数智化技术为动态适应提供更多可能
激励强化原理	创造满足员工需求的条件，激发动机，促使产生实现组织目标的行为，可调动员工积极性和创造性
公平竞争原理	竞争各方从同一起点、按相同规则进行公正的考核、录用和奖惩，公平、适度且以组织目标为核心是竞争有效的前提，有助于营造良好组织氛围

5. 人力运营

人力运营是人力资源领域中的新岗位,融合 HR 与运营经理角色。人力运营负责员工职业发展,首先让员工受益,其次让整个公司受益(见表 4-6)。

表 4-6　　　　　　　　　　　　人力运营方面

方面	具体内容
职责	运营数智化理念,将理解招聘工作与组织战略相关联,并设标准,涵盖项目管理等多方面,实现精益化人力资源管理
挑战	在快速变化环境中面临多种挑战,需运用数智化手段持续学习、思考
战略作用	担当关键战略角色,通过数智化技术释放团队潜能,实现人力成本到资本的转变,贴近业务
新变化	顺应时代发展新趋势,将新技术应用于人力资源领域,实现数智化转型和精益发展
运营与业务结合	与业务深度融合,分析了解需求,结合数据设计工作与薪酬,提高员工满意度和组织绩效
目标	践行公司使命,理解团队观点,用数据思维制定目标,维护公司利益,保障员工福利

[情景案例] **智慧物流的突破**

在风起云涌的制造业中,老张的公司曾经是行业中的佼佼者。但随着时间推移,他的物流系统变得陈旧,无法满足客户对快速交付的期待。老张决定彻底改革,他引进了一套智能物流系统,包括自动化分拣机器人和实时追踪技术。

起初,员工们对这些新奇的机器感到不安,担心自己的工作会被取代。老张耐心地解释,这些技术将帮助他们从烦琐的体力劳动中解放出来,专注于更有创造性的工作。随着新系统的实施,仓库变得井然有序,配送时间缩短了一半,客户投诉率直线下降。

老张还与当地大学合作,建立了一个智能物流研究中心,吸引了一批年轻的工程师和物流专家。他们共同开发了一套基于人工智能的预测系统,能够预测市场需求,优化库存管理。公司不仅在物流领域取得了突破,还成为行业创新的典范。

案例启示:

技术的引入可以带来行业革命,但也需要领导者的智慧和勇气去引导变革。

员工的担忧和抵触是变革过程中必须面对的挑战,良好的沟通和培训是关键。

与学术界的合作可以为企业带来新的视角和创新动力。

管理小卡片

最好的管理是让员工感到他们的价值。

——理查德·布兰森

4.2.2 资本要素（土地、物流、资金）的优化与整合

资本要素的优化与整合是企业提高竞争力和创造价值的重要手段。

1. 土地优化与整合

土地利用与整合方式见表 4-7。

表 4-7　　　　　　　　　　土地利用与整合

土地利用与整合	具体内容
土地规划	运用精益理念，对企业土地资产进行精准规划，涵盖功能分区、建筑布局等，以大幅提高土地利用效率
开发利用	对闲置土地进行科学开发和高效利用，如建设智能化仓库、现代化厂房等，增加土地产出效益
合作开发	在精益制造原则指导下，与其他企业或机构开展合作，共建智慧商业区、智能工业园区，有效降低土地开发成本和风险
土地置换	采用土地置换方式，将企业土地资产与其他更具价值资产进行交换，实现资产结构优化
土地集约化利用	充分利用工业4.0的先进技术，提高土地集约化利用程度，如建设多层智能化厂房、高层自动化仓库等，以显著减少土地占用面积

2. 物流优化与整合

物流管理的目标。物流是企业与供应商、客户联系的关键能力，旨在以最低成本为客户创造价值，其作业涵盖配送、制造与采购领域，通过存货流动实现过程增值。物流管理的主要目标包括快速响应、极小变异、低库存、整合运输、高质量产品及全生命周期支持，具体见表 4-8。

表 4-8　物流管理的目标

目标	具体操作
快速响应	体现企业及时满足客户需求能力，借助信息技术可在短时间内完成物流作业并交付存货，使物流作业的重心转向客户需求
极小变异	控制影响物流系统意外事件，如收货延迟、制造损坏和货物送错地等，改变以往依赖安全储备存货或高成本溢价运输的情况
低库存	旨在减轻资产负担、提高周转效率，高存货周转率意味着资金有效利用，将存货降至与客户服务目标相适应的最低水平
整合运输	运输成本在物流中占重要地位，大规模及长距离运输可降低单位成本，小批量需装运整合为集中运输以降低成本
高质量产品	物流作业范围广、时间跨度大，产品质量要求严格，错误装运或运输损坏导致重做成本远高于首次费用
全生命周期支持	在对产品生命周期有严格要求的行业，回收超值存货是物流作业成本的重要部分，需审慎考虑逆向物流需求以制定优良策略

物流优化与整合操作见表 4-9。

表 4-9　物流优化与整合

操作	具体实施
物流网络规划	对企业物流网络进行优化和整合，运用物流节点布局、运输路线选择等方式来提高效率和降低成本
供应链管理	对供应链进行优化和整合，提高企业与供应商和客户之间协同效率，提高客户满意度和忠诚度
物流信息化建设	加强物流信息化建设，如采用物流管理信息系统、全球定位系统等提高物流信息准确性和及时性
第三方物流合作	与专业第三方物流公司合作，通过整合社会物流资源，提高服务水平
物流标准化建设	推行托盘标准化、包装标准化等提高物流标准化水平

3. 资金优化与整合

资金要素优化与整合路径见表 4-10。

表 4-10　资金要素优化与整合

路径	具体内容
资金预算管理	加强资金预算管理，确保企业资金投入与战略规划和经营计划相匹配，合理安排资金使用，提高使用效率
融资渠道拓展	拓展融资渠道，如银行贷款、债券发行和股权融资等，以优化资本结构，降低融资成本

续表

路径	具体内容
资金集中管理	加强资金集中管理，通过整合内部资金资源，优化资金使用渠道和效益
资金风险管理	加强资金风险管理，建立健全资金风险预警机制和防控体系，防范和控制资金风险
投资决策优化	优化投资决策，通过科学分析和评估投资项目盈利能力、风险水平等因素，合理安排投资项目和金额，提高投资收益率

资金是运营中的能量来源，土地和物流则是运营中的基础支撑，需要通过合理规划、利用和合作等方式，对土地和物流要素进行合理优化整合，以提高土地利用效率和降低物流成本，确保企业运营高效率和高质量。

> **管理小卡片**
>
> 成本控制是企业生存和发展的关键。
>
> ——彼得·德鲁克

[本节案例]

增强土地要素对优势地区高质量发展保障能力

何为优势地区？优势地区包括中心城市和城市群，如北京、上海、深圳等城市，以及京津冀地区、粤港澳大湾区、长三角地区、成渝城市群等。这些地区产业和人口集中，承载了全国约3/4的常住人口、贡献了近85%的地区生产总值，有能力也有责任发展成为重要的增长动力源，并通过发挥示范引领作用，带动全国经济发展质量和竞争力提升。

应当看到，随着我国现代化建设全面展开，在土地要素配置上出现了一些必须高度重视和需要着力解决的突出问题，如耕地减少过多过快、生态系统功能退化、资源开发强度大、环境污染严重、空间布局和结构不合理、绿色生态空间减少过多等。这些问题，在土地资源本就紧张的中心城市和城市群体现得尤为突出，在一定程度上已经成为制约优势地区高质量发展的重要因素。

想要破解这些问题，就要在守好耕地和永久基本农田、生态保护红线的前提下，对土地资源进行可持续地开发、合理适度地开发，提高土地要素配置精准性和利用效率，力求用最少的资源投入取得最大的经济社会效益，避免低水平重复建设、低效率资源利用。要实现这一目标，发展新质生产力是关键。

新质生产力具有高科技、高效能、高质量特征，由技术革命性突破、生产要素创新性配置、产业深度转型升级而催生。发展新质生产力，核心要义是科技创新，通过提高创新能力，推动优势地区布局新兴产业，培育世界级先进制造业集群，提升土地等要素的产出效率，最终将优势地区打造成为新技术、新产业、新模式、新业态的策源地。

随着生产效率的提高，一些土地存量也将得到盘活，优势地区会有更大发展空间。传统产业是基本盘，是现代化产业体系的基底，不能被当成"低端产业"简单退出。而发展新质生产力，有助于提升传统产业的技术密集程度，推动传统产业向高端化、智能化、绿色化转型升级，如此也能缓解土地资源的利用强度，减轻土地污染状况。

在部署新一年工作时，很多地方已经开始行动。长三角多个重点城市在"新春第一会"上提出发展新型工业化、培育新质生产力，加速布局人工智能等产业；北京要以科技创新引领现代化产业体系建设，重点发展集成电路、生物医药等战略性新兴产业，培育量子信息、机器人等未来产业；广东深圳将实施高新技术企业培育计划，预计投入超过20亿元，新增高新技术企业1 000家以上。各地立足功能定位和资源禀赋，确定工作方向，减轻了对土地等传统生产要素的依赖，有利于土地要素配置精准性和利用效率的提高。

土地是民生之本、发展之基、生态之依。今后一段时期，各地要"精打细算"管理好、利用好土地资源，为优势地区经济高质量发展，为整个经济社会可持续发展和全面绿色转型发展提供坚实的支撑及保障。

资料来源：宋杨. 增强土地要素对优势地区高质量发展保障能力［N］. 中国环境报，2024-02-28.

4.2.3 技术要素与运营的关系与创新

技术要素与运营密切相关，它对运营各个方面都有着重要影响。

（1）提高效率：技术帮助运营团队更高效地完成任务。例如自动化流程、数据分析工具和物流管理系统等手段可提高运营效率，减少人为错误和提高生产能力。

（2）优化决策：基于数据分析技术为运营决策提供支持。通过收集分析可视化数据，帮助管理者作出更明智的决策，优化资源配置、改进流程并预测需求。

（3）改善客户体验：技术有助于提升客户在运营过程中的体验。例如在线购物平台、移动应用和客户关系管理系统等可以提供更便捷服务，满足客户个性化需求，提高客户满意度和忠诚度。

（4）推动创新：技术不断发展为运营创新提供机会。新技术可以创造新运营模式、业务流程和产品服务,帮助企业在市场竞争中脱颖而出。

(5) 促进协作:技术改善运营团队内部以及与其他部门之间协作。通过协作工具、通信平台和项目管理软件等,使团队更有效地沟通、协调工作并共享信息。

(6) 增强安全性:技术在运营中起到保障安全作用。例如网络安全技术、监控系统与身份验证技术等可以保护企业资产、数据和运营活动不受威胁。

(7) 适应变化:运营环境不断变化,技术帮助企业更快地适应这些变化。通过灵活技术架构和快速系统部署,企业能自如应对市场动态、法规要求和客户需求变化。

在创新方面,技术要素扮演着关键角色(见表4-11)。

表4-11 技术要素在运营中的意义

意义	具体内容
激发新的商业模式	技术进步催生出全新商业模式和运营方式,例如共享经济、电子商务和智能制造
推动产品和服务创新	技术为产品和服务创新提供支持。通过引入新技术、改进现有技术或整合多种技术,企业开发出更具竞争力的产品和服务
优化运营流程创新	利用技术对运营流程重新进行设计和优化,以提高效率、降低成本和提升质量,例如精益生产、敏捷开发和数字化转型
培养创新文化	技术应用促进创新文化形成。鼓励员工尝试新技术、提出新想法,为员工提供相应培训和资源支持,有助于营造创新氛围
合作与开放创新	技术发展要求企业重视开放和合作创新。通过与供应商、合作伙伴、客户和科研机构合作,能共享技术资源和共同开展创新项目

综上所述,技术要素与运营息息相关,在提升运营效率、优化决策过程、增进客户体验以及推动创新等方面发挥着关键作用。企业应积极采纳相关技术,并将其融入运营战略,从而达成持续发展的目标并强化竞争优势。与此同时,企业需持续关注技术创新的趋势,培育创新能力,以适应瞬息万变的商业环境。

管理小卡片

创新是区分领袖和追随者的关键。

——史蒂夫·乔布斯

4.2.4 知识要素的管理与运用

在当今竞争激烈的市场环境中,知识要素的管理与运用对于企业的发展至关重

要。有效的知识管理可以帮助企业提升创新能力、提高决策质量和增强竞争力。

1. 获取

（1）内部挖掘：通过员工的经验分享、项目总结等方式，挖掘企业内部的隐性知识。

（2）外部收集：关注行业动态、市场趋势，收集相关的信息和知识。

（3）合作交流：与合作伙伴、行业专家进行交流合作，获取新的知识和见解。

2. 存储

（1）建立知识库：将收集到的知识进行分类整理，存储在企业的知识库中，方便员工查询和使用。

（2）知识文档化：将知识转化为文档、报告等形式，以便更好地保存和传播。

（3）数据管理：运用信息技术，对知识数据进行有效的管理和维护。

3. 共享

（1）搭建共享平台：利用内部网络、社交媒体等工具，搭建知识共享平台，促进员工之间的知识交流。

（2）组织分享活动：定期举办知识分享会、培训讲座等活动，让员工分享自己的知识和经验。

（3）鼓励团队合作：通过项目团队、跨部门合作等方式，促进知识在团队内部的共享和传播。

4. 应用

（1）决策支持：将知识应用于企业的决策过程中，提高决策的科学性和准确性。

（2）创新推动：利用知识激发员工的创新思维，推动产品、服务和管理的创新。

（3）绩效提升：将知识与员工的工作实际相结合，提高工作效率和质量，提升企业的整体绩效。

5. 创新

（1）营造创新氛围：鼓励员工提出新的想法和观点，营造勇于创新的企业文化氛围。

(2) 知识融合：将不同领域的知识进行融合，创造新的知识和价值。

(3) 持续学习：推动员工不断学习新知识、新技能，为知识创新提供源源不断的动力。

通过以上对知识要素的管理与运用，企业可以更好地发挥知识的价值，提升自身的核心竞争力，实现可持续发展。

企业知识要素管理与运用通过表 4-12 中列示的几个方面来实现。

表 4-12　　　　　　　　　　知识要素的管理与运用

知识要素管理与运用	具体内容
建立知识管理体系	打造健全的知识管理体系，涵盖知识的获取、存储、共享及应用等环节，以保障知识得到有效管理与利用
培养知识型员工	着力提升员工的知识管理能力，包括知识的获取、整理、分享及应用等方面的能力，助推员工知识水平的提高及工作效率的提升
加强知识共享	搭建契合员工需求的新型知识共享平台，激励员工将自身的知识与经验分享给其他同仁，推动知识的流转与共享
鼓励知识创新	鼓励员工进行知识创新，增强企业的创新能力与核心竞争力
建立知识评估机制	构建完善的知识评估机制，对知识的价值与效益进行评定，确保知识得到有效利用与管理

[情景案例] *知识管理的力量*

在一家快速发展的科技公司，员工们常常感到困惑和挫败，因为他们在项目中重复犯着相同的错误。公司的管理层意识到，他们需要一个系统来捕捉和分享知识。他们建立了一个内部知识库，鼓励员工记录和分享他们的经验与最佳实践。

知识库迅速成为公司的宝藏。新员工可以通过它快速了解公司的项目和流程；老员工则通过它分享他们的专业技能和行业见解。公司还定期举办知识分享大会，邀请员工展示他们的创新成果，激发了整个公司的创新热情。

随着时间的推移，这个知识管理体系不仅提高了工作效率，还帮助公司在激烈的市场竞争中保持了领先地位。员工们感到自己的贡献被认可和尊重，他们的工作变得更加有意义和充实。

案例启示：

知识管理是企业文化的一部分，需要从高层到基层的共同参与和支持。

知识分享可以促进员工之间的相互学习和尊重，增强团队凝聚力。

创新不仅仅是研发部门的事情，每个员工都可以在自己的岗位上作出创新。

管理小卡片

知识管理是组织记忆的科学。

——卡尔·弗拉姆

[本节案例]

从乔布斯到雷军企业家IP打造方法论

自2024年小米汽车发布以来，小米科技创始人雷军就一直走在聚光灯下。从北京国际车展顶流，到与周鸿祎等的互动话题，再到时不时给网友们汇报工作进展，雷军掀起的流量热潮已持续了一个多月。

雷军在小米汽车发布及销售上的巨大成功，让企业家个人IP的打造成为显学，也让很多企业家意识到个人IP的价值，其不仅可以节省巨额的广告费，而且像雷军这样，推动近8万台小米汽车销售锁单迅速卖出，直接转化为销量，谁能不羡慕呢？

近期360创始人周鸿祎不仅自己频频出圈，爱车迈巴赫的售卖、交车，还有极氪的收车都搞得仪式感满满，还频繁提到老朋友雷军，论证起企业家做IP的必要性。"雷军出来做小米汽车，开始大家都不看好，但他通过个人IP强大的影响力，一举扭转了小米的销量表现，小米汽车获得巨大的成功。"

《中国经营报》记者注意到，在这波巨大的流量浪潮下，备受刺激的车圈老总陆续披挂上阵，还继续扩散到各行各业的老总们，纷纷开始琢磨个人IP的打造方法。越来越多的创始人们站出来为企业"代言""发声""直播"。

毕竟在这个信息爆炸、竞争激烈的时代，"注意力"本身就是一种财富。

正如乔布斯之于苹果、马斯克之于特斯拉、任正非之于华为、马云之于阿里巴巴、雷军之于小米，他们都是企业品牌形象最为具象化、人格化的表达，个人IP经过时间的沉淀后，终会成为一个炫目的企业符号。创始人在幕后的时代已经过去，企业家个人IP大放异彩的时代正在到来。

1. 注意力经济时代

不是我们要做IP，而是这个时代需要IP。

如果雷军再做一款数码产品，你会觉得这个产品性价比不高吗？

如果乔布斯还在世，不仅卖苹果手机，还卖苹果电视，你会不买单吗？

……

这或许就是创始人 IP 的魅力。

IP 是 Intellectual Property，即知识产权。IP 就是代表一种可以将知识变现的新经济体。凡是拥有大量的粉丝群体，能够占领很多人的心智，并且可以多元化持续商业开发的人物、事物和事件，都可以称为 IP。

而创始人 IP，就是指那些具备独特标识和内容能力的企业家们，他们自带话题和流量价值，是各界的关注热点，同时也是连接企业和用户最好的纽带。对品牌传播而言，能达到更低成本、更高收益实现营销传播的媒介工具都是可行的。

换句话说，个人 IP 可能是目前或者未来很长时间内最有效的连接器和流量入口之一。对创始人 IP 而言，这不仅可以提升企业家的个人品牌价值，还能为企业带来更多的商业价值和影响力。正如马斯克所言："特斯拉不需要公关，要自己代言。"

《品牌与威望》（Weber Shandwick）报告显示，66% 的消费者认为公司首席执行官（CEO）的威望会影响他们对公司本身及其产品的看法。公司高管普遍认为公司的威望有 49% 取决于其 CEO 的威望，而公司的市场价值中最高有 60% 取决于公司的威望。

经纬创投创始管理合伙人张颖对记者表示，企业家 IP 需要打造一个有温度、有态度的人格魅力体，才会让粉丝因为欣赏企业家而信任这家企业和其输出的观点。

企业家 IP 的兴起还有一个时代背景，就是以前个人 IP 是靠口碑传播的，最多成为社区熟人间的 IP，而今天的个人 IP 是靠互联网传播的，你可以成为全国、全世界的 IP。互联网解决了 IP 推广的成本、空间、效率问题，不仅 IP 传播成本低，试错成本也很低。

时代变了，现在大家都在强调粉丝经济，粉丝经济是一种社交经济，是有温度的，需要人与人之间的社交和情感交流。

而创始人或 CEO 是企业的灵魂，对公司最重要、消费者最信任的人是他们。就像说起马云，很多人会想起阿里巴巴，说起乔布斯，就会想到苹果，个人 IP 逐渐成为一种与企业强联系的符号。

正如新锐导演张凯文导演所说："不是我们要做 IP，而是这个时代需要 IP。"一切交易的基础就是信任，而一切社交的本质就是价值交换，但对于两个从未有过交集的企业或人，该如何建立信任呢？创始人 IP 就是最好的信任背书。

将意咨询 CEO 梁将军告诉记者，品牌是一个很抽象、没有温度感的符号，消费者对个人 IP 的感知度、接受度会更强一点，更容易被这个人所感染和信服，传播和转化的效率会高很多。

在竞争激烈的注意力经济时代，具有强大号召力的个人 IP 变得越来越重要。企业家 IP 对组织看法的影响，比以往任何时候都更重要。因此，越来越多的企业家意识到，企业家要为企业赋予"人格"，让自己成为"真实的人"，用自己的个人魅力、创业故事和号召力打造个人IP，去增强企业品牌竞争力。

2. 价值体现

代言人、带货达人和流量源泉。

那创始人和企业家IP的价值何在？正如前面所说，现在是一个注意力经济和粉丝经济时代，企业和产品的推广越来越依赖人群间的情感沟通与信任。

相对于冷冰冰的广告，用户更愿意信任一个活生生的人，这就是个人IP的魅力，其很好地解决了企业和用户之间的信任问题；当信任问题解决了，成交和变现就会水到渠成，甚至每天都会有用户主动上门购买产品并完成口碑传播，而且这些人的黏性很高。

对公司品牌来说，创始人IP的价值可以概括为代言人、带货达人、流量来源等方面。

创始人或CEO是公司及产品最有说服力的代言人。

创始人IP，作为企业或产品价值输出的一种方式，能获得更多粉丝用户、提高产品的转化、人格化企业品牌，成为企业品牌的最佳代言人。这也是竞争对手难以模仿的。

正如乔布斯对于苹果、任正非对于华为、雷军对于小米，很难想象如果不依托于创始人IP，这些国际知名品牌还能拥有如此强大的魅力与影响力。

比如小米曾经请了梁朝伟、张杰、王一博、苏炳添、费翔等各类型大咖明星做公司及产品的代言人，但如今大家还记得谁吗？说起小米是否只记得雷军？

格力电器董事长董明珠则直接出现在格力的各类品牌广告中，大大方方做起格力的最大牌代言人。

至于说带货达人，董明珠、雷军和罗永浩等都是带货界的"天花板"。有媒体统计，董明珠2020年直播首秀，此后十几次个人直播带货累计销售额超400亿元，约占当年格力电器营收的24%。

老板直播带货，主动参与内容创作、与粉丝（消费者）对话，这种迅速收集消费需求、按需生产、售卖商品的模式，效率远高于传统电商。毕竟，老板要比一般的网红主播更理解自己公司的核心专长和产品特色。

更重要的是，在这个注意力稀缺时代，创始人IP是公司长期免费和稳定的流量来源。

企业需要经常做品牌宣传、新品宣发，营销费用是一笔不小的开支，不少公司的营销和销售费用达到几十亿元甚至上百亿元。

雷军个人微博、微信等5个平台的粉丝量就近5 000万名，是小米公司2倍。雷军个人对消费者和市场的影响力堪比小米公司，而且雷军社交平台的互动数远高于小米公司账号。

事实上，拥有强大IP的创始人，除了拥有自己的流量外，还可以从各类媒体和受众关注中获得海量流量，比如雷军的各类发言及讲话，总会引发各类媒体的跟踪报道和传播。

如果有良好的创始人IP，还会对公司的融资及开展商务合作有一定的帮助，也可以吸引更多的人才加入团队。因为对创始人价值的认可，间接的是对企业的认可。

梁将军认为，一个合格的创始人IP应该兼具三个层次的价值：市场价值、资本价值和社会价值。低成本地为企业获得流量，是创始人IP的第一层价值。尤其是在创业初期，创始人IP的能量几乎大于企业品牌的能量。

梁将军说："而当企业进入高速发展期，市场竞争激烈，这个阶段，创始人IP更多体现为市场价值，应该聚焦在产品和用户体验上去做表达，创始人IP不再是一个英雄角色，而是质检员和体验官。"而企业到了跃迁成熟期，创始人要更多输出对行业的预判和对公司整体的布局，让资本看到商业前景，成为商业前景的放大器。比如，马云提出"新零售"。

正如德鲁克所说："企业是社会的器官。"几乎所有的企业危机公关事件，都可以解释为企业社会价值观的丢失。比如三鹿集团的三聚氰胺事件、日本丰台车召回事件。

为此，当企业进入成熟期后，梁将军认为，企业创始人要成为企业社会价值的旗手，企业越大，创始人的思考视角、表达视角就越要落到社会责任上。"这一点上，我认为做得最好的一直是马云，马云发言落点，永远在家国、社会、理想上。"梁将军说。

总之，个人IP和企业品牌间，存在着紧密而又相辅相成的联系。个人IP可以为企业品牌注入生机与个性化元素，提升企业的知名度和美誉度；而企业品牌则可以为个人IP提供坚实的后盾和丰富的资源支持，助力个人IP的茁壮成长。这种相互促进的关系，使得个人IP和企业品牌最终实现共赢。

3. 打造方法论

人格画像和冲突制造。

创业近20年，周鸿祎正在用实践证明，老板做IP这件事情可以做、需要做。在周鸿祎看来，"99%的企业家都能做成"，除非你放不下身段。

那应该怎么做呢？周鸿祎说，自己唯一敢自吹的是，做真实的自己，靠直觉把真实性情表达出来。总结起来，"不装，不端，有点二"7个字。

他认为，不同于明星需要人设、摆拍、演戏来吸引眼球，创始人IP不能被包装。因为要长久做下去，人装不了太久。而且要避免模仿和教条，根据自己真实情况分享，要接地气。

换句话说，企业创始人多是各领域的专家能人，本身就有优势，在性格人设上，做到自然天成就可以了，做内容时做到不端不装，拍短视频多用随拍，而不是正襟危坐，内容上多共情，自然就有魅力。

没有人完美无缺，再好的人设也会坍塌。所以，梁将军认为，创始人IP不应该是一个电视剧脚本，而应该是一场真人秀脚本。创始人IP打造的第一步不是造人设，而是根据创始人的性格、专业、爱好，形成立体、丰满、有血有肉、可以容错的人格画像。

比如马斯克就常有一种贱兮兮的感觉，而雷军则自带大叔萌。

在构建起创始人IP的同时，梁将军认为，关键还是要做好用户流量的沉淀和转化，让流量沉淀为粉丝，让粉丝转化为对公司品牌的信任喜爱，甚至直接的购买行为。

这个很好理解，比如在企业遭遇危机时，明星式的创始人可能形象坍塌，遭遇巨大流量的反噬，但偶像式的创始人就很可能得到粉丝们的信任和更多的保护。

很多创始人IP的问题是，他们只是红了自己，并没有带红自己的公司及产品，那这种创始人IP就是不及格的。

"大部分的创始人IP，经营的是用户的眼球，而不是用户的信任。就是赢得了一部分人的关注，但没有对公司及产品有很好的赋能。"梁将军说。

为此，个人IP一定要和自身业务有很强的契合，且定位越垂直，越容易强化影响力和销售力。

这方面，雷军、董明珠等都是典范，梳理和回顾他们的微博或者各种互动行为，他们的内在目标一直很明确，就是认认真真、勤勤恳恳地在为公司出圈、产品转化做服务。

与此同时，人们都喜欢看有冲突的人和事，这是人的天性。因此，能不断制造冲突的个人IP才是受关注、有话题的个人IP。

《超级IP孵化原理》作者、内容营销孵化人陈格雷认为，雷军就很善于创造冲突，而且是楷模与假想敌一体的冲突。做小米手机的时候，雷军总是穿着黑T恤和牛仔裤，让人很容易想起苹果的乔布斯，以至于被粉丝们爱称为雷布斯；而如今小米造车了，发布会上的雷军悄悄换装，穿上和马斯克相似的浅色西装、深色衬衫及西裤，于是大家又称他为雷斯克。

再如，之前华为Mate60的预热和发布，都精准放在了苹果发布会的前一天，自研芯片和90%以上的国产零件替代则让全球拆机此起彼伏，还有余承东"遥遥领先"之类的言论，一波波的话题发酵，让华为Mate60的发布成为现象级事件。

也就是说，与知名的行业先驱、领袖形成关联和冲突，不仅让用户不自觉地产生品牌关联，还制造了持续不断的话题流量。

而一个企业家个人IP的冲突，最好是来自对世界的挑战和对规律的突破，去打破常规、突破创新，才能让人发自内心地钦佩和传颂。

就像大家认同雷军，是因为他对于创新的渴望，对于未知的勇敢；认同罗永浩，是因为他背负巨额债务时没有逃避，没有卖惨，而是让人看到了其对创业的不懈努力。

每一个时代都有自己的英雄，作出无人敢想、敢做的事情，恰好马斯克就是这样一个人。从最早的PayPal，到后来的特斯拉和SpaceX，展现出马斯克持续的冒险创业经历，面向全人类的梦想，颠覆性的理念、想法，如殖民火星、脑机接口。因此，马斯克渐渐成为有远见的企业家精神和不懈追求突破的代名词。

为此，张颖认为，企业家IP要有精神内涵，还是需要传递一些世界观、人生观、价值观，引导、改变用户的思维和行为方式。

梁将军也认为，是人都有缺点和犯错的时候，特别是创始人IP这样放在聚光灯和舆论场中，就容易无数倍地放大。但如果创始人对社会有一个整体有益的价值观，并坚持输出和推进，就有了一个坚实的立脚地。

所以，我们看到马斯克不害怕犯错，也不怕将失败和缺陷暴露在大众面前，还时不时在社交平台发表奇谈怪论，引发争议，但大家对他一直理解包容，甚至觉得这才是一个真实、可亲的人物。

但企业营销偏重创始人个人身上，也会存在一定弊端。如果企业家出现问题，或者某些观点被误解，可能反而会拖累企业发展，即便是马斯克也会遇到流量反噬的情况。

同时，企业家过多输出也会分散精力，如果深陷舆论旋涡，不仅可能会影响情绪，更有可能损害公众对企业品牌的印象。总之，企业家要看到IP和由此带来的流量也是一把"双刃剑"。

"打造企业家IP的终极目的不是要成为超级网红，构筑所谓的私域流量，然后将用户拉到自己的自留地里割韭菜。"张颖说，企业家IP应该是一代创业者或一些前沿领域的布道者、精神符号，让人对其理论、概念自然而然产生钦佩之意，进而信任公司品牌或购买产品，同时进一步对企业家给予更高的尊重，形成一个良性的传播互动。

梁将军则表示，传统的管理理念和身居高位，让很多创始人没有创始人IP的运营能力，甚至没有向公众去展露真实自己的意愿，在意自己公众形象的思想包袱很重，因此如果想做创始人IP的话，就要放弃包袱，或在镜头前，或在文字里，或在音频里，找到最适配、最舒服表达的土壤，并不断适应和锻炼这种能力。

所以我们看到，任正非虽然没有像雷军、马斯克那样经常在社交平台发声，但各种华为内部会议记录、公开信、书籍经常流出，输出各种价值观点和管理理念，一样很好地支撑起任正非企业思想家的IP形象。

梁将军认为，创始人IP的最高境界是符号化，符号化的意义有三个：一是让影响力破壁；二是延长生命周期；三是增大适配范围。企业创始人终究是商圈的人，但符号化的创始人可以进入娱乐圈；创始人终究会死，但符号化的生命可以永生，比如乔布斯成为很多果粉的桌面壁纸。

4. 观察

品牌个人化时代到来。

有一些人说企业家踏踏实实做企业和产品不就好了吗？而且企业创始人和CEO时间那么宝贵，又不可复制，毕竟销售可以雇很多，创始人或CEO公司就一个。所以，无论他单场能带多少货，从整体效率来说，都不太划算。

这其实是工业时代企业家的思维，在工业及传统媒体时代，企业家可以不用抛头露面，彼时最主要的方式是砸广告。但是时代变了，砸广告不那么管用了。以前精耕细作、静水深流的品牌打造法，已不能适应现在快速迭代的发展节奏了，我们正处在一个流量先导、内容为王、注意力紧缺的时代，并向"品牌个人化"时代迈进。

未来的商业竞争是流量之争，更是内容之争，有好的内容和建立与用户间的信任，成为用户产生购买欲的前提。"90后""00后"的新一代消费者，开始更多主导当下的消费市场，他们是看内容、凭喜爱下单的。

创始人IP化，不仅能给自家企业、产品吸引更多的目光，还能给消费者带来正面的认知与联想。虽然个人IP形式上是一种标签和符号，但本质上却是流量、信任、成交。

因此，IP打造与网红培养的底层逻辑类似，关键在于被消费者喜欢、信任，并产生购买偏好的核心能力。不过IP的建设不可能一蹴而就，需要有长远的视角和耐心，持续的投入和维护。个人IP应被视作内容渠道，而不是为了追求短期的成果或利益。

而且IP价值最大化的前提，是产品服务足够能打。企业创始人属于商业型IP，其和企业品牌是"一荣俱荣、一损俱损"的关系，把企业和产品做好是基础与核心。企业做成功了，个人IP也就塑造起来了。所以归根结底，要打造成功的创始人IP，关键是先把企业和产品做好。

没有成功的企业和产品，所谓的创始人IP只不过是空中楼阁。

同时，创始人IP打造也是一把"双刃剑"，创始人IP的打造并非一帆风顺，围绕个人的争议话题，甚至可能在一定程度上对企业品牌造成反噬。

"必须认清的客观事实是，像雷军、周鸿祎、罗永浩这样的顶流IP，必定只是凤毛麟角，绝大多数人是很难达到这种程度的。"陈格雷认为，但企业家打造个人IP还是很有必要的，毕竟在自媒体为主流的时代，哪怕是一点点的个人IP魅力，也会发挥相当价值，甚至效果比同等的广告费投入要好。

梁将军则认为，最重要的是创始人要成为和展现真实的自己，积极主动地去做这个事情，传统靠公司市场团队去包装和打造人设的方式效果一般，也很难持久。无论什么样的企业，都能在亲身下场和不断试炼中，找到最适合的平台土壤和最舒服的状态。

在中国企业集体陷入流量焦虑的情况下，打造创始人IP，似乎已经成为企业战略的一部分。长期看来，特别是年轻的创业者，因为预算有限，更会选择低成本、网络化的品牌推广，将自己塑造成一个IP，把流量导向产品，CEO网红化将是一个长期和理性的策略。

未来，不仅是企业大佬，其实，我们每个人都可以成为自己的CEO，把自己当成一家公司经营，打造响当当的个人品牌。

资料来源：吴清. 从乔布斯到雷军企业家IP打造方法论［N］. 中国经营网，2024-06-01.

4.2.5 管理要素对运营效率的影响与提升

1. 管理的概念

（1）概念。

管理是指组织中的管理者在特定环境下，通过实施决策、组织、领导、控制和创新等职能来协调他人的活动，以达到组织既定目标的活动过程。

（2）概念所包含的含义。

○ 管理的主体是管理者；管理的客体是被管理者；管理的载体是组织。
○ 管理的本质是协调。
○ 管理的职能是决策、组织、领导、控制和创新。
○ 管理的目的是实现组织既定目标。
○ 管理的核心是处理好人际关系。
○ 管理的有效性在于充分利用各种资源，以最少的消耗正确地实现组织的目标。

有效管理包括管理的效率与管理的效果。

2. 管理的特点

管理的特点包括科学性、经济性、实践性、文化性、动态性。

3. 管理的性质

管理的性质具体见表4-13。

表4-13　　　　　　　　　　　管理的性质

管理的自然属性	管理的社会属性	自然属性与社会属性辩证关系
管理是保证社会化大生产顺利进行的必要条件，是合理组织生产过程的一般要求。管理的自然属性是由生产力和社会化大生产所决定的。这种自然属性反映出：①管理是人类社会活动的客观要求。②管理是一种特殊职能，是社会分工的产物。③管理就是生产力。管理的自然属性表明管理是不以人们的意志为转移的，也不以社会制度和意识形态的不同而有所改变，它是一种客观存在	管理的社会属性是指管理与生产关系和社会制度密切联系的特性。任何社会组织的管理都是在一定的社会形态下，受到政治、法律及体制的影响。作为特殊职能的管理活动都要反映出管理的预期目的、实现目的的途径和手段等，其实质就是为谁管理的问题	管理的自然属性和社会属性是管理特性的两个方面，它们是二位一体的，不能截然分开，任何社会关系、任何组织、任何情况下均是如此。但对不同的管理，自然属性和社会属性的反映程度不同，如技术管理、企业管理较政府管理、社会管理更多地反映了其自然属性。在实际管理中我们一定要很好地把握管理的这两个方面，使实际管理工作遵循管理的规律和性质

管理要素对运营效率的影响与提升是一个复杂问题，需要综合考虑多个因素（见表4-14）。

表4-14　　　　　　　管理要素对运营效率的影响与提升

管理要素	具体内容
人员管理	人员是运营核心要素，人员的素质、能力和工作态度直接影响运营效率
流程管理	通过流程设计和监控等途径来实现优化运营流程以提高运营效率
资源管理	通过资源规划、调度和利用效率评估等途径来实现资源合理配置
信息管理	通过收集、处理和共享及时准确的信息以提高运营决策效率
知识管理	企业更好地利用内部知识和经验，避免重复劳动，提高创新和解决问题效率

管理小卡片

管理是一种奇特的工艺、深奥的艺术、崇高的职业。

——亨利·明茨伯格

4.2.6 数据要素的挖掘与应用策略

数据要素挖掘与应用是现代企业获取竞争优势的关键。在当今数智化时代，数据已成为企业和组织的重要资产。有效的数据要素挖掘与应用策略能够帮助企业获取有价值的信息，提升决策质量，增强竞争力。

1. 有效挖掘数据

数据要素挖掘具体操作见表4-15。

表4-15　　　　　　　　　　　　数据要素挖掘

有效挖掘数据	具体操作
数据收集	需要从各种来源收集数据，包括内部数据（如销售记录、客户反馈）和外部数据（如市场研究、社交媒体）
数据整合	将不同来源和格式数据整合到一个统一的数据仓库或数据湖中，以便于分析和访问
数据清洗	对收集到的数据进行清洗，去除错误、重复和不完整数据，确保数据质量
数据分析	使用统计分析、机器学习等方法对数据进行深入分析
数据可视化	通过图表、仪表板等形式将分析结果可视化，使非技术用户也能理解和使用数据
数据驱动决策	基于数据分析结果作出更加精准和高效的业务决策

2. 数据应用

（1）建立安全管理制度：制定完善的数据安全管理制度，明确数据的访问权限和使用规范，加强对数据的安全管理。

（2）数据加密与备份：对敏感数据进行加密处理，定期进行数据备份，防止数据丢失和泄露。

（3）合规性管理：确保数据的收集、存储、使用和共享符合相关法律法规和道德规范，保护用户的隐私和权益。

（4）监测与评估：建立数据监测和评估机制，定期对数据挖掘与应用的效果进行评估，及时发现问题并进行调整。

（5）持续学习与创新：关注数据分析领域的新技术和新方法，不断提升团队的数据分析能力和创新能力，以适应不断变化的市场需求。

总之，数据要素的挖掘与应用是一个持续的过程，需要企业在数据收集、分析、应用和安全等方面进行全面的规划和管理，充分发挥数据的价值，为企业的发展提供有力的支持。

[情景案例] **数据驱动的转型**

在一家历史悠久的零售企业，销售数据像一座未被开发的金矿。公司的管理层决定利用这些数据来优化他们的业务。他们组建了一个数据分析团队，利用大数据和机器学习技术来分析消费者行为。

数据分析团队发现了许多有趣的模式：某些产品的销售额在特定时间段内会显著增加；消费者对某些促销活动的反响远超过预期。基于这些洞察，公司调整了其库存和营销策略，销售额迅速上升。

公司还开发了一个个性化推荐系统，根据消费者的购物历史和偏好推荐产品。消费者感到惊喜，因为他们发现这个系统比他们自己更了解他们的需求。公司的市场份额和客户忠诚度都有了显著提升。

情景启示扩写：

数据不仅仅是数字，它们背后隐藏着消费者的需求和市场的动向。

个性化服务可以显著提升客户体验，增强客户忠诚度。

数据驱动的决策制定需要跨部门的合作和数据科学家的专业技能。

 管理小卡片

数据是新时代的石油，但如果你不懂得如何提炼它，它就毫无价值。

——克劳斯·施瓦布

[本节案例]

上海资本要素市场"爆款"不断上新

2023年以来，人民币跨境支付系统（CIPS）的直接参与者数量正在快速增长，已有12家直接参与者加入，总数达到91家。这一数字超过了2022年全年增加的直接参与者数量，间接参与者更是达到1 365家。

这张从上海铺开的网络，已经覆盖到全球182个国家和地区，无数的资本要素通过这张网来来往往。这一上海资本要素市场的重要基础设施，成了上海配置全球资源的生动写照。不仅是基础设施，在这片资本要素汇聚之地，市场、机构、产品还在不断提升能级，三个关键词正在逐渐凸显。

关键词一：便利度。

一个活跃的资本要素市场，入市、投资、交易的便利度是必要的基础。

"基础设施的任务就是铺路架桥。"与CIPS一样，上海清算所频频发力，顺利落地"互换通""玉兰债"等创新产品。上海清算所相关负责人介绍，上海清算所与欧洲清算银行合作推出的"玉兰债"境内发行人境外发债渠道，在国际市场反响非常好，目前已有上百家国际投资者亲身体验，其中还包括了要求较高的境外主权类机构。依托欧洲清算银行的托管网络，业务可以覆盖全球50多个市场，国际投资者配置中国债券资产，又多了一项便利高效的新选择。

值得一提的是，这一产品还首次实现了中国债券市场创新经验的对外输出。借鉴"玉兰债"成功经验，欧洲清算银行陆续会同日本和新加坡机构，成功推出"折纸债""兰花债"等发债模式。

十余年前在上海率先启动的合格境外有限合伙人（QFLP）试点，也迎来了新的优化。2023年2月，临港新片区QFLP外汇新政扩围至上海全市，一系列便利措施惠及更多外企。如试点规模授予管理企业，同一管理企业负责的不同基金之间可灵活调剂使用试点规模；试点规模实行余额管理，外国投资者可在登记额度内自由汇出、汇入本金，参与试点基金的申购与赎回；符合条件的外汇资金入境后还可直接结汇……

目前，已有博枫投资、绿洲投资、开泰远景三家外资企业通过QFLP试点联席会议评议，成为外汇新政扩围实施以来首批"尝鲜者"。

中国资本市场的"试验田"科创板，也向全世界的投资者敞开大门。他们可以通过合格的外国机构投资者/人民币合格境外机构投资者（QFII/RQFII）机制，全面参与科创板一级、二级市场，包括科创板新股发行、股票增发和配股的申购，科创板个股和基金交易，融资融券、转融通证券出借交易等。外资还可以通过沪港通，交易符合条件的科创板股票，目前沪港通项下已纳入253只科创板股票。随着科创50指数产品在境外市场发布，外资投资科创板渠道进一步拓宽。截至2023年5月底，已有12只科创50指数产品在美国、日本、英国等境外多个市场上市，合计规模约为21.84亿元。

多措并举之下，截至2023年6月底，外资持有科创板股票流通市值的比例，由2019年末的0.56%升至目前的3.6%。

关键词二：吸引力。

一个市场能否做大做强，仅有便利度还不够，是否能开发出具有吸引力的资产和产品才是关键。

最近，集运班轮公司、货主、货代等，都在翘首以盼一个金融衍生品的推出——

上海出口集装箱结算运价指数（欧洲航线）期货。

上海出口集装箱结算运价指数（欧洲航线），是基于国际集装箱欧洲航线运输服务的价格编制而成的指数，以这一价格指数为标的开发期货，可以帮助行业规避运价波动风险，更好地控制物流成本。简单而言，如果有企业要用集装箱把货物从上海运到欧洲，可以先在期货市场买入指数期货，未来如果运费上涨，期货市场赚到的钱，能够补贴运费。

重要的是，这一期货产品从一开始就采用"服务型指数、国际平台、人民币计价、现金交割"的设计思路，吸引国际企业一起参与市场。

同样让市场翘首以盼的，还有再保险"国际板"。2023年6月，国家金融监督管理总局与上海市地方金融监管局联合发布《关于加快推进上海国际再保险中心建设的实施细则》，在上海开设面向全球的再保险交易市场。

目前，这一市场正在火热建设中。硬件方面，上海已在临港新片区金融湾园区选定国际再保险交易市场办公场址，并根据预计入驻机构情况，另安排附近一栋楼宇随时备用。软件方面，国际再保险业务平台一期建设工作已经完成，可实现再保险交易信息标准化实时交互、交易确认、合同存证、账单签署、交易电子档案集中存证管理等交易管理必要功能。

据国家金融监督管理总局上海监管局透露，目前已经有近百家境内外保险、再保险和经纪机构前来咨询参与途径。科创金融、绿色金融、离岸金融……上海资本要素市场对于全球的吸引力，还有太多可以开发的空间。市场翘首以盼的"爆款"，未来还会不断"上新"。

关键词三：集聚性。

有了便利度和吸引力，一个市场必然会集聚越来越多的机构，这种集聚性当然会反哺市场本身。

2023年6月，施罗德基金管理（中国）有限公司（以下简称施罗德）在上海揭牌时，施罗德投资集团行政总裁郝睿诚提道："上海的亲商环境，加上出色的金融基础设施和蓬勃的活力，在中国金融开放和上海成长为全球主要金融中心的过程中持续发挥着重要作用。"

这也是施罗德和一众外资巨头选择上海的原因。自取消公募基金管理公司外资股比限制以来，全国新设的四家外商独资公募基金管理公司全部落户上海。目前已获批开业的五家合资理财公司，也都落户上海。这些公司已经推出和正在酝酿的金融产品，使得市场的丰富性大增。

作为国际金融中心，上海同时也在建设全球资管中心、金融科技中心、绿色金融枢纽。集聚更多的优秀金融机构，是一个必然的选择，也是一个长期的过程。

随着四方来客越来越多，有一种声音认为，上海的金融机构已经很多了，还需要花大力气引入吗？

"实际上，上海在集聚性方面的提升空间还不小。"业内人士指出，从比例上看，上海外资金融机构占比在30%左右，离纽约等国际金融中心70%左右的占比还有不小差距。从功能上看，上海现有金融机构的能级还不够高，落户上海的超大型、重量级、总部级金融机构还不够多。

上述人士建议，未来上海应着重吸引一些超大型、功能性金融机构，并通过设立一批关键性、基础性金融主体，以补上短板提升能级，帮助上海资本要素市场真正做大做强。

资料来源：上海资本要素市场"爆款"不断上新［N］. 解放日报，2023-08-10.

[团队场景练习]

可以设计一个团队场景练习，旨在提高团队成员对运营要素的理解以及如何在实际工作中应用这些要素。

练习名称：运营要素综合应用实战。

目标：

（1）理解并应用运营要素体系与结构中的关键概念。

（2）增强团队成员之间的协作与沟通。

（3）提升团队对数据驱动决策的认识和应用能力。

场景设定：

一家快速发展的科技公司，面临市场竞争激烈和内部运营效率提升的双重挑战。团队需要制定一个综合运营改进计划，以提高公司的市场竞争力和内部运营效率。

练习步骤：

（1）团队组建与角色分配。

①将参与者分成若干小组，每组5~7人。

②每组分配不同的角色，包括人力资源经理、财务分析师、技术专家、知识管理顾问、运营经理和数据分析师。

（2）背景介绍。向团队介绍公司的当前状况、市场环境、竞争对手分析以及内部运营中存在的问题。

(3) 运营要素分析。每个角色根据其职责,分析如何利用人力、资本、技术、知识、管理和数据要素来解决公司面临的问题。

(4) 策略制定。团队成员讨论并制定一个综合策略,包括但不限于:

①人力资源规划与员工发展计划。

②资本优化与资金管理策略。

③技术创新与应用方案。

④知识管理体系的构建与实施。

⑤管理流程的优化与效率提升措施。

⑥数据收集、分析与应用策略。

(5) 方案呈现。每个小组向其他团队展示他们的策略和计划,并接受反馈。

(6) 角色扮演与决策模拟。在模拟环境中,团队成员根据角色进行决策,以应对市场变化和内部挑战。

(7) 结果评估与反思。根据模拟结果,团队评估策略的有效性,并进行反思和总结。

(8) 经验分享。团队分享学习经验,讨论如何将所学应用到实际工作中。

练习结束:

(1) 总结团队表现,强调运营要素在实际工作中的应用重要性。

(2) 鼓励团队成员将练习中学到的知识和技能应用到日常工作中,以提升个人和团队的运营效率。

通过这个练习,团队成员不仅能够深入理解运营要素的概念,还能够在实际操作中体验如何将这些要素整合应用,以解决实际问题。

[本章小结]

有效的运营管理需要识别和优化这些要素之间的相互作用,以实现组织目标和提高竞争力。企业应积极采用合适的技术融入运营战略,同时关注技术的创新趋势,培养创新能力,以适应快速变化的商业环境。通过综合应用运营要素,企业可以在竞争激烈的市场中获得优势,实现持续的发展和创新。本章通过引用多位管理专家的观点,强调了员工价值、成本控制、创新、知识管理和数据的重要性。

[关键词]

运营要素　人力要素　资本要素　技术要素　知识要素　管理要素　数据要素

[简述题]

1. 运营要素的内涵是什么？要素都有什么？
2. 简述人力要素的定义及在运营中的角色与管理。
3. 资本要素的优化内容是什么？
4. 技术要素的创新内容包括哪些？
5. 知识要素的管理与运用有哪些？
6. 数据要素的挖掘分为几类？都有什么？
7. 复述管理要素对运营效率的影响与提升的表格。

[拓展阅读]

[阅读1]

技术市场发展能否促进企业技术要素配置
——基于中国上市公司样本的实证研究

基于技术的企业治理理论认为，企业的成长路径是通过技术的利用获取竞争优势，从而实现其社会责任和价值使命。在技术核心要素观指引下，技术创新已经成为现代企业常规化和惯例化的治理行为，企业也因此进化为技术创新开启和扩散的重要载体，而一旦社会制度可以为企业知识的生产、传播和利用提供一套广泛且高效的动机与压力传导机制，则必将极大促进企业与技术创新之间的良性共生演化。技术市场作为技术创新成果向技术要素转化的媒介，是企业技术要素配置的重要路径之一。一个成熟高效的技术市场可以将技术商品通过交换匹配到需求方和生产过程中，从而实现要素资本效用的边际提升。改革开放以来，我国技术交易以市场化为改革方向，体系建设取得了显著成效。但由于脱胎于计划经济的起点约束和技术市场自身的多元主体特征，使得技术市场运行中仍存在一些问题，表现为：市场的价格机制不够健全，企业的市场主体地位未能有效确立；技术市场流通不畅导致市场结构矛盾突出，需求不足和供给不足并存。

完善技术要素的市场化配置是建设统一开放、竞争有序的社会主义市场经济体制的内在要求。技术交易活动本质是围绕商品、价格、技术的供需双方和中介平台这几个不可分割的主体组成需求链和供应链，构建涵盖交易的市场规模、供需双方的价值判断、决策机制以及对未来市场趋势的预估等一系列内容的复合制度体系，因此技术交易市场发展的方向应锚定为数字经济时代下，借助网络优势，整合技术创新过程中的各方资源,构筑网络交易平台,提升平台交易效率和服务质量。本文对技术市场效率的内在化分析顺应技术市场改革方向,有助于切实发挥技术市场在激发创新动机、控制交易风险等方面的职能,促进技术要素合理有序流动,提升技术要素配置效率。

基于上述分析,主要结论和政策建议具体如下所示。

(1) 主要结论。

技术市场可以通过对技术创新活动的直接支持和产业升级间接带动两种路径对技术要素配置效率产生影响。基于技术市场实现稳定匹配所需遵循的市场厚度、安全度两个方面属性特征的省级面板数据实证检验结论表明,我国技术市场整体上不存在用户规模增加引发的拥堵情况,即市场厚度和安全度对技术要素配置效率具有正向的促进作用,且融资约束程度越高,市场安全度的促进效果越显著,而融资约束程度越低,市场厚度的促进效果越显著。此外,R&D人员投入和政府投资强度与技术要素配置水平正相关。

(2) 政策建议。

首先,我国技术市场整体上处于发育程度不高、市场厚度不足的发展阶段。由于现代产业体系下的技术要素配置是市场和政府共同作用下的动态协同过程,它不仅仅是技术要素与经济主体之间单向机械的局部联动,更多地表现出系统性和整体性。然而我国的技术市场脱胎于政府机构,具有严重的体制倾向,尽管近年来政府管制不断收缩,但尚未能有效处理好技术公共物品的外部性与市场对技术资源配置的基础作用二者之间的关系,行政性思维贯穿从基础研究到技术成果产业化的技术创新全链条,导致技术市场机制性缺位,技术创新与经济脱离、产学研脱节、资源分散等问题突出。因此,本文研究结论的政策指向是着眼于改进市场营运模式,即构筑政府扶持和市场机制有机衔接的市场运营机制。在技术市场成立初期,依靠引入政府补贴、加大市场初始基础设施投资等方式,通过市场让利吸引更多的客户链接进入平台,提高市场覆盖面;随着市场厚度的增加,应在强化市场能力建设的基础上,进一步发挥双边市场的价格非中性属性特征,在定价策略上适当向中介方倾斜,提高非均衡价格中交叉网络效应更强一方的收费标准,以确保市场获得必要的有效提升服务效能的利润支持。

其次,基于技术市场在信息透明化中的能力限制和有限信息,市场无法完全克服技术交易过程中的逆向选择和机会主义倾向,从而使得技术市场的公信力受到质疑;加之我国技术创新协同度低、波动性强,限制了技术市场能力的提升,大多数市场仅能在信息发布、交易场地提供和特定技术等偏低端服务领域开展业务,高端技术产品服务能力不足,造成技术服务下沉。此外,相较于大企业在技术交易中基于自身能力条件的多样性选择,那些缺乏交易经验的小型企业、科研机构和个人更倾向于通过技术市场推介和搜寻技术产品。但小型企业、科研机构和个人往往因为自身研发能力限制，其提供的技术产品总体上偏低端，加剧了技术市场的低端效应。在考虑市场用户和产品大小、优劣等异质性条件下，技术市场客户的分层治理往往有助于降低异质客户之间的资源挤占，从而提升市场效率。然而，采用分层治理的方式在弱化市场同质客户之间自相关网络效应的同时，也抑制了同质客户规模摊薄而引发的正向的交叉网络效应。基于上述特点，技术市场的分层治理宜在市场厚度过大而引发拥堵的情况下予以实施，而考虑到异质性客户对市场安全性的敏感性差异，客户对市场安全性越敏感，则市场分类治理的层级应越多。

最后，提升技术市场安全有助于提高企业技术要素配置。目前我国技术市场交易多基于供需双方发布的文本信息的匹配，即更多是从选择交易对手的目标要求角度出发进行匹配设计，这显然忽视了交易主体的行为特征。根据前景理论，交易主体的行为是自身感知价值的结果，而市场安全度也是交易主体对市场风险的感知，市场安全度能够调节交易主体的心理感知函数，从而影响其决策行为。因此，有必要从交易主体的感知角度进行交易匹配的设计优化，从而提升市场的安全度水平。特别是，在技术交易的过程中一方面需要从主体实际要素禀赋条件出发进行决策，另一方面决策者要面对来自外界环境变化的冲击和竞争对手行为影响，从这个意义上说，突破单一对交易对手的考量而引入同质客户间的社会比较具有一定的现实意义。为了推进社会比较市场匹配方法优化，技术市场除了要做好交易信息发布以外，更重要的是应借助信息和数据优势加大在事前对供需双方的个性化引导，引导市场客户对其潜在竞争对手加以量化刻画，从而为实施必要的社会比较奠定基础。而在现实操作中，同质客户间的社会比较还在一定程度上依赖于公共信息的供给状况，完善而便捷的社会信用体系将有助于决策者明晰其主观感受程度。就市场而言，定期发布细分领域的交易主体资信和能力状况，也是一种行之有效的解决路径。

资料来源：张庆国. 技术市场发展能否促进企业技术要素配置——基于中国上市公司样本的实证研究 [J]. 中国科技论坛, 2024 (4): 84-94.

[阅读2]

智能化技术应用是否改善了人力资本要素错配

一个经济体的经济增长本质上取决于生产要素的数量及其生产率水平两个方面，其中生产要素的配置效率是生产率的重要组成部分。生产要素配置效率升级意味着在资源给定的条件下，通过投入要素的最佳组合与合理配置，实现要素错配的改善，边际生产效率的提升。人力资本作为最为重要的生产要素之一，增强存量水平与改善配置效率是实现经济转型发展的重要举措。当前以智能化代表的新一轮科技革命与产业变革孕育兴起，在政策与市场的推动下，国内制造业企业开启了各生产环节的"机器换人"，国际机器人联合会数据显示，我国机器人保有量从2009年的3.7万台增加至2019年的78万台，2019年我国机器人安装总量占世界新增总量的40%，人工智能在各行业的广泛应用带来了社会分工体系与产业发展模式的重构，实现了人力资本要素的再配置。那么智能化技术应用是否提升了人力资本配置效率，其作用途径与实现机制又是如何，对此问题的研判具有重要的理论与现实意义。

经济发展中的资源错配一直是学术研究关注的热点话题，大量文献研究了资源配置与经济绩效之间的联系，其中，人力资本配置不当会对全要素生产率（TFP）、产出和福利产生重大影响。人力资本错配在我国是一个普遍的现实，在行业部门以及地区之间均能找到研究证据。李静等指出中国人力资本在数量与质量方面已具规模，但配置在部门间存在严重不匹配，从而带来效率低下。有研究指出我国人力资本在部门之间的不匹配体现在相当多的劳动者选择在政府机关和高收入垄断行业工作，尤其是金融行业，计算机和高科技行业的劳动力严重短缺。同时谢晋在研究中指出人力资本错配在各地区也普遍存在，表现出东部地区配置不足，中西部地区配置过度的分布特征，引致地区产出差异显著。在这些考虑的推动下，大量研究试图寻找解释错配的影响因素以及如何矫正资源错配，包括调整投入和产出价格、完善制度质量、产业协同集聚以及技术进步等。

针对智能化技术应用对人力资本配置的表现，一类研究是基于智能化本身的特点阐述其对人力资本错配的积极作用，体现在由于观测数据的大量可用性、改进的模拟和算法的进步，使得公司可以明确人力资源需求，定位最优人力资源配置更为精准，且流程兼具成本与时间优势。师博指出这实际上是消除了信息孤岛，打破了阻碍信息和资源自由流动的界限，各类资源通过机器学习的预测，实现智能化分配，解决了信息不完全和外部性问题，从而使要素配置效率得以提升。另一类研究则是突出了智能化应用重塑人力资本要素需求结构，获得改善人力资本要素配置效率契机。胡晟明等指出机器人应用的岗位更迭效应不仅对人力资本水平提出直接要求，还会通过引发收入增长、劳动岗位更替和产业结构转型改变人力资本水平。人工智能技术在生产领域的应用还可以提升资本、劳动、技术等要素之间的匹配度以提高要素的配置效率。

（一）理论分析与研究假说

1. 智能化技术应用对人力资本要素错配的影响

技术应用可以像资本和劳动力一样直接以生产要素形式存在而对产出水平产生直

接增长效应,也可以影响投入要素的边际产出,转变资本、劳动力和研发边际收益递减的特征而给产出水平带来间接增长效应。区别于传统的技术变革,人工智能具有独特的使能技术和通用术特征,通过数据、业务、协同和交互能力的智能化升级,使整个生产内容与生产环节更精简、更高效、更高产,从而提升人力资本要素产出能力,实现"提高企业技术应用效率→错配解决→经济增长路径跳跃"。

2. 智能化技术应用对人力资本要素错配的影响机制

(1) 收入结构调整效应。

智能化技术应用提升了平均收入水平,智能化技术应用一方面增加了对人力资本要素的需求,要素稀缺性致人力资本要素价格上涨;另一方面促进整体生产效率提升,产品价格下降带来的产品需求的增加会扩大对劳动力的需求,从而提升收入水平。收入水平的提高通过以下几点矫正人力资本错配:第一,工资激励是最常见的工作激励类型,收入水平的提高会激励劳动力主动提升技能水平,促进人力资本升级;第二,收入水平的提升意味着生产成本的增加,退出市场的惩罚使得保留在市场上的低效率企业主动提升生产率,这有助于改善资源在企业间的配置状况;第三,高收入水平提高地区人力资本吸引力,加速人力资本流动,有助于缓解人力资本错配。

(2) 人力资本流动效应。

智能化技术应用离不开技术研发、软硬件开发、运营维护、场景应用等系列支持,催生众多关联技术与新兴产业,并实现与传统产业深度融合,带动整个产业结构的智能化转型升级,实现了全面的要素流动。同时人工智能基础设施的完善在疏通人流、物流、信息流、商品流、资金流等要素配置堵点上起到关键性作用,高效率地连通经济发展和社会循环,从而加速人力资本要素流动。在前文分析中,收入结构调整与人力资本流动之间可能存在相互影响,且这种影响主要表现为收入结构的改变加速人力资本流动。

(3) 智能化布局空间溢出效应。

地区在人工智能布局上既存在竞争关系又存在合作关系,在智能化应用起步推广阶段,竞争有余、合作不足的情况下,"虹吸效应"强于"滴涓效应",人工智能布局会给周边地区要素配置带来负面影响。人工智能应用改变整个地区的要素配置环境,拉大区域发展差距,降低周边地区要素吸引力,而智能化发展地区,基于核心产业部门至融合产业部门乃至整个产业结构的优化升级,改善地区创新环境,带来产业集聚,产业集聚与技能溢价推动人才集聚,人才集聚进一步拉动产业集聚,良性循环,最终导致智能化地区人才高度集聚、创新活动频繁、经济快速发展与相邻地区人才匮乏、创新动力不足、经济发展疲软,呈现区域"极化"现象中的"创新极"情况。

(二) 研究结论与启示

本文研究结论如下：智能化应用可以改善人力资本要素错配的情况，这一效果在考虑内生性和进行稳健性检验时仍然成立；前期人力资本错配水平会影响当期人力资本错配情况；智能化对不同地理区位、城市等级的人力资本错配存在异质性影响，东部地区、城市等级水平越高，智能化对人力资本错配的矫正作用越为明显；智能应用改善人力资本错配存在"智能应用→收入均值提高→人力资本流动→人力资本错配改善"与"智能应用→收入差距拉大→人力资本流动→人力资本错配改善"两条作用路径；智能应用可以改善本地人力资本错配，但对周边地区却有反向作用。因此，本文提出以下政策启示。

第一，着力推进智能化升级改造。鼓励企业对生产设施、流程、管理及服务各个环节进行智能化改造，智能化布局要加强区域协作，强化科技创新前瞻布局，共建跨区域智能协作与服务平台，推动智能化领域的相关重大基础设施的集群化发展，促进重大基础设施、科研仪器、科研数据等科技资源的共享与流动，优化区域整体创新实力、经济基础、要素投入与环境配给。

第二，加大智能化领域人才的培养，对于技能短缺风险要提前预测，鼓励职业教育对于短缺型人才的定向培养与教学，形成人力资本储备力量。对于智能化转岗人员提供配套岗位培训，牵头举办线上线下学术讲座、学术交流会议、专项技术培训等多类集会，提升智能化技能。

第三，加大对于智能化技术应用经济社会影响的研究，探究智能化应用推广对收入的多重影响，提高对要素流动情况的把握与分析能力，合理引导人力资本要素流动，使人力资本价值得以充分发挥。

资料来源：孙雪，宋宇，赵培雅. 智能化技术应用是否改善了人力资本要素错配 [J]. 科学学研究，2023，41 (8)：1389-1400.

[阅读3]

知识产权运营领域数据要素市场化配置路径研究

基于马克思经济学资源配置理论，探讨知识产权运营与数据要素市场化配置的关联性。在梳理数据要素市场化配置基础政策、关联政策和专门政策的基础上，对知识产权大数据平台系统、大数据金融产品、大数据中心建设和大数据产业应用联盟进行比较。结果发现：第一，我国知识产权运营领域数据要素市场化配置改革主要存在3大瓶颈，即数据要素产权界定不明、交易流转不畅及安全监管不易；第二，知识产权运营领域数据要素市场化配置路径需从加快知识产权运营数据汇聚共享、推动知识产权运营数据产业化应用和强化知识产权运营数据安全治理3个方面予以完善。

要素市场化配置既是市场决定资源配置的基本特征，也是实现市场决定资源配置的前提条件，完善要素市场化配置涉及一系列改革。党的十九大报告指出，经济体制改革必须以完善产权制度和要素市场化配置为重点。《中共中央 国务院关于构建更加完善的要素市场化配置体制机制的意见》《中共中央 国务院关于新时代加快完善社会主义市场经济体制的意见》，以及中共中央办公厅、国务院办公厅印发的《建设高标准市场体系行动方案》等政策文件，对土地、劳动力、资本、技术和数据等生产要素市场化配置改革作出顶层设计。2021年，《国家知识产权局关于促进和规范知识产权运营工作的通知》中共有7处提及"数据"，要求"充分发挥知识产权在完善技术、资本、数据等要素市场化配置中的作用"。此外，《知识产权强国建设纲要（2021-2035年）》明确提出"深化知识产权领域改革，构建更加完善的要素市场化配置体制机制"。由此可见，近年来政策层面对要素市场化配置的支持力度日益增强。

数据要素成为重要的生产要素，是互联网作为基础设施的必然产物。与传统生产要素相比，数据要素具有非竞争性、价值差异性、强外部性、跨时空快速流动性等新特征，这使得数据要素有可能对生产力提升产生乘数效应。随着全球新一轮科技革命和产业变革的深入推进，国内外学者日益关注数据挖掘、汇集、共享在知识产权运营领域的适用性。数据要素作为一种新型生产要素，在市场资源化配置中的作用日益凸显。现有研究既包括数据要素价值化过程、市场化配置和资本化路径等理论探索，也包括数据要素在金融行业、科技成果转化及政府治理等领域的实证分析。针对数据要素与知识产权关系，学界主要从知识产权大数据方法应用、数据共享和知识产权保护的冲突与协调、大数据背景下知识产权运营模式与管理变革等角度予以探析。部分学者认识到数据信息在知识产权运营领域的重要价值，并提出基于大数据的专利交易标准化数据模型。

总体而言，知识产权运营领域数据要素市场化配置研究仍有拓展空间：一是基于技术维度探讨数据信息对知识产权运营支撑的研究虽然较多，但基于生产要素和创新资源配置维度的探索较少。生产要素的时代性特征决定知识产权制度的作用日益凸显，而知识产权制度不完善又制约着技术和数据要素进入市场实现高效配置。二是数据要素市场化配置应用场景主要结合数字经济发展和数字化转型等视角展开，但面向知识产权运营领域的新兴研究有待深化。基于此，本文重点探讨知识产权运营领域数据要素市场化配置改革的现实路径，并着力解决以下4个关键问题：一是知识产权运营与数据要素市场化存在何种关联？二是各级政府、创新主体、大数据服务商在知识产权运营领域发挥哪些作用？三是在我国知识产权运营过程中，数据要素市场化配置存在哪些制约因素？四是数据要素在知识产权运营领域如何更好地实现汇聚、流转与安全监管？

数据安全对数据要素市场化配置具有"一票否决权"，也是实现数据自由、有序流动的有力保障。依据《中华人民共和国数据安全法》（以下简称《数据安全法》）的规定，"数据安全"是指通过采取必要措施，确保数据处于有效保护和合法利用的状态，以及具备保障持续安全状态的能力。此外，《数据安全法》还规定国家建立数据分类分级保护制度、风险评估预警机制、安全应急处理机制和数据安全审查制度。2021年4月27日，国务院常务会议确立了持续深化知识产权领域"放管服"改革的新举措，明确提出在确保数据安全的基础上，开放知识产权基础数据，助力企业研发创新。工信部2021年印发的《工业和信息化领域数据安全管理办法（试行）（征求意见稿）》提出了数据分类分级管理、数据全生命周期安全管理、数据安全监测预警与应急管理、数据安全检测、评估与认证管理等制度规范，覆盖数据收集、数据存储、数据使用加工、数据传输、数据提供、数据公开、数据销毁、数据出境、数据承接、委托处理及安全审计等过程。从总体国家安全观视角看，知识产权数据安全事关经济安全、科技安全和海外利益安全。对于知识产权运营领域个人数据、衍生数据及公共数据如果处理方式和方法失当，有可能给国家安全和公共利益造成严重损失。特别是伴随着我国知识产权各类大数据运营平台和智能管理系统建设的加速，相关数据信息生成与流通呈现出激增态势，这些数据要素的生产、采集、存储及流动有可能对个人隐私、企业商业秘密甚至国家安全造成不法侵害。长期以来，"知情同意"模式一直被视为数据处理的合法性基础，但在大数据和人工智能崛起时代，"学习"算法打破"知情"的可预测性，导致数据主体与数据控制者之间的地位失衡。此外，互联网数据多维性打破了不同类型数据之间的屏障，使被屏蔽掉的许多数据可通过其他利用行为恢复相关性。知识产权运营领域数据要素通常与企业商业秘密、合作伙伴、竞争对手及财务状况等信息密切相关，数据排他性、质量和价值差异、高昂的收集成本和转换成本、锁定效应及网络效应等实然属性，均会提高大数据市场进入壁垒，强化主导经营者的市场地位，导致经营者违法垄断。

结语

数据作为一种新型生产要素，既符合传统生产要素市场化配置的一般规律，在数字经济时代又呈现出诸多新特征。生搬硬套已有制度，难以解决数据流通中的标的物确权、估价和交易机制设计等关键问题。就知识产权运营领域而言，数据要素市场化配置贯穿高价值专利遴选、运营机制决策、交易流转信息、风险资本选择及运营人才招募全过程，同时也对知识产权数据服务商收集、整合与应用能力提出挑战。数据要素市场化配置改革既契合知识产权运营的内在需求，又有赖于相关政策法规的外在支撑。针对当前我国知识产权运营存在的不足，实践中仍需结合各类数据资源开展市场化运营，从数据要素汇聚共享、产业应用和安全治理等方面，探索知识产权运营领域数据要素市场化配置改革路径，促进知识产权数据要素安全、自主、有序流动，实现数据要素配置公平与高效。本文结合我国知识产权大数据服务商的实践探索，对知识产权运营领域数据要素市场化配置实践路径进行初步探讨。鉴于我国知识产权大数据运营尚处于起步阶段，各平台和数据中心实际运营效果有待检验，因此实践中仍需探索更为成熟和多元的数据要素市场化配置模式。未来可进一步关注如下议题：一是国内外知识产权运营领域数据要素市场化配置模式和效果差异，需结合具体案例和实践数据予以剖析，包括开展对国家知识产权运营公共服务平台数据开放平台要素配置效果的典型案例研究；二是通过不同领域数据要素市场化配置路径考察知识产权运营领域和其他领域数据要素市场化配置方式，以发现更具普适性的研究结论，并在公共政策层面带来更多启示；三是深化生产要素互动关系研究，在知识产权运营过程中数据要素市场化配置仍有赖于其他要素的重要支撑，未来可进一步揭示知识产权运营领域数据要素与劳动力、资本、技术等生产要素的耦合机理与协同效应。

资料来源：刘然，孟奇勋，余忻怡. 知识产权运营领域数据要素市场化配置路径研究［J］. 科技进步与对策，2021，38（24）：9－17.

［阅读4］

基于大运营模式的社区可持续运营研究
——以嘉兴市桂苑社区为例

社区是城市基本组成单元，是社会健康与可持续发展的载体。近年来各类社区建设与提升日益增多，如何从只关注建设转向建设与可持续运营协同发展是各级政府关注的重要议题。社区可持续运营是提升政务服务能力、公共服务和物业服务能力的重要举措，也是各方需要参与和支持的系统性课题。分析社区大运营模式的相关要素，通过不同要素的关联关系构建大运营模型，为社区可持续发展提供支撑条件，并通过嘉兴市桂苑社区实际情况分析大运营模式的可行性和实现路径，为社区可持续运营提供理论支撑和实践参考。

社区，作为城市基本组成单元和城市治理与服务的"最后一公里"，承担着各类社区管理与服务功能。社区运营（community operation）是为匹配、连接社区单元内所有干系人（stakeholders），并围绕相关需求开展的所有人工干预措施。全国城镇化的进程加快了新建社区、老旧社区更新的建设步伐，涌现出一批具有代表性的智慧社区、未来社区、完整社区、现代社区，社区数字化建设、多元化服务、可持续运营成为近年来社区建设、城市有机的重要内容，也是社区发展的重点难点。桂苑社区作为住房和城乡建设部首批智慧社区（物业）试点、浙江省首批共同富裕现代化基本单元（首批未来社区试点），积极探索城市有机更新的新机制，聚焦人本化、生态化、数字化三维价值坐标，构建以未来邻里、教育、健康、创业、建筑、交通、低碳、服务和治理9大场景创新为重点的集成系统，打造了"1+3+N"的应用场景。社区运营主体要素包含"需求—供给—调控"3个维度：社区居民作为未来社区运营的重要参与者和需求方，提供了稳定的用户流量并参与建设与完善；电信运营商、系统集成商、物业、地产开发商、活动运营商等都是社区服务供给商，通过识别居民的需求提供智能化服务平台保障居民居住安全与舒适；政府在利益共同体中主要充当引导者和调控的角色，其主要在治安维稳、纠纷调解、民生服务、社区矫正、社区共建等方面对社区运营进行监管、指导以及科学合理地发放补贴。社区可持续运营包括单一物业服务的小运营模式和"物业服务+市政服务+空间运营"的大运营模式等类型，单一物业服务在一些低收费小区，缺乏创新运营模式，物业企业经营困难，居民服务体验差，大运营模式可从市政服务、有效空间经营等方面融入新内容与收益，通过动态测算与调整，实现可持续运营模式。当前社区可持续运营已由早期传统单一的物业服务模式向政府采购运营服务、社会资本参与等多模态发展，但不同区域不同类型社区在运营上存在较大差异，可复制可推广模式有待探索。推动社区从以建为主转向长效运营、有效市场和服务型政府的有机结合，构建政府引导、政企合作、多方参与、专业运营的合作生态，成为社区可持续发展运营模式探索的方向。本文从社区运营的空间属性、管理属性、运营收益三个要素展开研究，阐述小（单一物业服务）运营模式与大（多个住宅小区的"物业+市政服务+空间运营"）运营模式的对比分析，通过算法分析三要素在大运营模式的可持续临界条件（企业运营可接受的临界周期），为社区可持续运营提供理论研究、数学模型分析与实践。

（1）仿真结果：对仿真结果进行分析和评估。观察收入和支出的趋势与变化，评估不同参数和假设对结果的影响。（2）可视化报告：使用图表、图形等方式，以清晰和可视化的方式展示仿真结果。可以包括收入、支出、盈余或赤字的变化图表，以及其他关键指标的趋势和变化。结合评估结果和分析，提供对大运营模式效果的定量和定性评价。(3)确定模型的基本假设和输入：我们需要确定模型的基本假设和输入。在这个模型中，我们假设每平方米租金、每年教育培训费、委托收费标准等是固定支出常数，而社区中的公益性服务空间、公共服务空间、普惠性服务空间、经营性服务空间的面积是模型输入的自变量。公益性服务空间、公共服务空间属于公益性空间，运营服务企业可协助政府提供配套管理与维保服务，空间大小与运营收益呈反比；普惠性服务空间属于保本型空间，空间大小与运营收益呈现弱正比；经营性服务空间大小与运营收益呈现强正比关系。（4）确定测算目标：大运营模式是通过整合资源、共享信息和协同行动，实现跨社区的共建共治共享的新模式，目标是实现社区经济高效运营和居民幸福感的提升。因此运营效果测算的目标应包含纯收益这样的硬指标，也应包含社区幸福度等软指标，但是在模型中软指标由于其主观影响较大，难以统计，因此测算目标确定为硬指标。（5）确定模型的边界条件：在这个模型中，我们需要确定社区中公益性服务空间面积、公共服务空间面积、普惠性服务空间面积、经营性服务空间面积等边界条件。这些边界条件将限制模型中这些自变量，以确保模型的可靠性和准确性。（6）确定模型的方程：在这个模型中，我们可以将公益性服务空间、公共服务空间、普惠性服务空间、经营性服务空间的数量作为变量，将空间大小、运营收益、租金、教育培训费、委托收费标准作为常量。然后，我们可以使用系统动力学方程来描述这个模型。系统动力学方程是一种用于描述系统动态过程的方程集合，它由三个部分组成：初始条件、边界条件和微分方程。通过对这些方程的设置和求解，我们可以更加准确地描述系统的动态过程，并预测系统的行为和发展趋势。（7）计算模型的临界点：在确定模型的边界条件后，我们可以计算模型的临界点。在这个模型中，我们可以使用系统动力学方法来计算模型的临界点。通过计算模型的临界点，可以预测社区收益平衡的临界点。

本文从空间属性、管理属性、运营收益、模型仿真、案例研究五个方面探讨大运营模式在社区可持续运营的运用，并将大运营模式与普通物业模式、普通运营模式以实际案例做对比分析，针对社区普遍存在的运营难，运营企业对政府采购服务依赖度高的情况，给出了更综合更市场化的大运营解决方案。

（1）可运营空间是运营的基础，管理属性对空间收益影响较大，社区运营企业的核心是挖掘可运营的空间，全面梳理社区可支配的空间面积、空间属性、管理属性、收益基数，根据收入模型、支出模型预测收益与盈利周期。管理属性直接关系到运营企业的收益与合作模式，针对不同的管理属性，运营企业需采用不同的方式与管理主体建立合约关系。

（2）以公共服务、居民服务为基础，结合市场化服务实现收益平衡，建立街道办、社区居委会良好的服务渠道，与物业企业形成运营模式合作，为大运营企业提供基础性收益保障。结合大市政服务、增设盈利服务覆盖大运营企业亏损部分，促进大运营企业良性健康的可持续发展。运营企业可做好初步的收入、支出测算，通过模型分析大运营盈亏平衡周期，分析静态收益率、动态收益率。运用大运营模式，合理地开展物业服务、小区红线之间的社区市政道路公共服务、可盘活的社区底商、公共空间资源提供增值服务。有条件的地区可将多个社区捆绑运营，推进大运营模式的有机结合。

（3）大运营模式的成功需要政府部门的支持，各地各社区的可运营空间面积、管理属性、收益基数存在较大差异，政府可从社区治理、社区管理、社区服务角度，为大运营企业提供一定的基础支持，支持大运营企业开拓社区可盘活资产，形成保本微利的可持续运营模式，制定全流程大运营制度保障体系。大运营模式需要政府在社区、街道层面对运营企业给予支持和一定扶持，尝试机制体制创新和强社惠民办法，提供以市民为中心的综合服务，为社区共建共治共享实现可落地运营方案，切实提高市民的获得感和幸福感。

资料来源：肖军，朱振凤，吴结兵，等. 基于大运营模式的社区可持续运营研究——以嘉兴市桂苑社区为例 [J]. 城市发展研究，2024，31（4）：12-16.

第5章　企业生命周期与要素运营

5.1　企业生命周期理论

企业生命周期作为企业发展与演进的动态历程，涵盖初创、成长、成熟、衰退等多个阶段。

企业生命周期理论的探究旨在为处于不同生命周期阶段的企业探寻与其特质相适配、能够持续助推其发展延续的特定组织结构范式，促使企业于内部管理领域觅得更为卓越的模式，以维系企业的发展势能，在每个生命周期阶段充分彰显自身的独特优势，延展企业生命周期，助力企业实现自身的可持续发展。

当下存在两种主流的生命周期研究方法。

产品生命周期：也称行业生命周期，企业在生命周期的各阶段中，其竞争态势存在显著差异。此方法有助于企业依据行业所处的成长、成熟、衰退或其他状态来筹谋适宜的战略。然而，该方法预设事物必然遵循既定的生命周期模式，这或许会致使战略趋向于可预测性，而非具备显著的创新性与变革性。

需求生命周期：聚焦顾客需求如何随着时间的递进而由不同的产品和技术来予以满足。该理论假定，顾客（包括个人、民营企业或国有企业）存在某种特定需求（如娱乐、教育、运输、社交、信息交流等），且期望得以实现。在不同的时期，会有各种不同的产品来满足这些需求。

企业生命周期理论的应用需与时代发展相契合。数智化技术的蓬勃发展为企业带来了诸多机遇与挑战，企业在不同生命周期阶段应充分借助数智化手段，提升运营效能，创新商业模式，有效适应市场动态变化。例如，在发展阶段，企业可凭借大数据分析精准洞察市场需求，精准定位目标客户群体；在成长阶段，运用人工智能技术优化生产流程，提升产品质量；在成熟阶段，通过数智化营销手段拓展市场份额,强化品牌影响力;在衰退阶段,利用数据分析探寻新的增长契机,实现转型升级。

全面质量管理理念应贯穿企业生命周期的全过程。企业需在各个阶段高度重视产品和服务的质量,以满足客户需求,提升客户满意度。通过构建完备的质量管理体系,强化过程管控,持续推进质量改进,企业能够在激烈的市场竞争中站稳脚跟,延长自身的生命周期。

企业生命周期理论为深入理解企业发展的阶段性特征提供了重要的理论支撑。产品生命周期(行业生命周期)和需求生命周期方法从不同维度揭示了企业在市场中的发展规律。在数智化背景下,企业应将新技术与企业生命周期理论相结合,以实现更高效的资源配置和更可持续的发展。全面质量管理则为企业在各个生命周期阶段提供了确保产品和服务质量的方法与路径,有助于提升企业的市场竞争力。

管理小卡片

企业生命周期理论提供了一个框架,帮助企业在不同阶段识别和解决面临的挑战。

——伊查克·爱迪思

5.1.1 企业生命周期与阶段特征

1. 企业生命周期理论的起源

(1)萌芽阶段(20世纪50年代~60年代)。

在20世纪60年代以前,有关企业生命周期的论述寥寥无几,该领域的研究尚处于初始阶段。1959年,马森·海尔瑞(Mason Haire)开创性地将生物学中的"生命周期"概念引入企业研究领域,认为企业发展遵循的规律与生物学成长曲线相似。在此基础上,他指出企业发展进程中可能出现停滞或消亡的现象,并将其归因于企业管理的不足,即企业管理的局限性可能构成其发展的障碍。

(2)系统研究阶段(20世纪60年代~70年代)。

从20世纪60年代起,学者对企业生命周期理论的探究更为深入,开始对企业生命周期的特性进行系统性研究,哥德纳(Gardner,1965)和斯坦梅茨(Steinmetz,1969)是这一阶段的重要代表人物。

哥德纳提出，企业与人类及其他生物一样，具有生命周期。然而，相较于生物学中的生命周期，企业生命周期具有其独特性：其一，企业发展的不可预测性显著。一个企业从初创到成熟可能历经 20~30 年，甚至数个世纪。其二，企业发展过程中可能会出现一个既无显著上升也无显著下降的停滞阶段，这是生物生命周期中所不存在的。其三，企业的消亡并非无可避免，通过实施变革实现再生，企业能够开启新的生命周期。

斯坦梅茨对企业成长过程进行了系统研究，发现企业成长过程呈现 S 形曲线，并将其一般划分为直接控制、指挥管理、间接控制及部门化组织四个阶段。

（3）模型描述阶段（20 世纪 70 年代~80 年代）。

20 世纪 70 年代~80 年代，学者在企业生命周期理论研究的基础上，积极构建企业成长模型，愈发注重运用模型来剖析企业生命周期。丘吉尔（Churchill）、刘易斯（Lewis）、葛雷纳（Greiner）以及伊查克·爱迪思（Ichak Adizes）是此方面的主要代表。

丘吉尔和刘易斯从企业规模与管理因素两个维度解析企业各发展阶段的特征，构建了一个涵盖创立阶段、生存阶段、发展阶段、起飞阶段和成熟阶段的五阶段成长模型。依据该模型，企业整体发展通常会呈现"暂时或永久维持现状""持续增长""战略性转变""出售或破产歇业"等典型特征。

葛雷纳认为，企业通过演变与变革的交替推进来实现不断发展，企业的历史对其未来的决定性作用甚于外界因素。他以销售收入和雇员人数为指标，依据它们在组织规模和年龄两方面的不同表现，构建了一个包含创立阶段、指导阶段、分权阶段、协调阶段和合作阶段的五阶段成长模型。该模型着重凸显了创立者或经营者在企业成长过程中决策方式及管理机制的构建与变化过程，认为企业的每个成长阶段均由前期的演进和后期的变革或危机构成，而变革的顺利与否直接关乎企业的持续成长。

伊查克·爱迪思是企业生命周期理论中极具影响力的学者之一。在其著作《企业生命周期》中，他将企业成长过程划分为孕育期、婴儿期、学步期、青春期、盛年期、贵族期、官僚初期、官僚期以及死亡期等阶段。

在这一阶段，西方学者对企业生命周期理论的研究不断深化和完善，此阶段是企业生命周期理论研究的鼎盛时期。

（4）企业生命周期理论改进修正阶段（20 世纪 90 年代~20 世纪末）。

在西方学者对企业生命周期研究的基础上，我国学者陈佳贵和李业对其进行了修正与改进。

陈佳贵（1995）对企业生命周期进行了重新划分，将其界定为孕育期、求生存期、高速发展期、成熟期、衰退期和蜕变期。与以往将衰退期作为企业生命周期终点的研究不同，他在衰退期之后增设了蜕变期，这一关键阶段对企业的可持续发展具有深远意义。

李业（2000）在此基础上提出了企业生命周期修正模型。与陈佳贵将企业规模大小作为企业生命周期模型变量的做法不同，李业选取销售额作为变量，认为销售额能够反映企业的产品和服务在市场上实现的价值与成长状况，他将企业生命周期依次划分为孕育期、初生期、发展期、成熟期和衰退期。

（5）企业生命周期理论的延伸拓展阶段（21世纪初期）。

企业界关注重点从原有的企业生命周期转向企业寿命的研究，即如何保持和增强企业的成长性，延长企业的寿命。

管理小卡片

企业像生命体一样，会经历从孕育到出生、成长，再到老化、死亡的生命周期。

——伊查克·爱迪思

2. 企业生命周期理论的阶段特征

企业生命周期理论是管理学中用来描述企业从初创到衰退各个阶段特征的理论，通常可以将其概括为表5-1所示的几个主要阶段。

表5-1　　　　　　　　　企业生命周期理论阶段特征

生命周期阶段	具体内容
初创阶段（初创期）	企业刚刚成立，规模较小，资源有限。创始人或创始团队对企业有很高的个人影响力。企业目标通常集中在生存和市场定位上，组织结构简单，决策快速
成长阶段（成长期）	企业开始稳定增长，市场份额逐渐扩大。组织结构开始变得更加复杂，需要更正式的管理流程。企业开始多元化经营，探索新市场或产品线。创新和扩张是这一阶段主要特征
成熟阶段（成熟期）	企业达到市场饱和点，增长速度放缓。组织结构稳定，企业可能面临来自竞争对手的压力，需要通过提高效率和降低成本来维持利润。创新可能减少，企业更注重维护现有业务
衰退阶段（衰退期）	市场萎缩或竞争加剧导致企业销售和利润下降。组织变得官僚化，缺乏灵活性和创新能力。企业可能需要重组或转型以适应市场变化

续表

生命周期阶段	具体内容
再生阶段 （再生期或复兴期）	企业通过重组、创新或转型来恢复增长。可能引入新管理团队或改变企业文化，重新聚焦核心业务或探索新增长点
没落阶段 （没落期）	企业无法适应市场变化，最终可能面临破产或被收购，组织结构可能进一步萎缩，员工士气低落

企业生命周期理论强调企业在不同发展阶段需采用相适应的管理策略与组织结构，以满足其发展需求。这仅是一个理论模型，企业在实践中可能会跳过某些阶段，或在不同阶段之间反复。

管理小卡片

企业发展的每个阶段都可以通过灵活性和可控性两个指标来体现。

——伊查克·爱迪思

5.1.2 企业生命周期理论的现代解读与应用

1. 企业生命周期理论现代解读

结合数智化背景和全面质量管理等现代管理理念，对企业生命周期理论进行现代解读（见表5-2），针对企业在不同发展阶段，为其提供相应的管理策略和发展方向。

表5-2　　　　　　　　　企业生命周期理论现代解读

现代解读	描述
适应性管理	企业在不同生命周期阶段需要不同管理策略和组织结构。例如，在创业阶段，企业需要灵活和创新管理方式，而在成熟阶段，则更注重效率和控制
持续创新	为了延长企业生命周期，企业需要不断创新以适应市场变化，包括产品创新、服务创新和商业模式创新
战略转型	企业在其生命周期不同阶段需要进行战略转型，以适应外部环境变化或内部成长需求。例如，从单一产品线向多元化产品线转型或从国内市场向国际市场扩展

续表

现代解读	描述
组织文化与变革	企业文化在企业生命周期中起着关键作用。企业需要培育能够适应市场变化的创新组织文化，支持企业在不同阶段发展
生命周期动态理解	现代企业环境变化迅速，企业需要更灵活，在不同生命周期阶段之间转换，而不是严格遵循从初创到衰退的线性过程
技术和数字化影响	现代技术，特别是数字及数据化技术，对企业生命周期有着显著影响。企业利用技术提高效率、改善客户体验和开发新业务模式
可持续发展	现代企业越来越重视可持续发展，包括环境保护、社会责任和经济可行性等多种企业责任
案例分析	现代解读企业生命周期理论时，可以通过分析不同行业、不同规模企业的案例来理解理论的实际应用，以及如何在不同情境下调整战略
跨学科视角	企业生命周期理论现代解读可以结合心理学、社会学及经济学等多个学科视角，以获得更全面理解
风险管理	在企业不同生命周期阶段，风险管理和应对策略随之调整，以确保企业能够应对内外部挑战

2. 企业生命周期理论的现代应用

企业生命周期理论作为现代企业管理领域的重要理论，对于企业管理者更好地理解企业发展规律、制订战略规划、促进创新与变革和提高风险管理能力等方面具有重要指导意义（见表 5-3）。

表 5-3　　企业生命周期理论现代应用

现代意义	具体内容
帮助企业管理者更好地理解企业发展规律	为企业管理者提供一个全面的系统视角，帮助其理解在不同发展阶段所面临问题和挑战，制定更加有效的管理策略
指导企业制订战略规划	为企业制订战略规划提供重要指导，企业管理者可以根据企业所处生命周期阶段，制订与之相适应的战略规划，以确保企业可持续发展
促进企业创新与变革	在不同发展阶段需不断创新与变革，以适应市场需求和变化，并采取相应措施，促进企业创新与变革
提高企业风险管理能力	为企业提高风险管理能力提供重要启示，通过识别和评估企业面临的各种风险，制定相应风险管理策略，以降低企业风险水平

 管理小卡片

没有反对意见,就不做决策。

——彼得·德鲁克

[本节案例]

国美苏宁:穿越"轮回"

人有生老病死,企业也一样,如果一家企业没有形成破坏性创新的能力,那么迟早有一天,它将败在企业生命周期的轮回之上。

国美曾经开创了中国家电连锁经营的先河,也是第一个能在外资的围猎中胜出并独领风骚的民营企业。苏宁则紧随其后并实现了后来者居上的市场地位。

2022年8月19日,国美创始人黄光裕宣告了其"重回巅峰"这一目标的失败,希望再向市场要三年时间来"超越历史最好水平",现在看来,这一目标实现起来也相当艰难。

由此,30年的中国家电连锁产业,在这一时刻正面临骤变。我们关注国美、苏宁,不仅仅是寻找其走向颓势的问题所在,更重要的是,因为它们30年来一直是中国顶流巨头企业的代表,它们曾看到过未来,也付出了巨大的努力,却败在了当下这一时刻。回望这两个代表性巨头企业,我们希望找到推动企业跨出"轮回"周期的因素,助力企业重建新时代的生命力。

1. 认知

被重置的效率和性价比。

战略管理领域环境学派的代表人物约翰·迈耶曾尖锐地提出:"环境是企业战略形成过程中的中心角色,而战略则是环境的函数。"

对于营收下降和净亏损情况,苏宁易购在财报中表示:"2022年上半年零售行业发展持续承压,上半年社零总额同比下降0.7%。根据中华全国商业信息中心统计数据,上半年全国百家重点大型零售企业商品零售额同比下降14.1%。"

来看一下2022年二季报集中发布时期家电企业的营收情况。

美的集团财报显示,2022年上半年公司实现营收净利双增长:营业总收入1 837亿元,同比增长5%;净利润160亿元,同比增长6.6%。

再来看格力电器,2022年上半年实现营业收入952亿元,同比增长4.58%;净利

润 115 亿元，同比增长 21%。其中，二季度实现净利润 74.63 亿元，环比增长 86%。

京东财报显示，2022 年二季度京东电子产品及家用电器商品收入为 1 366.18 亿元，比去年同期（1 367.74 亿元）仅下降了 0.1%。而一季度，京东电子产品及家用电器商品收入为 1 183.68 亿元，同比增长 13.8%。

显然，没有对比就没有伤害，即便家电零售市场面临需求饱和、消费不振，京东、天猫、拼多多，甚至包括抖音在内的这些电商"玩家"还是在家电零售市场上获得了巨大的收益。

在家电连锁时代，作为行业先河开拓者的国美，以"不满意可以退货"赢得了顾客的信任，建立了国美品牌的信用度，遍布全国的数千家门店，在那个信息不对称的时代解决了人们购买家电的难题，创造了历史上的辉煌。

而在电商时代，用户至上，流量至上，最先占领用户心智的电商获取了最低廉的流量成本，而后来者则需要为此付出更高的代价。京东 2021 年财报显示，公司的年活跃用户数增加到了 5.7 亿人。同期，拼多多活跃用户数为 71 931.69 万人；手机淘宝活跃用户数为 79 081.51 万人。

再来看苏宁和国美，2009 年，苏宁耗资 200 亿元打造的苏宁易购 App 正式上线，但截至 2021 年 1 月，苏宁易购活跃用户数为 4 878.52 万人。国美线上电商则几经周折，从国美在线到 2021 年推出的"真快乐"App，其月活跃用户数也只是稳定在 4 000 万人左右。

对比下来，差距非常明显。在张为看来，"如果企业跟不上环境变化的步伐，或者企业的战略认知和战略决策没有从根本上锁定新的时代和新的环境，那么就很难跳出企业生命周期的'轮回'"。

2. 失误

做加法还是做减法？

面对穿越"轮回"的挑战，企业到底是该做加法还是该做减法呢？对于国美和苏宁来说，它们不约而同地选择了做加法。

2021 年 1 月 21 日，国美正式宣布旗下"真快乐"App 抢先版正式运营。"真快乐"以"拥抱年轻人"为目标，主打社交购物和娱乐化购物，通过直播带货和娱乐化营销玩法，将目光锁定在年轻用户身上。2 月，重新执掌国美的黄光裕发出豪言壮语："力争用未来 18 个月的时间，使国美恢复原有的市场地位。"通过牵手京东、拼多多，为自己拿上一张电商时代的入场券，接着按其"娱乐化营销"战略，"真快乐"App、"折上折"App 和"打扮家"App 三款 App 被当作回归市场地位的"三板斧"。

然而，这些增加的板块并没有给国美带来既定的收入，反而占用了更多的资源，并消耗了成本。

再来看苏宁，从2012年开始，苏宁就开始了多元化投资之路，购买了一家美国的母婴行业企业；2014年，先是以22亿元的金额投资到PPTV，接着是花费近百亿元买断各大体育赛事的独家版权，例如西甲、英超、德甲等。

2015年，苏宁用20亿元入股努比亚。但PPTV和努比亚都以亏损告终。

2016年底到2017年初，苏宁以42.5亿元收购了天天快递，但在2019年和2020年两年，天天快递的亏损达到30亿元，最终走向了停运的命运，苏宁为此计提了21亿元的损失。

2019年，苏宁易购斥资48亿元收购家乐福中国80%股权，但之后两年家乐福屡遭闭店风波，2020年，家乐福中国亏损7.95亿元。

2020年12月，张近东以个人名义将苏宁置业的6.5亿元股权质押给淘宝。

2021年2月25日，苏宁易购申请临时停牌，准备变更控制权。事实上，自2014年以来，苏宁易购连续多年非净利润为负。2019~2021年，苏宁易购的亏损额分别为57.11亿元、68.07亿元、446.68亿元。

原国美电器（决策委员会）发展战略研究室主任、智多多创始人胡刚也告诉记者："大凡面临战略转型的企业，面对新的竞争，大多采用的是'减法'策略，比如郭士纳拯救IBM，大刀阔斧地砍掉了很多庞杂而边缘的业务；星巴克的霍华德为了重振星巴克，先关掉了400家店铺。"

3. 竞争力

底层逻辑上的变革。

无论是国美，还是苏宁，甚至包括当前一众昔日的顶流巨头，都需要一场底层逻辑上的变革，以重建企业在新环境下的核心竞争力。

公开信息显示，"降本增效"或将成为国美零售未来经营的重心。

国美零售于2022年8月19日对外宣布，计划通过重组业务板块，优化资产结构，实现上市公司盈利能力的提升。根据复牌公告，拟将国美商都、湘江玖号两处物业产权注入上市公司，同时以大幅优惠价格收购安迅物流部分股权，达成上市公司获得安迅物流控股权益的目的。

不难看出，在诸多行业巨头透露出丝丝寒意的时刻，国美正在收缩自身，以保存实力。

有消息显示，国美从2021年开始就已经通过卖地来补贴主营业务。

而从业务模式本身来看，京东正在努力开拓线下门店，尤其是小城镇和乡村的业务，可以看出线下门店仍然是发展方向。国美目前的主营业务和收入实际仍来自以国美电器为主体的门店，门店主要布局于三、四线城市，90%的门店处于盈利状态，毛利率大约为15%。

同时，国美供应链的优势仍在，旗下安迅物流服务覆盖全国99%四级城市地址及超过80%乡镇级地址，这应该是国美最底层的实力。

"保存住现在的实力，寻找底层逻辑上的创新机会，国美依然会拥有不错的未来。"一位接近国美的人士告诉记者。

然而，对于苏宁和张近东来说，未来却显得并不明朗，因为在残酷的市场中，能够拥有话语权才是最重要的。

4. 观察

保存实力也是一种智慧。

"如果在原来的路径依赖上走得太远，企业的灵活性和转换能力就会变弱，从而丧失掉进行破坏性创新的能力。如果企业盘子太大，多元化的业务太多，就会消耗大量社会资源，当冬天来临，如果不降低能量消耗，就会面临更大的不确定性。"胡刚告诉记者。

在胡刚看来，当今时代，在企业生态上也是一个呼唤"小而美"的时刻，"小而美"的企业将拥有更大的灵活性和弹性空间。从这个角度来说，砍掉冗余，保存实力，把自己变小变实，从某种意义上来说，这也是企业穿越"轮回"、适应环境变化的一种能力与智慧。

张伟明告诉记者："国美、苏宁的衰落的关键因素是百姓消费习惯改变带来的电商龙头崛起的冲击、房地产增速放缓导致的家电消费需求放缓等。一个时代孕育的龙头，到下一个时代多数就被市场无情抛弃了，确实是一个轮回的宿命。"

资料来源：屈丽丽. 国美苏宁：穿越"轮回" [N]. 中国经营报，2022-09-12 (40).

5.2 企业生命周期不同阶段的要素运营

5.2.1 初创期运营的挑战与策略

企业生命周期的初创期，亦可称为创业期或创立阶段，乃是企业由理念构想迈向实际运营的初始时期。在此阶段，企业面临诸多挑战，需施行相应策略以化解这些难题（见表5-4）。

表 5-4　　　　　　　　　　初创期运营挑战与策略

初创期挑战	挑战具体描述	初创期策略	策略具体描述
资源约束	初创企业往往在资金、人力及各类资源要素方面受到限制	成本管控	严谨地优化资源配置，保障企业在有限的人力与资源条件下得以持续运作
市场定位	明确目标市场与客户群体，以及自身产品或服务在市场中的位置	明确愿景和使命	需确立企业的长远目标及存在价值，为企业的发展方向与决策提供指引
产品开发	研发契合市场需求的产品或服务，并依据客户反馈进行迭代优化	聚焦核心业务与客户关系管理	集中资源与精力于核心业务领域，避免过早地进行业务扩张；构建并维护良好的客户关系，依据客户反馈来改良产品与服务
品牌构建	创建品牌认知度与信誉度，这对于吸引客户与投资者具有关键意义	营销和宣传	运用数字营销、社交媒体及口碑推广等手段提升品牌知名度
团队建设	打造一支具备才能、动力且多元化的团队，对企业的创新与成长起着至关重要的作用	团队建设	制订团队建设规划，开展团队组建工作，包括人员招聘、培训及管理
现金流管理	维持正向的现金流，防止因资金短缺致使运营中断	资金管理	合理规划资金的使用，实施成本控制与风险管理
市场竞争	初创企业需要探寻自身的竞争优势	技术和创新	借助最新技术提升效率与创新能力，以保持竞争优势

初创期企业需要快速学习和适应，保持对市场和客户需求敏感性。通过有效策略和灵活管理，初创企业可以克服挑战，为未来增长打下坚实基础。

[情景案例]　初创期的挑战与突破

在一个充满活力的科技都市，张辉明和他的团队凭借对智能家居的热情，创立了"明日科技"。他们梦想着用创新技术改善人们的生活。然而，位于初创期时现实远比梦想骨感，资金的紧张、人才的匮乏和市场的不确定性，像一座座大山压在他们身上。

张辉明知道，要想在这场创业的马拉松中存活下来，就必须跑得更快，更聪明。他带领团队深入市场调研，发现了年轻消费者对节能和智能化生活方式的渴望。于是，他们决定开发一款智能温控器，不仅能远程控制家中的温度，还能根据用户的使用习惯自动调节，以实现最大的节能效果。

为了节省成本，团队成员身兼数职，从产品开发到市场推广，每个人都投入了十二分的努力。他们利用社交媒体的力量，讲述产品背后的故事，分享用户的节能经验，逐渐在互联网上积累了一定的知名度。

终于，在一个在线众筹平台上，"明日科技"的智能温控器以其独特的设计理念和环保理念，赢得了投资者和消费者的青睐。资金的注入不仅缓解了他们的经济压力，更为他们打开了市场的大门。张辉明和他的团队用他们的智慧与汗水，证明了即使在最艰难的初创期，只要有创新和坚持，也能迎来突破的曙光。

案例启示：

成功的初创企业要在资源有限的情况下进行有效成本控制和市场定位。

品牌建设和营销策略对于吸引早期客户和投资者至关重要。

管理小卡片

企业之所以会存在，就是为了要向顾客提供满意的商品和服务。

——彼得·德鲁克

5.2.2 成长期运营的扩展与优化

成长期企业需要关注运营扩展与优化，以确保稳健增长和提高竞争力。表 5-5 列示了扩展与优化策略。

表 5-5　　　　　　　　　　成长期运营扩展与优化

扩展策略	具体描述	优化策略	具体描述
市场调研	深入探究新兴市场的需求态势、消费者偏好以及消费行为模式	流程再造	对业务流程进行重新规划与设计，消除流程中的瓶颈环节，提升运营效率
产品创新	研发新型产品或服务，以满足不同市场的多元需求	分析成本	定期开展成本剖析工作，探寻节约成本的潜在机遇
拓展销售渠道	拓展线上与线下的销售途径，扩大市场覆盖范围	质量管理	推行严格的质量管控流程，确保产品和服务达到高水准的质量要求
品牌推广	借助广告宣传、公关活动以及社交媒体平台，提升品牌的知名度与影响力	内部培训	强化员工培训体系，提升团队的专业技能水平和工作效率
战略合作	与行业内的企业构建合作伙伴关系，实现资源共享与优势互补	整合技术	整合企业内部的各类资源，提高自动化程度，降低人为操作失误的概率
开拓国际市场	对国际市场进行评估分析，择机进入，以实现企业的地理多元化布局	优化供应链	改进供应链管理模式，降低物流成本，加快市场响应速度

续表

扩展策略	具体描述	优化策略	具体描述
扩张资本	通过融资手段增加企业资本,为市场扩张计划提供有力的资金支持	分析数据	运用大数据分析技术,优化运营决策和市场策略,提高决策的科学性和准确性
引进人才	招募具备市场拓展经验的专业人才,为企业发展注入新的活力和动力	客户关系管理	运用客户关系管理(CRM系统),加强客户关系的维护与管理,提高客户的留存率和忠诚度
技术升级	投入资金用于新技术的研发与应用,提升生产能力和服务效率	调整组织结构	依据业务发展的实际需求,对组织结构进行适时调整,提高管理效能
优化客户体验	完善客户服务流程,提升客户的满意度和忠诚度,增强企业的市场竞争力	风险管理	建立健全风险评估与应对机制,有效降低企业运营过程中的各类风险

通过扩展与优化策略,企业可以在成长期实现快速增长,同时保持运营高效和稳定。

[情景案例] **成长期的扩张与优化**

随着"绿意园艺"在市场中逐渐站稳脚跟,CEO王莉开始思考如何将这份绿意扩展到更广阔的天地。她注意到,随着城镇化进程的加快,人们对自然和绿色的渴望越发强烈,尤其是商业空间对绿色植物的需求日益增长。

王莉决定将"绿意园艺"的服务延伸到商业领域。她带领团队深入研究商业空间的特殊需求,开发了一系列既美观又能适应室内环境的植物装饰方案。这些方案不仅提升了空间的美感,还有助于净化空气,提升工作效率。

为了支持这一扩张策略,王莉对内部运营流程进行了优化。她引入了先进的供应链管理系统,确保植物的及时供应和新鲜度。同时,她还强化了质量控制流程,确保每一件植物装饰都能达到最高标准。

随着新服务的推出,"绿意园艺"不仅赢得了更多企业客户的信任,也逐渐成为商业空间绿化的标杆。王莉的远见和团队的努力,让"绿意园艺"在成长期实现了质的飞跃,为城市的每一个角落带来了生机与活力。

案例启示:

处于成长期的企业应通过市场调研来发现新的增长点。

优化供应链和提升团队专业能力是支持企业稳健增长的关键。

5.2.3 成熟期运营的维护与创新

成熟期企业在市场上确立了自己的地位，拥有稳定客户基础和运营模式。在这个阶段，企业通过维护现有业务和推动创新来保持竞争力与市场地位（见表 5-6）。

表 5-6　　　　　　　　　　　成长期运营扩展与优化

维护策略	具体措施	创新策略	具体措施
强化客户关系	强化与现有客户的联络，提供个性化服务，增进客户的忠诚度	增加研发投入	加大研发预算的投入，激励创新思维，研发新技术与新产品
强化品牌维护	持续对品牌建设进行投资，保持品牌形象的新颖性与吸引力	探索市场创新	探寻新的市场或细分市场领域，对产品进行调整以满足新的需求
质量把控强化	维持高标准质量控制体系，确保产品和服务可靠性	创新商业模式	对商业模式进行评估与优化，以适应市场变化及客户需求
提升运营效率	持续对运营流程进行审查与优化，消除浪费现象，提高效率	创新实施流程	运用新技术与方法改进业务流程，提升效率与效果
保持财务健康	维持稳健的财务管理，确保良好的投资回报率	创新组织文化	培育创新型的组织文化，激励员工进行创新
市场监测	持续对市场动态及竞争对手进行监控，及时对策略进行调整	构建合作联盟	与其他企业或研究机构建立合作关系，共同开展新技术的开发
确保合规性	保证企业运营符合所有法律法规及行业标准	推动数字化转型	利用数字技术对产品与服务进行改造，提升客户体验
风险管理	建立有效的风险管理机制，对潜在风险进行预防与减轻	推动可持续发展	推进环保与社会责任项目，增强企业的社会形象
促进员工发展	对员工培训与职业发展进行投资，提升团队的能力与士气	创新市场定位	重新对市场定位进行评估与调整，以适应市场趋势
定期维护技术	定期对现有技术基础设施进行更新与维护，确保运行效率	创新领导力	培养具有创新视野的领导者，引领企业进行战略创新

通过维护与创新策略，成熟期企业保持现有业务稳定，同时不断寻求新增长点和发展机会。

[情景案例] **成熟期的创新与维护**

"蓝海物流"在物流行业已经走过了风风雨雨，拥有了稳定的客户基础和成熟的运营模式。然而，CEO李建华并没有因此满足，他深知在这个快速变化的时代，唯有不断创新，才能保持企业的竞争力。

李建华将创新作为企业发展的核心，他鼓励团队拥抱新技术，开发智能化的物流解决方案。在他的推动下，"蓝海物流"推出了一款智能物流跟踪系统，利用物联网技术实时监控货物的运输状态，大大提升了物流的透明度和效率。

同时，李建华也深知维护现有业务的重要性。他加强了与客户的沟通，了解他们的需求和期望，提供更加个性化的服务。在品牌建设上，他不断创新营销策略，通过故事营销和客户案例，让品牌形象更加深入人心。

在李建华的带领下，"蓝海物流"在成熟期不仅巩固了市场地位，更通过创新开辟了新的发展空间，为企业的长远发展奠定了坚实的基础。

案例启示：

处于成熟期的企业需要通过维护现有业务和推动创新来保持市场地位。

数字化转型和商业模式创新可以帮助企业开拓新的增长路径。

管理小卡片

如果你想在商业上成功，你必须让你的竞争对手感到不安。

——杰克·韦尔奇

5.2.4　衰退期运营的转型与复兴

在企业衰退期，采取有效转型和复兴策略至关重要，可用以恢复企业活力和市场竞争力（见表5-7）。

表5-7　衰退期运营转型与复兴

转型策略	具体措施	复兴策略	具体措施
市场重新定位	对目标市场进行重新评估，调适以适应市场需求的变化	品牌重塑	更新品牌形象，重构消费者的信任及忠诚度
重整成本结构	削减非必要的开支，优化成本结构，提升财务效益	重构客户关系	强化与客户的沟通交流，重新洞悉顾客的需求与期望
调整产品线	淘汰无盈利或过时的产品，集中资源发展具有潜力的项目	培养创新文化	激励创新思维，营造支持实验和快速迭代的工作环境

续表

转型策略	具体措施	复兴策略	具体措施
创新业务模式	探寻新的商业模式，例如订阅服务、共享经济	加强市场调研	深入开展市场调研，发掘新的商业机遇和客户需求
推进技术升级	投入资金于新技术，以提升生产效率和产品质量	调适营销策略	更新营销策略，运用数字营销和社交媒体吸引新客户
优化组织结构	简化管理层级，提高决策的速率和对市场的响应能力	领导力变革	需要新的领导团队来引领企业的转型与复兴
强化人才管理	培养并留住关键人才，同时对过剩人员进行合理裁减	重构合作伙伴关系	与供应商、分销商及其他业务伙伴建立新的合作关系
资本重组	寻求新的投资者或合作伙伴，以改善资本结构	调整财务策略	制定新财务策略，确保企业财务的健康状况和增长潜力
流程再造	重新设计业务流程，提高运营效率和客户满意度	践行社会责任	展现企业的社会责任感，提升公众形象和品牌价值
市场多元化	探索新的市场或地理区域，分散经营风险	持续学习与适应	建立持续学习和适应市场变化的机制，保持企业灵活性和竞争力

借助转型与复兴策略，企业可有效应对衰退期所面临的挑战，达成业务的重组以及占据市场，进而实现恢复增长并提升盈利能力的目标。

[情景案例] **衰退期的转型与复兴**

"经典服饰"曾是时尚界的璀璨明星，但随着时间的流逝，它的光芒开始变得黯淡。面对市场的萎缩和新兴品牌的冲击，CEO赵婷知道，如果不进行彻底的变革，这个曾经辉煌的品牌将可能消失在历史的长河中。

赵婷先对市场进行了重新定位，她发现年轻一代消费者对时尚有着全新的理解和追求。于是，她决定将品牌的形象和产品设计向年轻化、个性化转型，以吸引这一新兴消费群体。

在成本结构上，赵婷进行了大刀阔斧的重组，削减了不必要的开支，优化了供应链，提高了运营效率。在品牌重塑上，她更新了品牌形象，通过一系列创新的营销活动，重建了消费者对品牌的信任和忠诚。

此外，赵婷大力推动了创新文化的培养，鼓励团队大胆尝试，不断推出符合潮流的新款式。她还积极探索新的商业模式，如线上定制服务，以满足消费者的个性化需求。

在赵婷的领导下,"经典服饰"像凤凰涅槃一样,经历了转型的阵痛后,焕发出了新的生机。它不仅重新赢得了市场的认可,更成为时尚界创新转型的典范。

案例启示:

处于衰退期的企业需要通过市场重新定位和品牌重塑来恢复市场竞争力。

组织结构的优化和领导力变革对于企业的转型与复兴至关重要。

 管理小卡片

不是最强的物种会生存下来,也不是最聪明的,而是对变化最敏感的。

——查尔斯·达尔文

[本节案例]

依靠自主创新闯出东北振兴"加速度"

10月16日上午,辽宁省沈阳市浑南区,沈阳新松机器人自动化股份有限公司组织党员集中收看党的二十大开幕会盛况。党的二十大报告中,"坚持创新在我国现代化建设全局中的核心地位""加快实施创新驱动发展战略"等部署,令公司员工倍感振奋。

殷殷嘱托坚定信心,汇聚振兴力量。截至2021年,浑南区高新技术企业总数已突破1 100家,各类研发机构达272家,11家企业实现上市,沈阳浑南科技城发展快马加鞭。自主创新究竟有何成效?高新技术企业为何在此聚集?人才供给如何实现?日前,记者与东北大学、沈阳师范大学的专家学者来到沈阳市浑南区,走进企业了解科技创新突破,走访调研剖析自主创新环境建设,探寻东北振兴自主创新之路的奥妙所在。

1. 厚积薄发,提高企业自主创新能力

"第一次用国产机器人,能行吗?"

"自主创新的产品,没问题!"

5年前,半夜两点的一段对话,让新松移动机器人业务市场执行总监卢玉峰记忆犹新。那是新松双车联动移动机器人第一次尝试应用于重型卡车的整车装配生产线,也是国产移动机器人在这个领域从0到1的尝试。一边是技术成熟、经验丰富的国外顶级厂商,一边是自主创新、初出茅庐的国产新型机器人,成败在此一举。

自主创新,新在何处?在同样位于浑南区的沈阳创新设计研究院有限公司,调研组感受到了"数字+工业"的力量。

创新不是平地起高楼，厚积薄发才是正道。沈阳创新设计研究院有限公司成立于2009年，是工信部国家工业设计研究院培育单位、首批国家级工业设计中心，辽宁省认定的唯一省级工业设计研究院。经过13年的创新发展，企业积累了10余万个三维数字工业模型，服务项目总量达2 000余个。

"量变才能引起质变。近两年，市场对于数字化工业设计的需求激增，我们的产品也越来越受欢迎，重量级的订单接二连三。"李建平向调研组娓娓道来。

精准施策，找准问题是关键。该企业大部分客户是锅炉厂，而锅炉厂更突出的需求是高效、自动、可靠的锅炉生产线。于是沈阳创新设计研究院运用工业大数据技术，帮助企业设计定制化的解决方案，使该企业由原先销售价值较低的焊接设备的生产企业，转变为附加值更高的锅炉生产线解决方案提供商，一下把企业"救活了"。

2. 厚植沃土，倾力打造自主创新生态

秋日清晨，天高云淡，走进沈阳浑南科技城，调研组感受到如火般的热情。沈阳数字经济产业园的建设现场，塔吊高耸、机器轰鸣，工人们正在争分夺秒赶工期抢进度，助力沈阳浑南科技城打造"东北数字第一城"。

8月9日，"北方算谷"启幕暨沈阳人工智能计算中心上线并网仪式在浑南区举行。仪式举行当天，沈阳人工智能计算中心便与39家企业单位、14家高校和科研院所签约算力125P（1P＝1024T），意向签约算力129P。

企业自主创新需要平台的高度，更需要平台的效率。从一个科研项目迸发的想法到获得千万元融资的高新技术企业，森之高科科技有限公司的创始人龚佳乐仅用了4年时间。

企业要发展，融资很重要。软件企业以开发为主，固定资产数量较少，贷款大多依靠纳税数额，而新兴企业营业额低，纳税较少，贷款额度十分有限。沈阳国际软件园产业服务集团副总经理李海旭回忆，为帮助森之高科扩大经营市场，沈阳国际软件园依托"盛菁汇"项目路演，从零开始辅导企业完成项目评估、融资洽谈，最终成功吸引到北京一家投资机构。今年3月签订融资协议后，森之高科获得1 000万元融资支持。

"资金足，大家的干劲也足。融资到账后，我们立马在北京布局了自己的销售团队，业务从北京辐射至全国，产品的需求量也不断增加，预计今年营收比去年至少翻三番。"龚佳乐对调研组说。

打造自主创新生态，必须从关键处着眼，向细微处考虑。7月14日，"金融助力科技企业发展——'政银担'进园区"融资对接活动在浑南区东北科技大市场举行。政府、银行机构、地方金融组织汇聚一堂，现场办公解决企业融资难题。

近年来，浑南区出台一系列支持企业上市发展、支持基金业发展和企业投融资白名单的政策措施，通过打出政策"组合拳"，不断助力企业发展。截至目前，浑南区上市公司已达11家，同时建立上市后备企业库，重点上市后备企业32家，形成企业登陆资本市场的梯次效应。上市企业数量和直接融资规模均居全省首位。

3. 筑巢引凤，人才供给创新之路常青

"海外回流人才个人所得税超过15%能否给予差额补贴？"2021年，在"沈阳浑南科技城'菁英人才'人才经济贡献奖励实施细则（试行）"制定期间，一条域内某高新技术企业的反馈引起浑南区委组织部的重视。

产品的突破创新源于科研人员的不懈努力。调研组翻开企业的合作项目清单，40余项各级重大研发项目映入眼帘。与中国航天科工集团第三研究院共同开展小型无人机飞行器仿地飞行研究及试验验证工作；与中国航空工业共同开展基于低温环境下的无人机试验；与大连理工大学共同开展飞行器在线学习建模控制方法研究……每一个项目的背后，都是科研人员日积月累的知识结晶。

人尽其才，方能活力无限。谈及未来，苏文博说："为人才匹配合适岗位，量身定制人才空间，不断增强他们的价值感和归属感，人才活力才能得到充分释放，企业创新成果才能竞相涌现，振兴发展之路才能行稳致远。"

4. 探索东北振兴自主创新之路的启示

解放思想观念，用创新引领发展。思是行之始，行促思之成。要把全面创新贯穿到经济社会发展全过程，坚持问题导向，把化解矛盾、破解难题作为打开局面的突破口，推动形成全社会高度重视、主动参与科技创新的良好局面。实现关键技术自主可控，抢抓行业黄金赛道，深入推进科技创新资源一体化配置改革，加强改革系统集成，全面提升研发攻关效能，树立积极主动的创新思想观念，坚定不移地走自主创新道路。

发挥企业优势，构建创新格局。重点"链主"企业要做强做优做大，实现以"智造"为技术特征的数字化转型升级之路，加快推动生产方式和企业形态的根本性变革。中小企业要坚持市场导向，围绕主业，精耕细作，自我迭代，特色发展。要做好"两手抓"，一手抓龙头企业，支持组建创新联合体，带动中小企业创新活动；一手抓专精特新、独角兽企业创新潜力，补齐科技短板、缺口。用好金融活水，筑好宜商环境，让根深叶茂的企业主体成为坚实底盘。

健全政策机制，集聚资源要素。科创平台的发展起源于政策引导，政府的职能与创新政策直接影响着创新活动的成败。一是下好政策激励"先手棋"。企业自主创新和人才自身发展都需要政策的激励，高校、企业和地方政府要加强合作交流，为科技创新工作和人才成长发展指引好方向。二是用好政策保障"连环招"。与拥有经费和政策等战略性资源优势的城市相比，沈阳以做好普惠性、兜底性民生建设为突破口，加快推进人才政策细则、高标准打造人才家园服务厅、加快推进人才公寓建设，抓住人才最关心最直接最现实的问题，在解决人才后顾之忧的关键领域持续取得新进展。

资料来源：徐皓. 依靠自主创新闯出东北振兴"加速度"［N］. 光明日报. 2022 - 11 - 04

5.3 二次变革（创新）曲线在运营中的应用

5.3.1 创新曲线的概念与意义

（1）概念：创新曲线，也被称为技术成熟度曲线（technology hype cycle），是由高德纳（Gartner）公司提出的用来描述技术发展周期的模型。这个模型通常包括五个阶段，具体见表5 - 8。

表5 - 8　　　　　　　　　　创新曲线模型发展阶段

创新发展阶段	具体内容
技术启动 （technology trigger）	新技术或创新出现，引起媒体和行业关注
期望膨胀 （peak of Inflated expectations）	公众对新技术的期望迅速升高，出现过度炒作
幻灭低谷 （trough of disillusionment）	随着实际问题和限制逐渐显现，人们对新技术的期望开始下降，进入相对冷静阶段
启蒙斜坡 （slope of enlightenment）	随着技术成熟和问题解决方案出现，人们对技术的理解加深，理性地看待其潜力和应用
稳定高原 （plateau of productivity）	技术最终成熟，被广泛接受并应用于生产实践中，达到稳定和高效使用阶段

（2）意义。创新曲线模型的意义见表5-9。

表5-9　　　　　　　　　　创新曲线模型意义

意义	具体内容
预测技术发展	帮助企业和个人预测技术发展路径，作出更明智的投资和研发决策
管理期望	避免在技术发展早期阶段过度投资，同时在技术成熟时把握机会
识别时机	了解何时是市场最佳时机，以及避免投资不会成功的技术
风险评估	通过识别技术在曲线上的位置，评估与新技术相关的潜在风险

创新曲线是有力工具，可以帮助人们理解技术发展过程，并在此基础上作出合理战略规划。

管理小卡片

我们总是高估未来两年的变化，而低估未来十年的变革。

——比尔·盖茨

5.3.2　创新驱动下的运营转型策略

创新驱动下的运营转型策略是企业适应快速变化市场环境，通过创新来推动运营模式变革，以提高效率、降低成本和增强竞争力的方式。表5-10展示了一些关键策略及其具体内容。

表5-10　　　　　　　　　创新驱动下运营转型策略

策略	具体内容
技术采纳与整合	积极采纳新技术，如人工智能、大数据和云计算，并将其整合到现有运营流程中，提高自动化和智能化水平
数据驱动决策	利用数据分析来指导业务决策，通过深入洞察客户需求和市场趋势，优化产品和服务
灵活组织结构	构建灵活组织结构，快速响应市场变化，促进跨部门协作和创新
环境与社会责任	在运营转型中考虑环境影响和社会责任，推动可持续发展
数字化转型	推动数字化转型，利用数字技术改造传统业务流程，提高效率和透明度

例如，高德纳发布的2023年中国数据分析和人工智能技术成熟度曲线，着重凸显了创新技术在运营转型层面的重要意义。诸如数据编织、数据资产管理、组装式数据和分析等技术的应用，颠覆了现有的数据管理方式，增进了数据管理的灵活性与效

率。与此同时,中国能源建设股份有限公司(以下简称中国能建)提出"四大转型"战略,涵盖创新驱动转型、绿色低碳转型、数字智慧转型以及共享融合转型,成为推动企业高质量发展的关键策略。企业在落实创新驱动下的运营转型时,需结合自身实际状况,并参考行业的最佳实践,考量市场及技术的发展趋向,拟定契合自身特性的转型策略。

管理小卡片

问题不在于你能否创新,而在于你能否让创新成为习惯。

——查尔斯·F. 凯特灵

5.3.3 创新实践案例分析与启示

(1) 案例分析启示:创新实践案例分析为企业提供宝贵经验教训和启示,帮助其在不断变化的市场环境中保持竞争力。表5-11列示了一些具体案例分析和从中得到的启示。

表 5-11　　　　　　　　　创新实践具体案例分析与启示

案例	案例分析	启示
中国高铁自主创新	中国高铁通过引进、消化、吸收再创新过程,形成具有自主知识产权的高铁技术体系	企业坚持自主创新,通过不断学习和吸收国际先进技术,形成自己的核心竞争力
数字化在旅游业中的应用	黄山风景区通过数字化转型,利用大数据和人工智能技术,提升游客体验和管理效率	数字化转型为企业带来新增长点,提高服务水平和运营效率
加多宝数字化转型	加多宝通过结合传统工艺与现代科技,推动生产线数字化转型,提升产能和产品质量	企业探索传统产业与现代科技结合,通过数字化转型实现产业升级
通力电梯有限公司(KONE)敏捷运营转型	KONE通过敏捷转型,加速产品研发流程,加快对市场变化的响应速度	敏捷运营模式帮助企业快速适应市场变化,提高研发效率和市场竞争力
科技城市建设运营	鑫苑集团通过科技驱动,推动城市现代化建设,提升城市服务水平	科技创新是推动城市建设和运营现代化的关键因素
企业数字化转型框架	华为发布《企业数字化转型框架》为企业提供数字化转型指导和参考	企业数字化转型需要明确框架和战略规划,以确保转型系统有效性

续表

案例	案例分析	启示
文化和旅游数字化创新	通过数字化创新实践，提升文化和旅游服务质量与效率	数字技术为传统文化产业带来创新机遇，提高服务水平
健康领域的创新实践	高济健康和腾讯SSV联合打造"社区应急小站"项目，提供社区新的应急解决方案	跨界合作和创新模式可以解决传统行业中存在问题，提供更有效的服务

（2）综合启示：创新驱动下运营转型策略综合启示见表5-12。

表5-12　　　　　　　　创新驱动下运营转型策略

综合启示	具体内容
持续创新	企业应持续进行技术和模式创新，以适应不断变化的市场需求
数字化应用	利用数字化技术优化产品和服务，提高客户体验和运营效率
敏捷性	建立敏捷工作模式，快速响应市场变化，加速产品上市
跨界合作	与其他行业和领域企业合作，共同开发新的解决方案
可持续发展	在创新实践中考虑环境保护和社会责任，推动绿色可持续发展

通过这些案例和启示，我们可以看到创新实践在推动企业和社会进步中发挥着重要作用。

 管理小卡片

创新来自渴望，而不是需求。

——罗伯特·弗罗斯特

[本节案例]

创新驱动，"智造"加速——山东青岛大力推进新型工业化

近日，2024"崂山问海"海洋创新发展大会在山东青岛开幕。会上，我国海洋领域千亿级人工智能大模型"瀚海星云"正式发布。

党的二十大报告提出"建设现代化产业体系""推进新型工业化，加快建设制造强国"。"瀚海星云"的问世，便是青岛实施创新驱动推进新型工业化的一个缩影。

青岛是底蕴深厚的工业强市、制造大市，产业门类齐全，涵盖41个工业大类中的39个，培育了海尔、海信、青岛啤酒等一批知名企业，成功入选"2024年制造业新型技术改造城市试点"和"全国首批中小企业数字化转型试点"。

作为制造大市，青岛在推进新型工业化过程中，面对转型企业数量巨大、需求多元等诸多难题，通过组建协同创新联合体、建设重点产业数字化转型赋能中心、开放应用场景等创新举措，实现从"制造"到"智造"的突破。

强化政策导向，以科技创新推动产业创新。

码头上塔吊林立，机器轰鸣，散货船、集装箱船等多型船舶一字排开同时建造……这是中国船舶集团青岛北海造船有限公司（以下简称北海造船）繁忙而有序的一幕。

自2024年以来，来自日本、新加坡、比利时的"航运巨头"陆续在北海造船下单，各家船东与北海造船共签署生效40余艘21万吨散货船和5艘超大型油轮的订单，造船任务已排产至2028年。

"世界船舶产业正在迈向高端化、智能化、绿色化。在这个转型过程中，我们依托山东省船舶产业创新创业共同体这个平台，以'组团'研发的方式参与全球竞争，形成完整的传统燃料和新能源动力船舶产业链。"北海造船党委副书记、副总经理谷克超介绍道。

像北海造船依托的这种协同创新平台，可以耦合创新资源，助力链上企业创"新"提"质"。因此，2023年，青岛出台相关政策，以最高2 000万元的力度，支持头部企业或专业服务机构牵头组织建设一批概念验证平台，支持开展具有示范引领性的系统集成、产业链协同创新项目。

头戴VR设备坐进"飞行机舱"，驾驶飞机腾空而起……在青岛歌尔全球研发总部智能生活馆，人们可以坐在模拟驾驶位，体验驾驶飞机带来的乐趣。

据了解，2023年，青岛VR设备产量增长98.1%，带动智能消费设备制造业增加值同比增长62.2%。

数据背后，是政府以政策为引导，支持企业持之以恒地进行产业创新。

"青岛以新产业新业态为主要支撑，抢先向'新'布局，推出了专项政策，市、区一体化支持人工智能、精密仪器仪表、先进高分子及金属材料等新兴产业专业园区高质量发展。"青岛市工业和信息化局市场配置促进处处长张晓介绍，青岛已出台先进制造业政策措施50条，加上180条市区特色产业政策及17条财税金融政策，累计达247条，"这些政策措施在推动产业创新发展方面取得积极效果"。

数据显示，"云端研发中心"已经汇集100多家高校院所、1万多名专家、7万多家企业和5万多项技术成果。

"赋能中心+场景开放"，多措并举帮助企业转型升级。

走进青岛瑞华集团，车间内裁剪、缝制、包装等各条生产线上的机器飞速运转，工人操作有序，一派繁忙景象。

而在几年前，这家老牌服装企业受外部环境和新冠疫情影响，生产经营一度比较困难。在政府引导和推动下，瑞华集团牵手海尔卡奥斯工业互联网平台，进行"小单快反"柔性生产线的改造，让同样一条流水线同时承接多款服装的生产，实现大规模定制的转型。

"平台为瑞华量身打造了软硬件一体的服装'智造'整体解决方案，实现定制下单、开放设计、协同采购、智能生产、智慧物流等全流程的信息化与智能化。"瑞华集团副总经理宋述杰表示，"改造后，瑞华生产效率提高20%，产品生产周期由原来的20天缩减到7天，订单量增加30%，为企业发展注入新动力。"

据介绍，青岛还建设了全国首个"场景赋能公共服务平台"，形成场景赋能分类清单，覆盖原材料、装备等8个重点行业，涵盖平台化设计、数字化管理等9个技术领域，分行业、分领域发布场景方案，有需求的企业通过场景方案，可快速、精准、高效地匹配场景需求，找到合作的切入点。

如此，越来越多的企业开始摆脱传统生产方式的"桎梏"，展翅高飞。

青岛亿东煤矿机械制造公司（以下简称亿东）主要生产经营矿用接链环。随着市场竞争不断加剧，"数字化转型"被提上公司议事日程。

"企业找过来时，我们花了两周时间进行实地调研和'诊断'。"青岛檬豆网络科技公司工业互联网总经理于德尚介绍，该公司是政府认证的企业数字化转型赋能中心之一，帮助亿东在设备监管、工单排产、人员报工、工序工艺管理等多个生产环节进行了数字化应用，并与现有系统打通形成数据交互。通过整合各生产环节的数据，企业形成完整的生产数据链。亿东完成数字化转型后，生产效率提升15%、运营成本降低11%。

"我们还帮助亿东申请'工赋百景''中小企业数字化试点城市服务企业'等政府奖补，企业的数字化转型投入比预算节省60%。"于德尚说。

记者了解到，为加快"智造"转型，青岛出台涵盖五大领域共18项具体政策措施，综合运用财政奖补、股权投资、绿色信贷等政策手段支持先进制造业高质量发展。自政策实施以来，共拨付市级先进制造业发展专项资金48亿元，惠及企业（项目）4 000余家，有效缓解了企业压力。

坚持绿色发展，厚植新型工业化"生态底色"。

作为制造强市，青岛在家电、轨道交通装备、食品饮料、纺织服装等传统产业领域拥有较强的比较优势，在传统产业的"智造"转型过程中，青岛坚持绿色发展，按照"用地集约化、原料无害化、生产洁净化、废物资源化、能源低碳化"的目标要求，培育了一批示范性、引领性绿色工厂。

走进位于青岛莱西市的海尔智家再循环互联工厂，记者看到，宽敞明亮的车间里，一台台废旧洗衣机被流水线送进"钢铁怪兽"的口中撕碎、分解，铁片被电磁吸出，塑料被强风吹出，泡棉则被压缩、打包……

"这不是废旧家电的终点，而是新生的起点。"海尔智家再循环互联工厂总经理李世亮对记者说。据介绍，回收的铁、铜、铝等金属将实现100%循环再利用；塑料经清洗后造粒，可再利用，用作汽车内外饰件以及家居、办公用品；泡棉经改性再生后，可做成建筑板材、塑胶跑道等。目前，该工厂已全面构建起家电循环利用一体化生产智造能力，每年可拆解废旧家电200万台，循环新材料再生3万吨，每年减碳约1.7万吨，相当于种植约155万棵树。

"在推动绿色低碳转型中，青岛聚焦钢铁、有色金属、建材等重点用能用水行业，抓好节能节水标杆创建，引导行业企业通过对标挖潜和改造升级，降低工业能耗，提升工业用水效率。"青岛市工业和信息化局绿色处处长李琦介绍。

以啤酒为例，啤酒是高耗水行业之一。近年来，作为传统工业企业的青岛啤酒不断提升"智造"水平，提升用水效能，千升啤酒取水量逐年降低。其啤酒生产中的有机废水，也在污水处理厂派上大用场。

2021年，青岛啤酒开展"啤酒高浓废水与市政污水协同处理减污降碳资源化利用关键技术"应用，将啤酒生产废水作为城市污水处理厂碳源，脱氮速率相比传统碳源提高30%以上。据了解，该做法已在全国27家啤酒厂和市政污水处理厂推广。

为推动生产方式绿色转型，青岛"以评促建"，培育了一批示范性、引领性绿色工厂，构建了国家—省—市三级绿色制造示范梯队，目前累计打造国家级绿色工厂54家、绿色供应链管理企业11家，数量位居全国同类城市前列。

同时，青岛进一步加大政策引导，对绿色制造示范及绿色重点项目实施差异化奖补，将"鼓励引导绿色低碳发展"纳入先进制造业政策体系，已累计拨付市级奖补资金5 980万元，确保绿色生态的"底色盘"变成经济发展的"主色调"。

资料来源：刘艳杰，朱楠. 创新驱动，"智造"加速——山东青岛大力推进新型工业化 [N]. 光明日报，2024-06-24（5）.

[团队场景练习]

练习名称：企业生命周期管理策略课堂模拟。

练习目标：

（1）理解企业在不同生命周期阶段的特征和挑战。

(2) 学习制定和执行与企业生命周期阶段相适应的管理策略。

(3) 培养创新思维和解决问题的能力。

练习准备：

(1) 将学生分成小组，每组 4~6 人。

(2) 准备与企业生命周期相关的案例研究材料。

(3) 准备白板、便笺纸、记事本等工具。

练习步骤：

(1) 理论回顾。教师简要回顾企业生命周期理论，重点介绍不同阶段的特点。

(2) 分组角色扮演。每个小组随机分配一个企业生命周期阶段（初创期、成长期、成熟期、衰退期）。

(3) 情景设定。教师提供每个阶段的具体情景描述，如市场环境、企业资源、竞争对手等。

(4) 策略制定。小组成员讨论并制定适合其阶段的运营管理策略，包括市场定位、产品开发、品牌建立、团队建设等。

(5) 案例分析。每个小组分析文档中提供的创新实践案例，提取对策略制定的启示。

(6) 模拟决策。模拟企业运营中遇到的决策点，小组成员共同决定最佳行动方案。

(7) 方案展示。每个小组向全班展示其策略和决策过程，其他小组提供反馈。

(8) 教师点评。教师对每组的策略进行点评，强调关键的管理原则和创新点。

(9) 反思与讨论。全班讨论不同生命周期阶段的策略异同，以及创新在企业发展中的作用。

(10) 总结与应用。教师总结企业生命周期理论的现代应用，鼓励学生思考如何将理论应用于现实世界的企业管理中。

练习结束：

教师强调企业生命周期理论的重要性，并鼓励学生在实际工作中灵活运用。

练习评估：

根据小组的策略创新性、问题解决能力、团队协作和方案的可行性进行评估。

通过这个练习，学生不仅能够深入理解企业生命周期理论，还能够在模拟实践中锻炼团队合作、战略规划和创新能力。

[本章小结]

企业生命周期理论为企业提供了一个理解和应对发展挑战的框架。通过适应性管理、持续创新和战略转型，企业可以在不断变化的市场环境中生存和发展。同时，创新曲线和创新驱动的运营转型策略为企业提供科学的决策支持与发展方向。

[关键词]

企业生命周期理论　初创期　成长期　成熟期　衰退期　创新

[简述题]

1. 请简述企业生命周期内涵及阶段。
2. 请简述企业生命周期的应用。
3. 请简述初创期的挑战。
4. 请简述成长期的优化。
5. 请简述成熟期的创新。
6. 请简述衰退期的复兴。
7. 请简述创新曲线的定义与意义。

[拓展阅读]

[阅读1]

数字基础设施与制造业企业技术创新
——基于企业生命周期的视角

近年来，数字经济在社会各个领域不断引发和推动各种变革，影响并改变着经济发展和社会生活，在国家、企业、个人等各个层面上重新塑造社会生产方式和协作方式，并成为助力畅通国内国际双循环、培育经济新动能、促进产业转型升级的重要推动力量，在构建新发展格局中发挥重要作用。作为数据流通的"信息高速公路"，数字基础设施是数字经济深层次发展的必备要素，并逐渐触及产业与经济发展的基础性机制。作为新型基础设施建设的核心内容，数字基础设施已经成为重要的投资和发展方向，为中国经济社会数字化转型和供给侧结构性改革提供关键支撑与创新动能。《"十四五"国家信息化规划》指出，加快推进我国数字基础设施建设，建设泛在智联的数字基础设施体系。

我国是制造业大国，制造业是实体经济的重要组成部分，更是立国之本、强国之基，是提升我国经济实力的国之重器。然而我国制造业存在创新能力薄弱等问题，导致其长期处于全球价值链底端，制约着我国向制造业强国迈进的步伐。《中华人民共和国国民经济和社会发展第十四个五年规划和2035年远景目标纲要》指出，提升企业技术创新能力，完善技术创新市场导向机制，强化企业创新主体地位，促进各类创新要素向企业集聚，并提出促进数字技术与实体经济深度融合，赋能传统产业转型升级。在目前世界经济复苏乏力的背景下，我国经济处于转型升级的特殊时期，促进数字技术与制造业融合、提升中国制造业创新能力水平、加快制造业转型升级步伐成为社会各界讨论和研究的问题。

已有文献探究了数字经济对企业技术创新的影响。蒋殿春和潘晓旺以上市公司数据为样本，从企业层面探究数字经济对企业创新绩效的影响，得出数字经济提高了创新绩效的结论，并分析影响机制。胡山和余永泽利用企业层面数据，从供需两侧分析了数字经济对企业不同性质创新活动的影响。侯世英、宋良荣、刘丽娜、闫照坤、党琳等分别从市场整合、冗余资源、创新环境等不同角度并利用企业层面数据研究数字经济对企业创新的影响。但也有研究得出结论认为，数字经济对企业创新绩效的影响并不显著或仅限于部分企业。目前，学界对数字经济的内涵尚未形成统一的结论，但趋向于将其定义为由数字技术支撑，数据作为关键要素的经济形态，涵盖了数字产业化与产业数字化，其与产业融合渗透的趋势越发明显。因此，若从数字经济角度研究其对企业行为的影响，可能难以识别其中的融合渗透因素对研究结果的影响。数字基础设施作为数字经济的重要组成部分，是在数据成为关键生产要素的时代背景下，基于新一代信息技术演化发展形成的基础设施，涵盖了通信网络基础设施、新技术基础设施以及算力基础设施等。已有研究数字基础设施与企业行为的文献集中于出口、全要素生产率、高质量发展方面，少有文献针对数字基础设施与企业技术创新的关系进行研究。

此外，上述从企业层面进行的研究考虑了企业截面差异的影响，忽视了企业生命周期即时间维度方面的影响。生命周期理论认为，企业在不断发展演化的过程中，诸如财务状况、企业管理水平等内部因素以及诸如社会经济环境、市场竞争环境等外部因素共同决定了企业所处的生命周期阶段。根据该理论，由于企业所处阶段的不同，企业在规模、投融资决策、成长性、创新行为和能力、战略目标等方面会存在较大的差异。已有研究得出结论认为，处于不同生命周期阶段的企业会采取不同的技术创新行为，也会表现出不同的技术创新能力水平。因此，本文预期，数字基础设施对企业技术创新行为的影响也会因企业所处生命周期阶段不同而存在差异。

相关结论与政策建议具体如下。

本文基于2012~2017年我国制造业上市企业样本数据，运用面板回归模型，探讨了数字基础设施对制造业企业技术创新的影响，并且从企业生命周期的视角探究了影响的异质性。主要结论如下：第一，数字基础设施发展促进了制造业企业技术创新水平的提升，对处于成长期和成熟期制造业企业的技术创新水平具有显著正向影响，在采用固定效应回归模型、进行变量替换、消除异常值、采用工具变量进行检验后，该结论依然成立。第二，数字基础设施对非国有制造业企业尤其是成长期和成熟期非国有制造业企业的技术创新水平具有显著正向影响，对国有制造业企业的技术创新水平没有显著影响；此外，数字基础设施对制造业企业渐进性创新和突破性创新都产生了显著的正向影响，但对渐进性创新项目促进作用更大，从生命周期视角来看，这种促进作用体现在成长期和成熟期制造业企业上。第三，影响机制分析表明，数字基础设施能够通过提升成长期制造业企业的冗余资源水平从而提升企业的技术创新水平，并且激励了成长期企业和成熟期企业增加研发投入从而提升企业技术创新水平。

根据以上结论，本文提出以下政策建议：第一，制定差异化的创新扶持和激励政策。制造业企业的突破性创新项目具有研发周期长、投入成本高、研究难度大等特点，且涉及多学科多领域，失败风险高，数字技术时代前沿技术创新难度增加，投入驱动特征愈发明显。因此，该类创新项目更需要得到来自政府的扶持和激励。政府应当加大对制造业企业突破性创新项目的财政补贴力度和税收优惠支持，提升我国基础性创新的研发经费和人力资本投入，并且鼓励高校、研究院与制造业企业进行创新合作，增强我国制造业企业的自主创新能力。第二，强化数字基础设施建设。强化对5G通信、千兆光纤网络等数字基础设施的投资建设力度，推动产业数字化转型升级。着力推进发展工业互联网，推进制造业等重点行业工业互联网平台建设和数字经济化转型。政府应当积极出台财税、金融等优惠措施，鼓励制造业企业利用数字技术发展契机转型升级，实现制造业数字化、智能化升级，提高制造业产品科技含量，提升我国制造业企业核心竞争力，打造"中国智造"品牌。第三，强化对制造业高质量发展的支持力度。推进制造业高端化、绿色化和智能化发展，推进高新技术产业发展，培育高新技术产业集群建设，支持对包括航空航天、轨道交通、工程机械等在内的高新技术行业的创新发展。对制造业企业实施减税降费措施，降低企业生产经营成本。金融机构应当积极支持包括制造业在内的实体经济发展，扩大针对制造业的中长期贷款规模，推动债券融资向制造业倾斜，降低制造业企业融资成本，缓解民营制造业企业融资约束问题。

资料来源：张辉，王庭锡，孙咏. 数字基础设施与制造业企业技术创新——基于企业生命周期的视角［J］. 上海经济研究，2022（8）：79-93.

[阅读2]

数字经济与制造业企业创新
——基于企业生命周期理论的检验

一、理论分析与研究假说

（一）数字经济提升企业创新效应的机制

企业创新具有明显的长周期、高风险特征，开展创新活动需要稳定高效的要素投入与创新意愿，创新产出及潜在收益的不确定性成为制约我国企业创新水平的主要因素。数字经济以"数据"为关键生产要素，以大数据、云计算、物联网、区块链、人工智能、5G通信等新兴技术为手段，直接作用于企业创新过程，改进传统创新流程，降低研发的不确定性，提高创新效率。此外，数字经济还可以通过资源补充效应与竞争效应从供需两侧间接为企业开展创新活动创造条件。

从资源补充效应来看，数字经济主要从供给侧对企业创新水平产生两方面的影响。第一，数字经济能够降低企业内部的管控成本以及企业外部的搜索成本与交易成本，增加留存利润，提高内源融资水平。数字经济能够使企业组织结构逐渐扁平化，大大提高响应能力与沟通效率，降低管控成本，实现组织的高效管理与运转，同时数字经济能够使企业获取信息更加便捷，在交易过程中，可有效减少企业的搜索成本、摩擦成本与协调成本，使交易成本在总量上得到降低。第二，数字经济能够缓解信息不对称，拓宽融资渠道，提高外源融资水平。由于信息不对称，传统金融部门在借贷过程中存在所有制与规模歧视，更青睐大规模的国有企业，对小规模的非国有企业的贷款存在利率高、额度小等高门槛现象，这种借贷方式降低了信贷资源的利用效率，造成了资源错配。随着数字经济的发展，金融机构建立了完善的监督体系，能及时把握企业的运营状况与偿债能力，有效缓解与企业之间信息不对称的问题，实现了借贷资源的合理配置，缓解了企业融资约束。除此之外，随着数字经济的发展，众筹、第三方支付以及数字货币等新型融资方式的出现和发展将分散的小规模资金吸纳进金融市场，拓宽了企业的融资渠道，降低了中小企业融资门槛与融资成本。

从竞争效应来看，数字经济从需求侧对企业创新水平产生了两方面影响。一方面，数字经济使消费者逐渐占据信息优势，在市场交易中，消费者逐渐成为市场交易的主导者，企业在市场交易中的垄断支配地位逐渐消失，企业之间被迫在产品技术与服务等方面展开竞争。为了占领更大的市场份额，同一产业内的企业不得不通过技术创新提高其核心竞争力。因此，企业间竞争可有效促进我国企业的技术创新水平。另一方面，数字经济提高了企业创新的成功率。企业创新的质量在一定程度上取决于外部创新主体的异质性知识。数字经济加强了企业与科研机构、投资者以及消费者的信息交流频率，增强了企业对外部知识的获取与吸收，在企业开展创新活动的过程中，有助于降低创新的不确定性。此外，数字经济的数据挖掘功能帮助企业发现消费者的潜在需求，掌握市场动态，更有针对性地开展对新产品的研发，提高产品创新的成功率。在所有企业创新水平随着研发成功率的提高而提高的情况下，"以谋新生"的企业会继续专注于研发新产品，企业创新水平得以提升。

（二）数字经济对不同生命周期企业的创新效应

企业的规模、盈利能力以及创新意愿等各方面特征会因企业所处生命周期阶段的不同而不同，因而数字经济对企业创新水平的影响可能也会因企业所处生命周期阶段不同而表现出异质性，因此，本文根据企业所处的生命周期阶段将企业分为成长期企业、成熟期企业和衰退期企业，分别从数字经济的资源补充效应与竞争效应入手对具有不同特征的企业进行分析并提出相关假设。

1. 数字经济对成长期企业的创新效应

成长期企业一般具有融资约束紧、研发不确定性高等特征。从企业的融资情况来看，一方面，成长期企业成立时间普遍较短，规模较小，没有稳定的上下游供应商，面临着较高的交易成本，盈利能力较差，内源融资不足以支撑创新投入；另一方面，成长期企业受限于自身的资源禀赋，仓库、厂房以及器械等可抵押的固定资产匮乏，且成长期企业尚未积累到足够高的市场信誉，外部投资者对成长期企业未来的盈利能力以及回报率缺乏足够的信心，往往秉持谨慎态度，成长期企业外源融资欠缺。数字经济的发展为成长期企业带来了机遇，一方面能降低企业的运营成本，提高生产率，增加内源融资；另一方面依靠数字技术建立完善的监督体系，可以降低信息不对称程度，为企业带来大量的外部投资，提高外源融资的规模。因此，数字经济的资源补充效应通过提高成长期企业的融资水平，缓解成长期企业创新投入不足的约束，使成长期企业具有空余资金进行创新研发。从研发角度来看，成长期企业通常成立时间短且往往在竞争中处于劣势，为了生存与发展，成长期企业开展创新活动的意愿要高于成熟期企业与衰退期企业。但成长期企业往往缺乏对市场走向以及消费者需求相关数据的掌握，研发经验以及研发人员积累不足，创新研发失败的概率要高于处于其他生命周期阶段的企业。数字经济以数据为基本生产要素融入企业创新研发过程，为成长期企业的发展注入了"创新力量"。在数字经济的大力发展下，随着市场竞争程度的不断加深，在创新成功率普遍提高的情况下，成长期企业会不断加大创新投入的力度。

2. 数字经济对成熟期企业的创新效应

与处于其他生命周期阶段的企业不同，成熟期企业融资能力强、研发风险低。从融资能力来看，首先，成熟期企业业务逐渐成熟、盈利能力趋于稳定，资本积累到一定程度，内部资本充盈，具备了一定抵抗外界风险的能力，内源融资能力强。其次，成熟期企业逐年积累的声誉以及逐渐扩大的规模，使其能够以较低的成本获得外部融资。成熟期企业规模庞大，内部复杂的层级管理系统增加了企业的额外支出，数字经济通过其强大的信息集成处理能力，可以显著降低成熟期企业的管理成本，增加内源融资。除此之外，数字经济的资源导向可以吸引更多的外部投资者加入，外源融资充裕，在资金充足的情况下，成熟期企业的创新意愿提高，创新投入不断加大。从研发风险来看，逐年积累的研发经验与经营经验使得成熟期企业对研发方向具有更加明确的认知，成熟期企业的创新风险普遍较低。随着数字经济的发展，企业的研发风险降低，创新成功率得到提高，成熟期企业的技术和市场份额面临着被超越与被挤占的风险，成熟期企业必须不断加大创新投入，使企业保持在一个较高的技术创新水平，这样才能在市场的竞争之中占据有利地位。

3. 数字经济对衰退期企业的创新效应

衰退期企业具有融资难度高、创新意愿低等特征。从融资角度来看，一方面，当企业处于衰退期时，内部组织结构僵化，管理层决策效率低下，管理费用增高，市场份额被同行业竞争者挤占，销售利润逐渐降低，财务状况恶化，内源融资能力减弱；另一方面，由于企业经营状况恶化，缺乏利润增长点，很难受到外部投资者的青睐，因此，外源融资受到约束。在数字经济的大力发展下，衰退期企业难以开展彻底的数字化转型，主要原因是企业进行数字化转型，需要较多的前期投入，承担较大的风险，衰退期企业缺乏足够的实力与动力进行数字化转型。除此之外，数字经济缓解了信息不对称的问题，外部投资者更愿意将资本投入到效率更高的成长期和成熟期企业中，衰退期企业的外源融资问题得不到缓解。从创新意愿与创新能力来看，衰退期企业市场灵敏度低，甚至亏损而濒临退市，企业领导者相对保守，不愿意在具有较大风险的创新上有过多投入。即使数字经济的竞争效应从外部施加压力，衰退期企业仍旧很难开展创新。

资料来源：张旭娜，南士敬，卢山冰. 数字经济与制造业企业创新——基于企业生命周期理论的检验 [J]. 商业研究，2023（2）：81-89.

[阅读 3]

数据驱动的企业动态能力作用机制研究
——基于数据全生命周期管理的数字化转型过程分析

动态能力是企业在数字经济中实现业务模式和流程创新的有效途径，如何通过数据管理释放数据效能构建竞争优势值得进一步研究。本文以京东集团为例，基于数据全生命周期管理的视角，探讨动态能力在数字化情境下激发数据驱动效应实现数字化转型的作用机制。研究发现：①数据分析、运营和赋能平台发挥不同特性的数据驱动效应，实现了信息、流程、业务、产业及生态的数据化。②动态能力通过激发数据驱动效应推动企业数字化转型的作用机制包括以下方面：通过机会感知能力激活数据分析平台，实现数据的采集提取、智能分析和质量监控，感知数字商业机会；通过机会把控能力激活数据运营平台，实现数据的挖掘利用、流动互通和循环反馈，更新业务模式和流程管理；通过变革重构能力激活数据赋能平台，实现数据的内化重构、开放共享和知识创新，重构上下游产业链和建立数字生态系统。本文由此提出的企业有效感知和利用数字技术进行数据全生命周期管理，从而实现业务模式和流程数字化转型的理论模型，能够弥补已有文献对于数字化情境下动态能力作用机制研究不足所形成的理论缺口，也对数字平台和生态系统的数字化转型有一定的启示。

随着云计算、大数据、物联网、区块链及人工智能等新兴数字技术的飞速发展，全球经济向数字经济转型势在必行，新冠疫情更是加快了企业数字化转型的节奏。2020年4月，中共中央、国务院印发的《关于构建更加完善的要素市场化配置体制机制的意见》提出，数据作为生产要素参与收益分配，使大数据成为推动经济高质量发展的新动能。数字经济时代下，大数据成为企业通过数字化转型建立可持续竞争优势和挖掘潜在机会的重要引擎。企业通过大数据管理，可以更好地理解商业环境和客户需求。尽管大数据为企业发展提供了机遇，但如何释放大数据效能，将数据驱动效应转化为企业绩效仍是一项挑战。通用电气不断探索数字化转型，专门成立了数字集团，并进行一系列数字化变革来改造工业产品的传统销售模式。但数字集团的战略方向模糊、预算缩减、管理架构混乱，导致其深陷收益下滑和股价下挫的困境。然而，也有企业能够抓住大数据红利，实现自我颠覆式的数字化转型。例如，韩都衣舍依托大数据平台，构建小组制的前台、中台、后台架构，通过前台顾客需求灵活反应体系、中台智能数据系统和后台品牌生态体系，主动拥抱数字化变革，打造良性可持续的时尚孵化平台，助推企业数字化转型。可见，尽管大数据具有如此重要的价值，但大数据的使用犹如一把"双刃剑"。企业如何有效获取和合理利用大数据以及对其效能进行管理，值得深入研究。

动态能力理论为解释这一现象提供了理论依据，同时，从动态能力角度探究数字经济时代数据驱动效应的发挥也可以进一步发展动态能力理论。动态能力通过机会感知能力、机会把控能力、变革重构能力推动企业持续建立和更新资源与资产，以快速响应外界市场环境的变化。这将为企业如何在数字经济环境中整合数字技术、实现业务流程改进与优化、提高运营效率和增强客户体验、创建新的商业模式等业务创新活动提供思路。此外，数据驱动也改变了动态能力的决策基础和决策方式，进而影响了动态能力的作用机制。一方面，企业决策基础从企业经营积累的有限信息和经验转变为海量数据资源和信息，大数据管理者拥有几乎无限量的详细信息可供使用。如果企业能够利用动态能力最大化地开发、加工和内化数据资源，将实现组织流程与数据资源的高度契合。另一方面，企业决策方式从依靠管理者经验和直觉的模糊决策转变为大数据辅助经验的科学决策。海量数据不仅减少了管理者由于信息处理能力不足和决策经验惯性产生的选择偏误，也从认知层面重构了管理者的数字化思维。因此，企业需要深入探究大数据带来的管理者决策基础和决策方式的变化，从而对动态能力的作用机制作出适应性调整，这为本研究从数据驱动效应角度展开提供了切入点。

学术界有关数据驱动的动态能力作用机制研究，主要从动态能力影响数据知识和资源、数据管理流程以及数字化专有能力构建的研究视角出发，将数据驱动效应视为动态能力提升企业绩效的中介过程机制。一是基于知识和资源的研究视角，动态能力能够帮助企业实现数据知识的有效管理、数据资源的协调整合、数字化人才的高效培养等，实现企业数字化知识和资源组合的有效协同。二是基于流程的研究视角，动态能力有助于数字化转型下的组织流程管理实践，以及组织商业决策数字化流程构建等。三是基于能力的研究视角，动态能力能够帮助企业构建信息技术能力和数字化平台能力等数字化专用能力。然而，上述研究仍存在重要研究缺口：①现有研究大多数关注数据驱动的动态能力对单一管理职能和运营流程的影响机制，而企业数字化转型具备全方位和立体式特征，亟须提出一个系统性的数据驱动的动态能力作用框架；②动态能力与数据管理的阶段性目标应相互协调，然而现有研究忽略了企业进行数据全生命周期管理的阶段性目标差异，以及动态能力不同结构维度所带来的差异化数据驱动效应。企业当前的主要任务是打破数据资源壁垒、深化数据资源应用和提高大数据管理水平。因此，深入研究动态能力不同结构维度如何释放不同属性的数据驱动效应，进而推动企业具体业务模式和流程的升级，不仅能为现有知识和资源视角、流程视角、能力视角下数据驱动效应发挥的文献补充一个更为系统和细致的理论解释，也为企业如何基于动态能力构建不同数据管理平台，通过对数据全生命周期管理推动组织业务模式和流程数字化转型提供实践参考。鉴于此，本文以京东集团为研究对象，原因在于京东大数据应用与管理处于行业领先水平，且涌现数据嵌入多元业务和流程，以及赋能产业和生态的丰富实践场景，在具备理论探索价值的同时，也对中国企业实现高质量数字化转型具有重要启示。本文主要关注的问题是：动态能力的不同结构维度如何释放差异化的数据驱动效应，进而推动业务模式改进与流程创新以实现数字化转型？为此，本文区分动态能力不同结构维度的作用机制，基于数据全生命周期管理的视角，通过构建三大数据平台将数据驱动效应嵌入组织各流程和运营活动，促进内外部不同功能资源的重构与整合，以期为组织利用动态能力实现数字化转型提供建议。

本文的贡献主要体现在：拓展数字化情境下企业动态能力中介机制研究，深入挖掘基于数据驱动的机会感知能力、机会把控能力和变革重构能力推动业务模式与流程创新的作用机制。以往研究表明，数字经济时代动态能力能够帮助企业实现数字化转型，但中间路径与作用机制多从数据知识和资源、数字技术流程开发或现有流程更新升级等视角切入。本文从以下两个方面对其进行了深化：一方面，动态能力是企业应对数字化转型的有效方式，但现有文献对构建何种机制与惯例推动变革一直未能清晰阐述。本文的发现提供了一个非常系统的理论框架来阐述这一过程：从商业机会感知、业务模式和流程管理更新、产业生态重构等方面提出数字化转型的理论框架。另一方面，动态能力是支撑数字平台和生态系统构建的重要内容，本文的研究发现支撑了这一论断。更为重要的是，本文发现了动态能力激活数据分析平台、数据运营平台、数据赋能平台的功能，实现了大数据端到端的时序性以及全生命周期管理，帮助企业通过数字知识重新编排实现产业上下游连接、应用数字技术架构生态网络，侧面展示数字平台和生态系统的产生过程，进而深化这一研究主题。

资料来源：焦豪，杨季枫，王培暖，等. 数据驱动的企业动态能力作用机制研究——基于数据全生命周期管理的数字化转型过程分析 [J]. 中国工业经济，2021（11）：174-192.

第6章　初创期企业运营

在初创阶段，各项运营要素相互关联，共同推动企业发展。人力要素与技术要素占据核心地位，直接关乎企业的创新能力与产品竞争力，而资本要素则是实现创新和技术开发的基础。随着企业的发展，管理要素和数据要素的重要性逐步提升。

在当下数字化与智能化的潮流中，人力要素和技术要素的关键地位愈发凸显。数字化技术的运用使人力资源管理更为高效精准，同时为技术创新提供有力支撑。技术要素的持续升级与创新，成为企业在激烈市场竞争中崭露头角的重要驱动力。

企业对各运营要素的要求更为严苛。人力要素不仅要具备专业知识和技能，还应具备质量意识和持续改进的能力；技术要素应以提升产品和服务质量为导向，不断进行优化与创新；资本要素的配置需更注重效益和质量，以实现资源的合理运用；随着企业的成长，管理要素应以全面质量管理为准则，构建完备的质量管理体系，提升企业的运营效率和管理水平；数据要素则要充分发挥其在质量监控、保障和改进方面的作用，为企业决策提供科学依据。

在初创期，人力要素和技术要素作为核心，与资本要素共同助力企业发展；随着企业的壮大，管理要素和数据要素的重要性与日俱增。在数智化背景和全面质量管理的要求下，各运营要素需不断优化并协同合作，以实现企业的可持续发展和高质量运营。

  管理小卡片

　　你的工作将占据你生活的很大一部分，唯一真正感到满足的方式是做你认为伟大的工作。而做伟大工作的唯一途径是热爱你所做的。

——史蒂夫·乔布斯

6.1 要素运营管理

6.1.1 资源获取与配置

初创期是企业发展的关键阶段，企业在资源获取与配置方面面临诸多挑战。

（1）资源获取的重要性：初创期企业通常面临资源约束，资源获取对于企业的生存和成长至关重要。资源不仅包括资金，还有技术、人才和市场信息。

（2）资源获取方式见表6-1。

表6-1　　　　　　　　　　　资源获取方式

获取方式	具体内容
外部融资	包括风险投资、众筹、政府补助和贷款等
内部积累	通过企业自身的运营活动逐步积累资源
社会网络	利用创始人的社会关系网络获取资源

（3）资源配置策略见表6-2。

表6-2　　　　　　　　　　　资源配置策略

资源配置策略	具体内容
集中投资	将有限的资源集中投入到企业的核心业务或核心竞争力
灵活性	保持资源配置的灵活性，以适应市场和技术的快速变化
成本效益分析	在资源配置时进行成本效益分析，确保资源的有效利用
政府投资基金	政府投资基金可以显著促进初创期企业的创新绩效提升，通过市场化改革视角，政府投资基金在投资与融资改革中对企业创新绩效具有潜在影响
风险投资市场	风险投资市场对科技企业的资源配置效率偏低可能抑制初创期企业的技术创新
创新信号	初创期企业需要发出创新信号以吸引风险资本，而风险资本需要有足够激励来识别并投资这些信号
财务战略	在初创期，企业应优化财务战略，保持良好的资本结构，选择适合的融资方式，并合理分配利润以充实资本
资源拼凑理论	作为一种行动战略，企业通过现有资源的整合，发现新的创业机会或应对挑战，这包括对现有资源的创造性利用和重构

续表

资源配置策略	具体内容
众筹	作为一种新兴的创业生态系统，众筹为初创期企业提供了资金、生产、营销、市场等多种创业资源
技术战略	对于科技型企业，初创期的技术战略研究包括技术创新、知识产权保护、技术合作等方面

初创期企业在资源获取与配置时需要综合考虑内外部环境，制定合理的战略，以实现有效的资源利用和企业的快速成长。同时，政府和市场的各种支持也是初创期企业不可忽视的资源获取渠道。

[情景案例] 资源拼凑下的创新突破

在繁忙都市的一隅，邵岩和他的伙伴们在一间不大的工作室里孕育着"绿意科技"的梦想。他们的愿景是创造出既环保又智能的家居产品，让生活更加美好。但现实总是不那么理想，资金紧张、资源有限，每一步都显得异常艰难。

然而，邵岩并没有放弃。他坚信，创新不一定要依赖大量资金，而是要依靠创意和智慧。他开始在社交媒体上分享他们的创业故事和产品理念，很快便吸引了一批志同道合的观众。通过众筹平台，他们不仅筹集到了启动资金，还收集到了宝贵的用户反馈。

邵岩利用自己的社会网络，联系到了行业内的专家和前同事，以顾问的形式获得了技术指导。他们用有限的资源，通过3D打印技术制作出了原型产品，并在社区中进行了小规模的试用。用户的真实体验和建议，帮助他们不断迭代产品，逐步完善设计。

在资源拼凑的过程中，"绿意科技"不仅解决了资金和技术问题，更在社区中建立了良好的口碑。他们的创新故事激励了更多人，也吸引了投资者的注意。最终，他们的第一款产品成功上市，获得了市场的认可。

案例启示：

初创期企业通过创造性地利用现有资源，可以发掘新的创业机会。

众筹不仅是资金的来源，也是市场调研和品牌宣传的平台。

6.1.2 团队建设与激励

初创期是企业发展关键阶段，初创期企业团队建设和激励是推动企业成长与创新的关键因素，对于企业成功至关重要。下面是初创期企业团队建设和激励策略。

1. 团队建设

团队建设资源获取方式的具体内容见表6-3。

表6-3　　　　　　　　　　　资源获取方式

团队建设	具体内容
明确共同目标	与团队成员共同明确公司愿景、使命和短期目标，确保大家都朝着同一个方向努力
招聘合适人才	寻找具有创新精神、适应能力和合作能力的人才，适应初创期企业快节奏和不确定性
建立良好沟通机制	创造开放、透明的沟通氛围，让团队成员自由地表达想法、建议和问题
促进团队合作	组织团队建设活动，培养团队合作精神，提高团队协作能力
提供培训和发展机会	帮助团队成员提升技能和知识，满足职业发展需求
营造积极工作环境	创造一个鼓励创新、冒险和学习的工作环境，让团队成员充分发挥潜力

2. 激励措施

激励措施的具体内容见表6-4。

表6-4　　　　　　　　　　　激励措施

激励措施	具体内容
股权激励	给予团队成员一定股权，让他们成为公司股东，分享公司收益
奖金制度	设立绩效奖金、项目奖金等激励机制，为表现优秀的团队成员提供奖励
荣誉激励	通过公开表扬、颁发证书等方式，给予团队成员荣誉和认可
职业发展机会	为团队成员提供晋升、调任等职业发展机会，激励他们不断进取
工作生活平衡	关注团队成员工作生活平衡，提供灵活工作安排和福利待遇，提高成员满意度
领导示范	领导者要以身作则，展现出积极工作态度和行为，激励团队成员跟随

[情景案例] **团队激励下的梦想实现**

在"梦想工作室"的办公室里，团队成员们正围坐在一起，讨论着新的教育产品。林婷，这个充满激情的创始人，深知团队是她最宝贵的资产。她希望每个成员都能感受到自己的价值，并为共同的梦想而努力。

为此，林婷设计了一套全面的激励计划。她不仅给予团队成员一定的公司股权，让他们成为梦想的共同拥有者，还设立了奖金制度，对那些在项目中表现出色的成员给予丰厚的奖励。每当团队达成一个重要"里程碑"，林婷都会举行庆祝活动，让每个人都感受到成功的喜悦。

林婷还非常注重团队成员的个人成长。她提供了丰富的培训资源和发展机会，鼓励团队成员不断学习和提升。她相信，只有不断成长的团队，才能创造出更优秀的产品。

此外，林婷也非常关心团队成员的工作生活平衡。她提供了灵活的工作时间和远程工作选项，让团队成员能够在忙碌的工作之余，也有时间享受生活，与家人朋友共度美好时光。

在这样的激励和关怀下，"梦想工作室"的团队成员们充满了动力和创造力。他们共同设计出了一款又一款创新的教育产品，帮助了无数孩子在快乐中学习成长。而"梦想工作室"也在这样的团队努力下，逐渐成长为行业的佼佼者。

案例启示：

股权激励和奖金制度能有效提升团队成员的归属感与积极性。

关注团队成员的职业发展和生活平衡，有助于构建稳定而高效的团队。

 管理小卡片

和比你更优秀的人交往更好。选择那些行为比你更好的伙伴，你就会朝那个方向发展。

——沃伦·巴菲特

[本节案例]

青岛高新区以创新积分制激发企业创新活力

"我们申请的贷款放下来了，有1 000万元。"2023年8月29日，青岛高新区内企业山东立菲生物产业有限公司（以下简称立菲）董事长黄宁告诉《科技日报》记者。

这是青岛高新区开出的首个"创新积分贷"专项科技金融产品，也是山东省内的首笔"火炬积分贷"业务。

"我们将把这笔钱应用在一批核心零部件的采购上。这批零部件能帮助产品成本下降5%左右，极大地提高立菲的市场竞争力。"黄宁说。

《科技日报》记者了解到，为解决科技型企业因轻资产、无抵押导致的"融资难、融资少、融资贵"问题，科技部火炬中心推出科技金融新型政策工具——企业创新积分制。青岛高新区作为全国首批13家企业创新积分制试点园区之一，积极搭建企业创新积分信息管理平台，深化积分结果应用，用实用好企业创新积分制"四两拨千斤"的政策带动效应。

青岛科技创新部副部长孙冠妮表示，此次"火炬积分贷"业务的落地，是青岛高新区强化金融支撑、助力青岛高新区科创发展的重要"里程碑"。

企业创新积分的高低是银行最终给予贷款额度多少的重要参考。为使企业尽快享受到惠企政策，青岛高新区以企业创新积分作为参考，分类别、分层次精准施策，推动"金融活水"精准向创新积分高的科技型企业集聚。

"积分制根据企业创新发展指标进行打分。打分体系根据企业成长的不同阶段，分为初创期企业和成长期企业两种类别，以提升评价精准性。"孙冠妮说，除了原有的将企业研发投入强度、知识产权拥有量等18项核心指标和个性化指标一同纳入积分平台管理，还设置了安全生产、环保等6项负面指标。对初创期企业，打分体系更侧重于研发投入、创新发展潜力；对成长期企业，则偏重创新平台建设和发展贡献度。目前，青岛高新区已将3 000家科技企业纳入创新积分制管理平台，企业评价更趋全面。

引"金融活水"浇灌实体经济，用资本力量激活科技创新，青岛高新区正努力成长为创新驱动的科技之城，创建科技金融"青岛样板"。截至2023年上半年，青岛高新区入库国家科技型中小企业数量超全市14%，高企总数达482家，注册企业中高企占比全省第一。

孙冠妮表示，下一步，青岛高新区将继续通过创新积分制，打破信息壁垒，发挥数据价值，提高区内商业银行开展科技金融业务的积极性，引导各类创新要素向企业集聚，全面激发企业创新活力，探索科技政策的"免审即享"。

资料来源：王健高，宋迎迎，李青健. 青岛高新区以创新积分制激发企业创新活力［N］. 科技日报，2023-08-31.

6.2　服务型企业运营

在初创期的服务型企业要素运营范畴中，人力要素、技术要素以及资本要素占据着举足轻重的地位。服务型企业的业务开展通常依靠员工的专业知识、技能以及服务态度。在初创阶段，构建适配的团队对于提供高品质服务具备关键性意义；尽管服务型企业对尖端技术的依赖程度不及科技型企业，但技术在增进服务效率、优化客户体验以及强化内部管理等方面依然发挥着显著作用；资本作为企业运营的根基，涵盖启动资金与运营资金，对于服务型企业来讲，这些资金被应用于人员培训、市场推广以及日常运营等方面。

服务型企业的人力要素需紧密契合时代趋向，提升数字化素养，顺应客户需求演变。技术要素应当凭借数字化技术，推动服务流程的智能化与高效化，增进服务质量与客户满意度。

服务型企业对各运营要素的要求愈发严苛。人力要素不但需要具备专业知识与技能,还应当树立质量意识,持续推动服务品质的提升;技术要素要以客户需求为导向,不断推进服务创新与技术升级;资本要素的配置需更注重效益与质量,确保资源的合理调配,以实现价值的最大化。

6.2.1 市场定位与服务设计

随着经济发展和市场竞争加剧,越来越多的创业者选择服务行业。对于初创期服务型企业来说,市场定位和服务设计是至关重要的。明确自己的市场定位,设计出符合市场需求的服务,在激烈市场竞争中脱颖而出。

1. 市场定位

(1) 初创期服务型企业市场定位重要性见表6-5。

表6-5　　　　　　　　初创期服务型企业市场定位重要性

作用	具体内容
明确目标客户群体	通过市场定位,明确目标客户群体,了解客户需求和偏好,为客户提供更多个性化服务
提高市场竞争力	根据客户需求和偏好,设计符合市场需求的服务,提高市场竞争力
降低市场营销成本	通过市场定位,精准地进行市场营销,降低市场营销成本

(2) 初创期服务型企业市场定位方法见表6-6。

表6-6　　　　　　　　初创期服务型企业市场定位方法

方法	具体内容
市场细分	市场细分是指将整个市场划分为若干个较小的、具有相似需求和偏好的子市场的过程。通过市场细分,了解市场需求和偏好,为市场定位提供数据支持
目标市场选择	目标市场选择是指在市场细分的基础上,选择一个或多个子市场作为企业目标市场的过程。通过目标市场选择,明确市场定位,为服务设计提供方向
市场定位	市场定位就是企业为产品或服务在目标市场中确定独特位置,以区别竞争对手并在消费者心中建立特定认知

2. 服务设计

(1) 初创期服务型企业服务设计重要性见表6-7。

表6-7 初创期服务型企业服务设计重要性

作用	具体内容
提高客户满意度	为客户提供更个性化、更优质服务,提高客户满意度
提高服务效率	优化服务流程,提高服务效率,降低服务成本
增强企业竞争力	提供独特的服务体验,增强企业竞争力

(2) 初创期服务型企业服务设计方法见表6-8。

表6-8 初创期服务型企业服务设计方法

方法	具体内容
客户需求分析	客户需求分析是指深入了解客户需求和期望,为服务设计提供依据的过程
服务流程设计	服务流程设计是指根据客户需求和期望,设计出高效、优质服务流程的过程
服务接触点设计	服务接触点设计是指设计出客户与服务提供者之间接触点,提供优质服务体验的过程

初创期服务型企业市场定位和服务设计至关重要。明确市场定位和优质服务设计,有助于企业在激烈市场竞争中脱颖而出。因此,初创期服务型企业高度重视市场定位与服务设计,为客户提供高质量服务,实现可持续发展。

[情景案例] **市场定位与服务设计的完美结合**

陈晨的"舒心家政"在繁华都市中悄然出现,她希望通过提供高品质的家政服务,为忙碌的都市人带去一份家的温馨。面对市场上众多的家政服务,陈晨深知,只有精准的市场定位和卓越的服务设计,才能让"舒心家政"脱颖而出。

她先进行了深入的市场调研,通过问卷调查和面对面访谈,了解目标客户群体的真实需求。她发现,都市中的职场人士不仅需要家政服务,更希望这些服务能够灵活、高效,甚至能够根据个人喜好进行定制。

基于这些洞察,陈晨为"舒心家政"制定了清晰的市场定位——成为都市职场人士的贴心生活管家。她设计了一系列标准化的服务流程,确保服务的高效率和质量。同时,她也提供了个性化的服务选项,比如根据客户的喜好调整家居布局,或者根据客户的饮食习惯制订清洁计划。

陈晨非常注重服务接触点的设计。她培训家政人员,不仅要有专业的技能,更要有良好的服务态度,让客户在每一次服务中都能感受到尊重和关怀。她还建立了一套完善的客户反馈机制,及时收集客户的意见和建议,不断优化服务。

通过这些策略,"舒心家政"很快在市场中建立了良好的口碑。客户们称赞他们的服务既专业又贴心,就像家中的一员。而"舒心家政"也在这样的赞誉中,逐渐成为都市人生活中不可或缺的一部分。

案例启示：

明确的市场定位有助于企业更精准地满足客户需求。

服务设计中的客户需求分析、流程设计和服务接触点设计是提升客户满意度的关键。

 **管理小卡片**

预测未来的最佳方式是创造它。

——杰克·多西

6.2.2 客户关系管理与服务交付

初创期服务型企业的客户关系管理（CRM）和服务交付是构建客户忠诚度与企业声誉的基石。

1. 客户关系管理

客户关系管理策略见表6-9。

表6-9　　　　　　　　　　客户关系管理策略

策略	具体内容
客户数据分析	收集和分析客户数据，了解客户行为和偏好
个性化沟通	基于客户数据分析，实现个性化沟通和服务推荐
客户反馈机制	建立有效的客户反馈渠道，及时收集和响应客户意见与建议
忠诚度计划	设计忠诚度奖励计划，鼓励重复购买和推荐新客户
客户生命周期管理	关注客户整个生命周期，从获取、维护到重新激活

2. 服务交付

服务交付策略见表6-10。

表6-10　　　　　　　　　　服务交付策略

策略	具体内容
标准化	确保服务流程和质量的一致性，建立服务标准和指南
个性化	在标准化的基础上，根据客户需求提供个性化服务
渠道整合	整合线上线下服务渠道，提供无缝的服务体验
效率优化	通过流程优化和技术应用，提高服务交付的速度和效率
质量控制	定期检查和评估服务质量，确保服务达到预定标准

通过以上策略，初创期服务型企业可以管理客户关系，提高服务交付质量，增强客户满意度和忠诚度。

管理小卡片

你最不满意的客户是你最大的学习来源。

——比尔·盖茨

[本节案例]

黄永刚：中小银行数字化转型要做好市场定位

《中国经营报》记者注意到，近年来，中小银行纷纷推进数字化转型。根据中小商业银行的资源条件特点进行数字化转型战略选择的定位，通过提高数字化运营水平分享数字经济发展的红利，避免因数字化建设水平的不足而丢失既有的市场份额，是目前关乎中小商业银行生存发展的重要问题。

国研智库产业协同创新中心执行主任、中智科博产业经济发展研究院院长黄永刚表示："中小商业银行在进行数字化转型过程中，确立目标、选择措施要将数字化转型的理想愿景与中小商业银行的实践结合起来，要营造适应中小商业银行特点和条件的数字化转型之路，即通过数字化转型的市场定位、体制与机制构建、技术中台的搭建等，形成中小商业银行的数字生态，为中小商业银行的高质量发展打下基础。"

《中国经营报》：中小商业银行数字化转型是一个动态的系统性工程，机构应如何科学定位转型路径？

黄永刚：我发表的学术论文《金融强国背景下金融机构数字化转型战略研究》，针对上述问题给予了回答。

一是坚持以数字技术引领全行业务发展的市场定位，不再将数字技术作为一个简单的数字工具，而是要定义为一种有利于决策、执行的管理角色，数字技术运行的成果要作为业务发展目标、重点、措施来实施，从单一的自然人管理商业银行时代走向自然人与机器人共同管理商业银行的新时代。

二是避免盲目乐观或者妄自菲薄两种极端情况，对中小商业银行群体及各行的数字化转型条件、现状、优劣势进行客观分析和判断，要防止将数字化转型工作简单化，认为应用数字技术管理系统就完成了数字化转型目标，同时也要防止认为永远赶超不上大型商业银行的数字化水平，而放弃数字化转型目标，限于自我满足现状。

三是找准数字化转型重点与方向。根据业务发展的基本逻辑与业务发展顺序，目前，中小商业银行宜将发展零售业务和线上金融业务作为转型的重点目标。这是因为大型商业银行应用数字技术，强势收割中小商业银行公司金融和资金市场业务板块，大行业务下沉但零售业务难以成片拿走，加上零售业务区域性、市场性较强等特征，中小商业银行零售业务的个性化服务并叠加有针对性的金融科技产品等，目前这一块业务市场还有一定的竞争能力。

四是保持数字化转型措施的落实进度，在系统或群体内要保持其先进性。因为对比体制等因素，中小商业银行数字化转型无法与大型商业银行抗衡或比较，因此，应当以同类、同区头部商业银行作为数字化转型标的或样本来参照，只要数字化转型速度高于行业或群体的平均水平，就说明数字化转型步伐是合乎时代步伐及企业实际状况的。

《中国经营报》：商业银行数字化转型人才是关键，中小商业银行金融科技员工数量较少，选择空间有限，应如何构建自身的人才优势呢？

黄永刚：中小商业银行的数字化转型需要全员技术素质及少数数字精英的支撑，否则，再好的数字化转型思路、技术也很难转化成现实行为，因此，提升和培育全员的数字化素养十分重要。一是进行全行人才评估，选择优质有潜质员工作为培育重点。对于金融科技应用并不是所有的员工均有应用灵感，因此，在培养金融科技人才核心队伍时，要从全员进行有重点的选择与培养，重点选择理论基础较好、接受新知识快、融合水平高的员工，再通过高级培训班、"一对一"式培训，尽快形成数字化转型的"带头团队"。二是加强员工的横向跨岗交流学习，要实行员工有计划地跨岗位交流，培养业务多面手、多能手，强化业务知识和科技知识的输入，增加不同岗位的业务经历和经验。三是开展多岗位、多层次、高强度、高交叉的培训。必须改变简单的输入式培训方法，必须对全员进行金融科技和金融业务交叉培训，培训频度要高，培训强度要大，且要以实战操作培训，提高其数字化技术应用能力。

《中国经营报》：我国商业银行的中台搭建特点是什么？如何强化中台的支撑功能？

黄永刚：我国的商业银行纵向是按照分支行、同级是按照部门体制设立的，在过去的系统建设中，是按照条线和业务部门设立了若干个管理系统，如信贷管理系统、财务管理系统等，从部门来讲，单一系统的各种信息形成了一个闭环，能满足部门的管理需要。但这种模式的后果是部门之间形成数据孤立，难以实现客户需求跨部门的数字响应，于是数据中台的建设被提到议事日程上，商业银行的数据中台是以客户为中心，以客户管理信息响应为目标，通过数据中台、产品中台、营销中台、管理中台等中台建设，形成强大的中台管理系统，各中台之间数据信息共享，前中后台形成一个数据循环，对前台营销等形成一个强大的数据支持。

各商业银行间尽管中台种类不同，但所有的中台建设一般具备四大能力：一是可以批量、实时采集数据能力；二是批量加工存储标准和非标准数据能力；三是数据实时查询传递等服务能力；四是统一调度、监控等运营数据能力。

中小商业银行限于财力，当前可以建设管理中台和营销中台，形成营销发展和管理的闭环管理系统。同时，在数字化转型过程中，要切实提升维护客户利益，提升服务质量水平，培育健康的金融服务文化，不断提升客户的金融服务文化体验度。

《中国经营报》：中小商业银行应如何构建新型的数字化运行体制与机制呢？

黄永刚：中小商业银行的数字化转型是一场深度的技术革命，且不是一蹴而就的，是一项长期的、持续的过程，想实现这一目标必须要有相应的体制与机制做保障。一是要强化数字化转型的领导力。要将数字化转型作为各级机构主要负责人的第一责任，从决策层讲要列入董事会主要负责人的工作职责，只有这样，才能从全行的高度实时、足量地配置资源，服务于全行的数字化转型。二是构建数字化转型战略及落地制度规定，要将数字化转型列入中小商业银行的中长期发展战略，由于落实数字化转型引起的业务流程、管理方法等的变化需要及时进行制度的修订和完善，以制度规范数字化转型。三是构建利于数字化转型的管理机制。要通过考核奖惩措施、薪酬调整等多种手段将全员的行为统一到数字化转型的目标与行为上，形成数字化转型主动作为的机制。四是推进机构的改革。由于数字化转型在业务经营模式和管理流程上都有较深刻的转变，因此，要按照数字化转型目标推动机构的深化改革。

《中国经营报》：中小商业银行如何做好数字化营销？

黄永刚：数字化转型不是目的而是手段，推动数字化转型是为了扩大中小商业银行的获客量，经营好客户资源，获得业务的可持续发展，而这需要通过前台与中后台数据的良性互动，形成管理与营销的数据和信息闭环。一是紧扣客户需求。及时掌握客户的心理需求，按照客户的偏好设计金融产品。二是捕捉社会热点。充分利用热点事件培育特定的金融场景，快速积聚客户资源并持续激发客户新的金融需求。三是拓展信息渠道。数字经济时代，不同的人群形成各类社群、圈，中小商业银行要对目标客户进行分圈、分层的管理，细分客户单元，通过官方微信公众号、微博、手机银行、私人银行等与客户沟通的渠道，加强数字化系统营销，不断提升金融产品信息直达客户能力，激活客户，提升客户的质量。

资料来源：慈玉鹏，朱紫云，颜京宁，等. 黄永刚：中小银行数字化转型要做好市场定位[N]. 中国经营网，2024-01-20.

6.3 制造型企业运营

在初创期的制造业企业范畴中,此类企业成立时间尚短,处于发展的初始进程。它们面临着一系列问题,如资金短缺、人才稀缺以及市场开拓困境等,故而人力、技术、资金等要素的重要性越发显著。对于制造型企业来讲,先进的技术和生产能力,是增强其竞争力的核心因素。

初创期制造业企业的人力要素需紧密契合时代趋向,提升数字化技能水平,有效地应对市场变化态势。技术要素借助数字化技术,助推生产流程智能化与高效化,提升产品质量与生产效率。初创期制造业企业对各运营要素的要求更为严苛。人力要素要具备坚实的专业知识和技能,树立强烈质量观念,持续提升工作质量;技术要素要以市场需求为导向,不断进行技术创新与升级;资本要素配置需要注重效益与质量,实现资源合理优化配置,确保资金使用效益实现最大化。

6.3.1 产品开发与生产流程设计

初创期制造型企业在设计产品开发与生产流程时,需灵活应对市场变化,快速迭代产品,保持成本效益和质量控制。通过流程设计和管理,初创期制造型企业可以提高成功率,加速成长。初创期制造型企业在产品开发与生产流程设计方面面临着一系列挑战和机遇。表6-11列示了帮助初创期制造型企业建立有效产品开发和生产流程的关键步骤。

表6-11 产品开发与生产流程设计

关键步骤	具体内容
市场调研	在产品设计之前,通过市场调研确定目标客户群、市场需求和潜在竞争对手
产品概念与设计	基于市场调研结果,开发产品概念和初步设计,包括草图、原型设计和功能规格说明
技术可行性分析	评估产品设计技术可行性,包括材料选择、制造工艺和成本效益分析
原型开发	制作产品原型,进行功能测试和用户反馈收集,以验证产品设计有效性和实用性
供应链管理	确定原材料和零部件供应商,建立供应链,并确保供应链灵活性和成本效率
生产流程规划	设计生产流程,包括生产线布局、工艺流程、质量控制点和生产计划
小批量试生产	在全面量产之前小批量试生产,以测试生产流程并优化产品设计
质量控制与保证	建立质量控制体系,确保产品符合设计规格和行业标准
成本管理	成本分析和控制,以确保产品价格具有市场竞争力

续表

关键步骤	具体内容
量产准备	准备量产所需资源，包括设备、人员培训和生产材料
生产执行与监控	实施生产计划，监控生产过程，确保生产效率和产品质量
持续改进	根据市场反馈和技术进步，持续改进产品和生产流程
环境与社会责任	考虑生产过程中环境影响和社会责任，确保可持续发展
合规性	确保产品和生产流程符合相关行业标准与法规要求
风险管理	识别和管理产品开发与生产过程中的潜在风险，包括供应链风险、技术风险和市场风险

管理小卡片

最大的风险是不冒任何风险。在一个快速变化的世界中，唯一能保证失败的策略就是不冒险。

——马克·扎克伯格

6.3.2　供应链管理与库存控制

制造型企业要素运营中供应链管理与库存控制是确保企业高效运作的两个关键环节。初创期制造型企业供应链管理是确保产品从原材料采购到成品交付整个流程高效、成本效益最大化的关键环节；初创期制造型企业库存控制是确保企业资金流动、降低成本和提高运营效率的重要环节。

1. 供应链管理

供应链管理主要观点见表6-12。

表6-12　　　　　　　　　　　供应链管理

主要观点	实践方法
多维协同	构建高效协作组织，推进业务流程高效协同，促进要素资源共享共用，协同创新提升制造水平
精益化管理	消除供应链各环节浪费，推动供应链全链条流程优化，健全标准化供应链体系
数字化转型	制定供应链数字化策略，加强管理系统建设，提高数字化运用能力
绿色供应链体系	推动绿色供应链设计和清洁生产，开展绿色采购，核算产品碳效率
全球供应链网络	融入全球供应链网络，共建国际物流基础设施，提高全球供应链协调能力
供应链韧性和安全	强化风险预警和应对，完善供应商风险管理，构建多元化物流网络和风控文化

2. 库存控制

库存控制主要观点见表6-13。

表6-13 库存控制

主要观点	实践方法
库存控制方法	企业全面收集数据，包括采购、再订货、运输等，评估现有资产和财务报告，有效避免缺货问题
供应链中库存管理	管理原材料、商品和服务流动，企业始终保有适当数量的库存
仓库管理	整合产品编码、再订货点和报告，同步销售和采购信息
库存控制策略	超越成品和原材料，包括对类似商品分组，审查其他高层计划，选择可扩展系统
库存补充方法	最小—最大库存控制、准时制（JIT）库存、双料箱系统或三料箱系统、固定批量法等
精益库存控制	在规模生产和库存控制之间找到平衡点，根据实际需求调整原材料库存，制定最佳再订货点

制造型企业通过供应链管理与库存控制，优化财务状况，确保产品满足客户需求，提高市场响应速度和客户满意度。

[情景案例] **供应链管理与库存控制的高效运营**

赵雷的"精工制造"在电子产品制造领域中稳步前行。他深知，在竞争激烈的市场中，只有高效的供应链管理和库存控制，能保证企业的竞争力。

赵雷先对供应链进行了全面的梳理和优化。他与供应商建立了紧密的合作关系，确保原材料的质量和供应的稳定性。他还引入了精益生产的理念，通过流程优化和持续改进，消除了生产过程中的浪费，提高了生产效率。

在库存管理方面，赵雷采用了先进的库存控制方法。他通过数据分析，准确预测市场需求，制定了合理的库存策略。他实施了最小—最大库存控制，确保库存既不过多占用资金，也能满足生产需求。他还引入了准时制（JIT）库存系统，减少了库存积压，提高了资金的流动性。

此外，赵雷还非常重视供应链的数字化转型。他引入了先进的管理系统，实现了供应链的实时监控和智能分析。通过数字化工具，他能够快速响应市场变化，及时调整生产计划和库存策略。

在这样的管理下，"精工制造"的供应链和库存控制达到了前所未有的高效。他们能够快速响应客户需求，及时交付高质量的产品。而赵雷，也在这样的高效运营中，带领"精工制造"在竞争激烈的市场中稳步前行，赢得了客户的信任和市场的认可。

案例启示：

精益化管理和数字化转型能显著提升供应链的效率与响应能力。

合理的库存控制策略能有效降低成本，提高资金流动性和客户满意度。

管理小卡片

做伟大工作的唯一途径是热爱你所做的。

——本·霍洛维茨

[本节案例]

山东：拥抱新质生产力培育外贸新动能

"我们的户外照明产品使用磷酸铁锂电池，放电深度可高达95%，极大提升了使用寿命和安全系数。"近日，在山东日照高新区，山东蓝晶易碳新能源有限公司总经理赵志峰在接受采访时说，该企业目前在全球100多个国家和地区设立了销售店面。

拥抱新质生产力、培育外贸新动能。自2024年以来，山东以"好品山东鲁贸全球"市场开拓行动为抓手，以新机制、新模式、新业态为新质生产力壮大创造良好国际环境，让越来越多的"山东好品"走出国门、走向世界。一季度，山东实现进出口7 700.6亿元，增长5.5%，外贸呈现开局有力、稳定增长好势头。

新机制开拓国际市场。

山东坚持政策措施提前发力，出台《推动跨境电商发展培育外贸增长新动能的若干措施》等政策文件，提出37条具体措施，持续加大政策供给力度。

山东大海新能源发展有限公司是一家光伏组件研发企业，在第135届广交会上携182×188mmTOP矩形全黑双玻组件参展。"此次参展，展位面积由去年18平方米扩大到54平方米，还专门成立了非洲市场销售团队。目前，公司已与多个国家的采购商达成了初步的合作意向，特别是已经与毛里求斯、坦桑尼亚、波兰、尼日利亚的采购商开具了形式发票，准备支付定金，意向成交额约150万美元。我们还准备与南非本地企业合作建设组装厂，更好地带动我们的产品、技术、服务'走出去'。"该企业负责人说。

在第135届广交会上，山东企业在山东省商务厅组织下，把新能源、新产品作为开拓市场的重点领域，不断迭代升级产品，开拓国际市场，山东省交易团达成意向成交额为5.38亿美元，比上届增长8.04%。

聚焦欧美日韩等传统市场，更大力度拓展东盟、拉美、非洲等新兴市场，开展

"新三样"等系列专题经贸对接活动，推动企业"组团出海"。自2024年以来，山东958家重点外贸基本盘企业共新签订单3 792亿元，贸易伙伴达200多个国家和地区。

新模式服务市场主体。

"2023年，山东港口新增航线32条，新增内陆港9个。2024年，我们将以打造'依托港口的一流供应链综合服务体系'为总抓手，力争吞吐量突破18亿吨，直接拉动外贸额700亿元以上。"山东省港口集团负责人对"商务＋港口"行动信心满满。

"商务＋能源"发挥大宗商品供应链管理服务优势，做强贸易融资授信和集采集销综合服务功能；"商务＋金融"为有融资需求企业量身定制解决方案，破解企业融资难题；"商务＋班列"根据业态发展需要，服务跨境电商、市场采购出口……山东深化"商务＋"合作机制作用发挥明显，加快培育供应链头部企业。

一端是市场，一端是产业，不断优化的贸易环境正在有效推进企业的科技创新。

"全球采、中国质、世界享"，青啤集团以全球甄选直采模式，从中国、加拿大、澳大利亚等九大产区采购大麦，在中国、捷克、德国等6个国家七大产区采购啤酒花，对近400种啤酒风味物质进行研究，建立"大麦指纹数据库"，同时深耕酵母菌株、风味图谱和调控、酿造关键技术，形成了九大系列、70多种新产品，以独特的舌尖魅力畅销120个国家和地区。

新业态促进全球对接。

在临沂，"跨境电商＋市场采购"出口新模式已成主流，跨境电商综合服务平台实现了每秒3 000单的报关传输速度。"发展速度快、潜力大、带动作用强，仅2023年一年，平台就吸引了65家跨境电商企业进驻，临沂港共完成跨境电商9610实货出口693.55万单。"临沂港有限公司相关负责人说。

新业态激发新动能，为贸易转型升级插上"翅膀"。在2024年山东特色产业带跨境电商培育行动中，山东围绕汽配、五金等10个产业带，组织跨境电商平台、头部服务商开展龙头培育、专业培训、选品对接，帮助生产供货企业解决专业团队组办难、运营经验匮乏、流程链条不熟悉等问题，赋能传统产业转型升级。

资料来源：赵秋丽，李志臣，冯帆. 山东：拥抱新质生产力培育外贸新动能［N］. 光明日报，2024－05－20（3）.

[团队场景练习]

练习名称：创新市场定位与服务设计挑战。

目标：

(1) 加强团队成员之间的沟通与协作。

(2) 培养团队成员的市场洞察力和创新思维。

(3) 提高团队对初创期企业运营要素的理解。

参与人员：

全体上课人员。

练习步骤：

(1) 团队组建。将团队成员随机分成若干小组，每组 5~7 人。

(2) 市场定位挑战。每组选择一个服务或产品领域，进行市场调研，识别目标客户群体。利用市场细分、目标市场选择和市场定位的方法，确定小组的市场定位策略。

(3) 服务设计挑战。基于市场定位，每组设计一项服务或产品。通过客户需求分析、服务流程设计和服务接触点设计，创新服务或产品。

(4) 团队合作与沟通。每组成员须相互协作，共同完成市场定位和服务设计任务。建立开放、透明的沟通机制，确保每个成员都能参与讨论和决策。

(5) 创新思维训练。鼓励团队成员提出创新想法，不断优化服务设计。

(6) 模拟实施。每组模拟实施其市场定位和服务设计策略，准备演示材料。

(7) 成果展示与评估。各组向其他团队展示其市场定位和服务设计成果。通过模拟客户反馈和专家评估，对每组的成果进行评价。

(8) 反馈与总结。收集反馈意见，讨论哪些策略有效，哪些需要改进。总结学习经验，讨论如何将练习中的策略应用到实际工作中。

练习工具：

(1) 市场调研工具（如问卷调查、访谈指南等）。

(2) 创意工作坊工具（如思维导图、角色扮演等）。

(3) 演示工具（如 PPT、视频等）。

预期成果：

(1) 增强团队成员对市场定位和服务设计重要性的认识。

(2) 提高团队成员的创新能力和实际操作能力。

(3) 促进团队成员之间的沟通与协作，建立积极的工作环境。

通过这个团队场景练习，团队成员可以在实际操作中学习和应用初创期企业运营的关键要素，为企业提供创新的市场定位和服务设计方案。

[本章小结]

通过本章的学习，我们了解到初创期企业运营的复杂性和多维性，以及如何通过有效的运营管理、团队建设、市场定位、服务设计、客户关系管理、供应链和库存控制等策略来推动企业的健康发展与市场竞争力的提升。

[关键词]

要素运营　市场定位　供应链管理　库存控制

[简述题]

1. 初创期企业团队激励有哪几种方式？
2. 简述初创期服务型企业市场定位的重要性。
3. 初创期服务型企业市场定位的方法有哪些？
4. 简述初创期服务型企业服务设计的重要性。
5. 初创期服务型企业服务设计的方法有哪些？
6. 初创期制造型企业产品开发与生产流程设计的步骤有哪些？
7. 简述初创期制造型企业供应链管理与库存控制策略。

[拓展阅读]

[阅读1]

人才激励、企业创新绩效与创新结构扭曲
——基于城市人才引进的准自然实验

企业创新具有正外部性特征，后来者模仿和逆向研发等都可能损害创新企业利益，而创新伴随着的高失败风险和机会成本也会弱化企业创新动机。为激励企业研发创新，政府出台了各种激励政策补贴创新企业，以降低创新的外部性和机会成本。关于政府激励政策在企业创新中的重要作用，已有文献分别从税收激励、产业政策、政府补助、信贷政策、货币政策等方面进行了诸多探讨，均有力地证实了政府政策在推动企业创新中的重要影响。

企业创新离不开专业技术人才的支持。习近平总书记2018年5月在中国科学院第十九次院士大会、中国工程院第十四次院士大会上的讲话中强调，创新之道，唯在得人。得人之要，必广其途以储之。① 为更好地实施创新驱动发展战略，发挥人才在创新中的关

---

① 习近平在中国科学院第十九次院士大会、中国工程院第十四次院士大会上的讲话 [N]. 人民日报，2018-05-29（2）.

键作用，中共中央于 2016 年印发《关于深化人才发展体制机制改革的意见》（以下简称《意见》)，围绕人才培养、人才评价、人才流动、人才激励、人才保障等方面，对现有人才体制机制提出改革要求，以更好、更大程度地服务和激发人才创新。在《意见》的指引下，各省份陆续出台各种人才引进相关政策，争相抢夺高层次专业人才，以期增强本地企业的创新活力。如 2017 年初，武汉市政府率先提出"百万大学生留武汉"口号，通过降低落户门槛、提供住房优惠和人才津贴等激励措施，以补缺城市人才供应和地方企业人才需求。

人才引进政策有助于增强地区对人才的吸引力，对于激发人才效能也具有重要积极意义。理论上而言，人才是知识资本的流动载体，大量的人才集聚势必催发知识外溢，有助于创新绩效的改善，而行之有效的人才政策可以加速这一进程。围绕人才引进政策效果，现有文献进行了诸多研究，并且已有学者从企业创新的角度开展探索。孙鲲鹏等探究了人才政策出台对企业招聘的影响，发现积极的人才政策诱发企业进行更多研发人员招聘行为并显著提高了创新成果产出。乐菌等和钟腾等则从区域城市的角度分析了现行人才政策效果，并发现人才政策对区域创新绩效具有改善效应。值得指出的是，上述研究大多建立在创新的主要成果为高质量技术改进或突破的假设基础上。就企业创新结构而言，高质量的发明专利与低质量的非发明专利共同构成了企业创新成果。已有研究发现，出于获取政府补贴、维系政企关系等目的，企业策略性创新行为大行其道，出现创新结构扭曲现象，即企业专利主要是由低质量的非发明专利所构成。那么，人才政策嵌套的各项物质激励是否会诱导企业创新结构发生潜在变化呢？关于人才引进政策与企业创新及创新结构之间的关系值得进一步探讨。

基于此，本文以中国各地方政府落实《关于深化人才发展体制机制改革的意见》而相继发布的人才引进政策为基础，通过构建 PSM – DID 模型，以 2012～2020 年沪深 A 股上市公司为样本，考察了城市人才引进政策对企业创新及创新结构的影响。本文研究发现，城市人才引进政策实施显著地提升了当地企业的创新绩效，但也造成了创新结构扭曲失衡，即企业专利数量提升主要是由低质量的非发明专利所驱动的，高质量的发明专利提升幅度并不明显。机制检验发现，人才政策的效果主要由货币类揽才措施所驱动，人才津补贴带来的物质激励以及企业内部人才冗余竞争同样是诱发企业创新结构扭曲的主要缘由。此外，本文还发现，相较于东部地区和高新技术行业，人才引进政策对西部地区和非高新技术行业企业创新绩效提升与创新结构扭曲的影响更加明显；同时，相较于国有企业，非国有企业在人才政策发布后的创新绩效提升和创新结构偏离都相对更多。总体来讲，本文的研究表明，城市人才引进政策的实施虽然提升了企业创新绩效，但同时也导致了企业创新结构的扭曲失衡。

本文的边际贡献主要体现在三个方面：①更为全面地揭示了当前中国各城市人才引进政策对企业创新及创新结构的影响。已有关于人才政策与企业创新关系的文献聚焦于企业创新绩效是否得到改善，忽视了不同创新成果之间存在着质量区别。本文将创新质量纳入人才政策与企业创新的分析框架，重新进行了检验梳理，发现人才引进政策虽然有助于改善企业创新绩效，但同时也造成企业创新结构扭曲失衡。②厘清了当前中国各城市人才引进政策对企业创新及创新结构的作用机制。尽管已有研究探究了人才政策对企业创新的影响，但其作用机制尚未得到充分揭示。本文发现，人才引进政策对企业创新的影响主要是由货币类揽才措施所驱动的，此外，政策嵌套的津补贴刺激以及企业内部人才冗余竞争诱发人才机会主义创新行为，表现出创新结构扭曲效应。③本文进一步凸显了"作对激励"对企业创新行为的重要影响。已有研究发现，产业政策、专利奖励政策等创新激励政策嵌套的物质激励诱发了企业策略性创新行为，导致低质量创新泛滥。本文研究同样发现，人才引进政策嵌套的物质激励也可能诱发人才的机会主义创新行为，造成大量人才资源浪费。本文结论对政府部门审慎制定创新激励政策，以保障中国创新驱动发展战略的持续深入具有重要的启示意义。

本文研究结果显示：①人才引进政策显著推动了本地企业的创新行为，但企业创新绩效提升主要是由非发明专利数量增加驱动的，这也导致了企业创新结构的扭曲失衡；②机制分析发现，现行人才引进政策效果主要是由货币类揽才措施所驱动的，此外，人才津补贴刺激和企业内部人才冗余竞争诱导新进人才表现出更多的机会主义创新行为，这可能是导致企业创新结构扭曲的关键缘由；③企业资源禀赋的内生差异影响城市人才引进政策对企业创新绩效的积极效应，当企业位于人才供给更为不足的西部地区，或处于对高质量创新需求更低的非高新技术行业，或企业产权为非国有性质时，城市人才引进政策实施带来的企业创新边际提升作用，以及对企业创新结构的扭曲效应都会更为明显。

本文的研究结论揭示了，在"人才难得"的现实背景下，各地政府现行的人才引进措施虽然改善了企业创新绩效，但与此同时造成了创新结构扭曲失衡。本文发现人才引进政策嵌套的物质激励诱导人才进行更多的机会主义创新行为，可能是造成企业创新绩效失衡增长的关键因素。浮躁科研氛围下的创新成果必然是"低效、无用"的，这些低质量的创新不仅实际价值较低，还可能挤占"实干"科研工作者的生存空间，形成科研人员"逆淘汰"，从而造成整个科技创新界"数量年年涨，水平总一样"的创新格局。为更好地实施创新驱动发展战略，根据本文的研究结论，政府相关部门在深化人才机制体制改革过程中，应从以下三个方面着力，以求真正实现

"引凤求凰"：①因地制宜确定和引进目标人才，聚焦本地优势产业以实现尖端科技突破。地方政府要根据城市自身的资源禀赋、行业分布等特征进行梳理，明确哪些领域和行业亟须引进专业技术人才，避免"胡子眉毛一把抓"，造成人力资源配置的扭曲和浪费。②科学制定人才激励政策，注重货币类措施和非货币类措施的权衡。地方政府在制定引才措施时，要结合不同引才措施的潜在特点和可能影响，通盘考虑货币类、非货币类措施，通过科学的引才措施引导专业技术人才"攻坚克难"，减少创新工作中的机会主义行为，以提高科技创新成果含金量。③延伸人才引进服务，服务科技创新的全生命周期。人才进驻并不是人才引进整个流程的结束，而仅是人才引进服务的开始，地方政府可以适时建立引进人才的长久追踪服务机制，及时帮助解决其科研工作道路上的掣肘，扶持人才走上一程，会更有助于加快科研成果产出、转化。

资料来源：胡珺，任洋虬. 人才激励、企业创新绩效与创新结构扭曲——基于城市人才引进的准自然实验［J］. 管理评论，2024，36（4）：100-114.

[阅读2]

数智化使能运营管理变革：从供应链到供应链生态系统

（一）供应链管理的发展简述

20世纪70年代以来，随着以丰田生产方式为代表的精益生产的普及，应用快速反应系统的生产链条上下游企业在初步合作中取得收益，并且逐步加深彼此间的协作与协同，衍生出了供应链管理的思想。波特（Porter，1985）提出了价值链概念，将企业运营分解为战略性相关的基本活动和辅助活动，把企业价值活动联系为一个整体。进入90年代，供应链管理的概念逐渐成形，企业的决策视角不仅仅限于单个企业，更多的是围绕企业的上下游，通过借鉴价值链的概念，着眼于产品的整个供应链，运营管理从单个企业"点"的优化走向整个生产链条"线"的优化，供应链的成功依赖于成员的成功合作，而不是各个企业孤立地进行改进。费希尔（Fisher，1997）将产品分为功能性产品和创新性产品，认为不同类型的产品需要匹配不同的供应链，提出了产品与供应链的匹配矩阵：功能性产品应该匹配以最小可能成本高效预测需求的效率型供应链，而创新性产品则需要匹配能够快速响应需求以减少库存冗余或缺货的市场反应型供应链。近30年来日新月异的信息与通信技术和蓬勃发展的电子商务，为供应链管理的学术理念和管理实践提供了强有力的技术与商业支撑。供应链管理强调通过从供应商、制造商、分销商等到最终顾客的协同，打通链条上的物流、信息流和资金流，建立高速、可靠等竞争优势。

商业世界正在迅速数字智能化，打破了行业壁垒，创造了新的机遇，同时摧毁（旧的）长期以来成功的商业模式。在供应链的各个环节，各类数字智能设备都在发挥着降低成本、增强灵活性、缩短产品上市时间、提高生产率等作用，优化了供应链效能和效率，提高了生产力和竞争力。同时，端到端的供应链管理实践产生的数据量呈指数级增长，大数据的产生、获取、组织和分析，助力行业解决供应链管理问题。随着数据可用性的增加，以及机器学习和优化方法的不断发展，数据分析在运营管理问题上的应用越来越多，利用机器学习和优化方法可以将大规模数据用于复杂决策。另外，因果推断、可解释模型、"小数据"模型、预测后优化范式等也是数据分析的重要方向。在这一数字化颠覆性过程中，尽管全面的技术支持的变革往往比我们预期的要长，历史表明，这种变化的影响比我们想象得更大。

全球化和专业化分工推动着供应链结构的变化，产品或服务的设计、生产、仓储、配送、售后服务等环节在全球范围的供应链中完成，在大数据、人工智能、云计算、物联网、区块链等数字智能技术的支持下，线性垂直供应链进一步演变为复杂、动态化、虚实结合的供应链网络。物理空间和数字空间的密集交织既对供应链管理形成了新的挑战，也从新的技术、新的视角、新的模式等方面创造了更多的机会，使供应链网络变得更加灵活。佩雷拉（Perera）基于数据驱动探讨了供应链网络拓扑特征，并指出全球供应链网络日益复杂和相互关联，总结了数据驱动供应链网络的拓扑特征，基于适应度生成网络模型来模拟实证研究中的供应链网络拓扑。奥伦斯坦（Orenstein，2020）指出，供应链网络已从简单的顺序和线性过程演变为高度动态的网络，要求信息共享和可见性在整个网络中可用，并在实时的基础上作出决策。

总体而言，供应链管理的演变植根于不同时代背景下运营管理的不断发展，从聚焦单个企业，扩展到企业间（即供应链），再到面向企业群/网（供应链网络），"供应商—制造商—批发商—零售商"垂直供应链的线性结构被颠覆，形成错综复杂的供应链网络。

（二）供应链生态系统的形成

在供应链网络中，如果从生态系统的视角来看，供应链中不同节点功能类似的厂商形成了一类种群（如图1所示），比如供应商种群、制造商种群、零售商种群，并且显现出与自然界中种群类似的特征，如密度、年龄结构、出生率和死亡率、迁入率和迁出率等。而且，随着数字智能技术的发展，全球不同国家的供应链在时空上形成更为紧密的联系。例如，基于云计算、边缘计算、物联网和区块链等技术可以提供实时信息或数据，并与运输公司、跟踪设备和供应商等相连接。从而在数字智能技术的推动下，全球时空范围内，作为围绕供应关系形成的种群的集合，不同类型产品的供应链形成了不同类型的供应链群落，比如智能冰箱供应链群落、智能卫浴供应链群落。

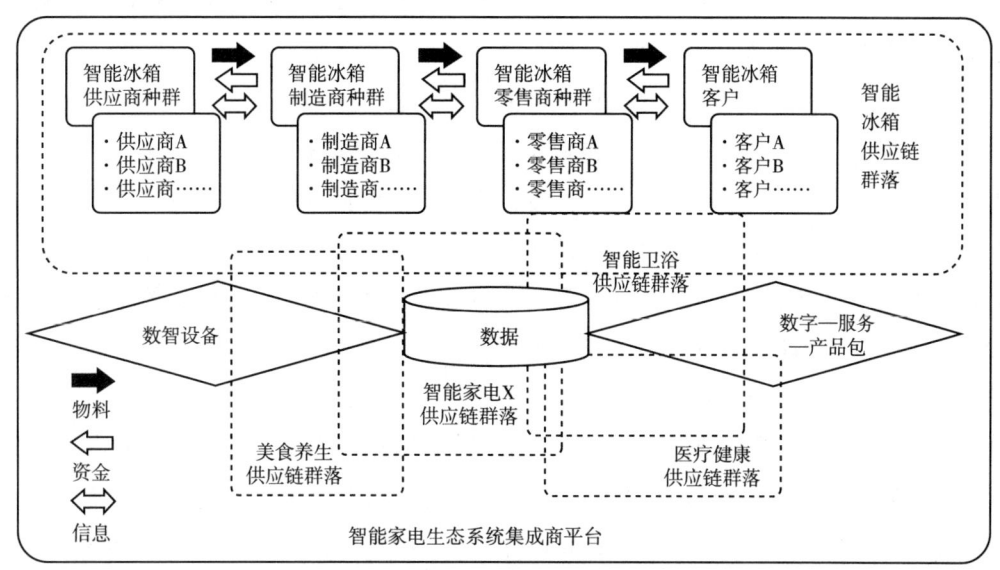

图 1　智能家电供应链群落

随着顾客需求的不断升级，越来越多的产品形成了集成式、一站式的数据—服务—产品包，这些供应链群落并不是相互割裂的，而是相互交叉、交互作用。以智能家庭为例，智能家电不再是一个个单一的产品，而是基于数字智能技术相互连接、具有网络结构的智能家电系统。例如，海尔智能家电生态系统中，围绕美食、洗护、用水、空气等集成化需求，将冰箱、燃气灶、油烟机、烤箱、洗衣机、熨烫机、体感试衣镜、净水器、热水器、空调等家电通过物联网和数智技术控制系统集成。并且，基于不同场景形成了新的商业模式。比如，基于衣服的洗护场景，形成了衣物全周期的智能零售与服务，实现了购、洗、护等全场景的交互。这里面既有满足一般家庭生活需求的冰箱、卫浴供应链群落，也有与不同场景结合后形成的满足高阶家庭生活需求的医疗健康、美食养生供应链群落。比如，智能马桶除了传统功能，还可以完成尿常规、尿流率等基本体检，通过与手机、平板电脑、云端等数智设备连接，可以与医疗健康等服务供应链群落进一步交互。智能冰箱可以提供养生食谱，与美食养生供应链交互，或者与电商平台交互后可以一键下单采购食材。

从单个企业到线性供应链，到供应链网络，再到供应链生态系统，并不仅仅是结构的变化，而是反映了大量的企业同时与多个不同类型的供应商和客户合作的特点，网络中各种信息流和物流相互作用，相互影响，任何一个节点的小变化往往会导致连锁反应或涟漪效应。供应链网络提供了供应链生态系统形成的物理基础，进而不同供应链群落突破了传统供应链的边界，相互交叉、相互影响（如图1所示），既有基于供应、制造和零售的关系的相互交叉，又有基于生产复合的数字—服务—产品包的相互补充，形成了相互依赖的、网络化的、动态化的供应链生态系统，不同供应链之间具有共生关系，更重要的是，所有的参与者协同进化。

全球范围内的各大企业都在拥抱数字智能变革，重视面向生态系统的发展模式。例如，小米生态系统，包括智能手环、智能摄像机、智能血压计、智能插座、智能灯泡等硬件产品，并且集成了合作伙伴的服务，如语音输入领域的科大讯飞。数智技术是供应链生态系统形成的重要支撑，影响到供应链的每个环节，重塑了供应链的组织方式。在供应链的各个环节中，人工神经网络、模糊逻辑、数据挖掘、遗传算法、基于代理的系统等人工智能技术都有应用。其中，人工神经网络应用最为广泛，通常用来发现人类难以察觉的复杂模式，包括模式分类、聚类、预测、基于内容和过程控制的检索等。基于物联网基础设施，形成"零库存智能制造"的新型制造范式，提供了信息可视性，实现了运营改善。增材制造对竞争力、成本、供应商、环境、健康和安全、产品质量、生产效率、供应链复杂性和灵活性等均有影响。区块链作为一种分布式记账技术，可以在库存、运营、组织等不同角度发挥作用：信息化、自动化和标记化，通过提供可视性、信息聚合、信息验证、合同自动化和信息韧性可以改善供应链，可以创造更多稳定、透明、安全、高效和鲁棒的供应链，促进供应链与金融一体化发展。

资料来源：陈剑，刘运辉. 数智化使能运营管理变革：从供应链到供应链生态系统 [J]. 管理世界，2021，37（11）：227-240+14.

[阅读3]

人工智能在供应链韧性塑造中的作用
——基于迈创全球售后供应链管理实践的案例研究

VUCA情境下供应链韧性建设是促进供应链高质量发展的关键。本文从人机交互和具象人工智能（AI）认知理论相结合的视角出发，以迈创为案例分析对象，探究了AI驱动下供应链韧性的形成与动态演进过程，以及AI对供应链韧性的作用机制。本文提出基于具象AI认知的人机交互理论，即人机交互的目标协调、行为协调和决策协调过程伴随着人对AI的认知由透明性到负责性，再到公平性的动态演化。这一过程驱动了由适应型供应链韧性塑造到持续型供应链韧性塑造，再到变革型供应链韧性塑造的三阶段跃迁。此外，揭示了AI在驱动供应链韧性塑造过程中所发挥的差别性作用及其梯次发展特征，即 AI 的作用不仅是算力表现的决策支持，还是一种协调和规范机制。这表现为，随着基于具象 AI 认知的人机交互的深化，AI 的作用性质由工具性演变为战略性，作用范围由单点扩展至全链，作用角色由被动支持转化为主动参与。本文拓展了人机交互理论，阐明了 AI 驱动供应链韧性形成与演进的底层机理，丰富了数字经济时代供应链韧性领域的理论探索。

  面对世界经济逆全球化与全球公共卫生事件进入新阶段，市场环境的多变性、不确定性、复杂性和模糊性（VUCA）特征凸显并成为常态。党的二十大报告强调，维护供应链韧性和稳定对于建设现代化经济体系具有重要作用。随着中国制造业服务化、数字化发展进程加快，为制造业企业提供专业化供应链服务的售后供应链管理行业日益受到重视。《"十四五"服务贸易发展规划》强调，要深入开展售后服务、现代供应链、信息技术、服务外包等服务领域标准化建设行动，加快服务外包与制造业融合发展，助力构建稳定的国际产业链供应链。全球售后供应链韧性塑造是稳定国际产业链供应链的重要任务。VUCA 情境下，供应链能否抵御危机并实现快速恢复与变革发展，成为建设供应链韧性和促进供应链高质量发展的关键。在此背景下，洞察全球售后供应链韧性塑造的过程与机制，成为学术界和实践界关注的核心议题。在数字经济时代，人工智能（artificial intelligence，AI）等数字技术的快速发展为供应链韧性塑造提供了新思路。现有研究关注到 AI 对组织韧性发展的促进作用：一方面，AI 凭借其数据分析能力能够协助组织提高决策效率，降低决策成本与风险；另一方面，AI 依靠其学习能力能够基于大数据资源不断创新知识和迭代算法，减少人类经验判断所造成的偏差，促进运营模式创新。供应链作为涵盖物流、信息流和商流的综合性系统，其运营过程涉及物质、技术和人类行为等多维要素，并且与外界环境有着强互动性。特别地，在当前 VUCA 环境下，供应链管理日益呈现多元化和复杂化的特点，使其面临更高的中断风险和更紧迫的韧性塑造需求。而 AI 兼具技术理性和人类感性的思考和行动能力恰能满足供应链韧性塑造的需求。然而，现有研究更为关注组织内部的韧性塑造，对供应链视域下韧性如何形成及其动态演进有待进一步探讨。此外，现有研究大多把 AI 等数字技术作为决策支持性工具，探索其对流程优化和效率提升的促进作用，而对于 AI 如何与人协同进行供应链内部活动的协调以适应外部环境，以及 AI 对供应链韧性塑造的作用机制如何，尚未深入探讨。AI 能否发挥驱动供应链韧性塑造的关键作用，不仅取决于 AI 技术本身，更依赖于通过人机交互实现人与 AI 的协同价值。人机交互关注人与 AI 技术、任务之间的互动。通过目标协调、行为协调与决策协调，人机交互能够增强供应链应对环境不确定性的能力。此外，AI 对于供应链的价值还取决于人对 AI 技术的认知程度。然而，对于人的认知因素对 AI 技术应用过程的影响，现有研究未能深入剖析。而具象 AI 认知理论（embodied AI cognition theory）则从人对技术的认知层面洞察了 AI 与人的动态协同过程。该理论认为，组织在促进 AI 与人协调以驱动发展时，不仅需要解决 AI 在技术应用上的问题，更需要关注人对 AI 的认知发展。人与 AI 的协同伴随着人对 AI 的透明性（transparency）、负责性（accountability）和公平性（fairness）特征形成具象认知。然而，具象 AI 认知理论并未解释这些认知特征如何形成，以及 AI 认知具象化的实现过程与供应链韧性的跃迁进程如何动态匹配。这些问题有待进一步探讨与检验。

针对上述理论缺口和实践需求，本文选取迈创企业管理服务股份有限公司（以下简称迈创）作为案例分析对象，基于迈创塑造全球售后供应链韧性的实践，从人机交互和具象 AI 认知理论相结合的视角出发，试图探究以下两个问题：AI 如何通过人机交互推动供应链韧性形成与动态演进？AI 在供应链韧性塑造过程中发挥何种作用？通过回答以上问题，本文解构了 VUCA 情境下供应链韧性形成与动态演进的过程，洞察了 AI 对供应链韧性塑造的作用机理，并提炼出供应链韧性塑造场景下基于具象 AI 认知的人机交互理论。本文创新性地将人机交互过程纳入供应链韧性塑造的研究范畴，阐明了供应链韧性塑造场景下基于具象 AI 认知的人机交互演化过程，洞察了 AI 的差别性作用及其梯次发展特征，并揭示了 AI 赋能下供应链韧性演化的底层机制与实现阶段跃迁的关键驱动力。本文为数字经济时代企业应用 AI 技术塑造供应链韧性提供了实践启示。

实践启示。本文为数字经济时代企业应用 AI 等数字技术助推供应链韧性塑造提供如下三点实践启示：①在 VUCA 环境下，管理者要深入理解数智化转型与供应链韧性发展之间的密切联系，制定合理的 AI 应用战略，利用 AI 技术激发供应链管理的危机应对能力与创新增长能力。②管理者要充分发挥 AI 在促进供应链韧性塑造过程中的主动性作用。一方面，帮助企业员工调整对 AI 技术的认知，通过构建 AI 的价值识别例程来促使员工对 AI 的透明性、负责性和公平性特征产生具体认知；另一方面，将人的经验和创造性优势与 AI 的数据分析和程序化优势相结合，发挥人与 AI 在供应链韧性塑造过程中的协同性作用。③管理者要根据供应链运营环境变化，动态调整 AI 开发与应用战略，将内部数智化变革进程与外部供应链运营环境相适应，实现供应链的数智化风控。

研究局限与未来展望。本文在现有供应链韧性建设相关文献的基础上，从人机交互和具象 AI 认知理论相结合的理论视角出发，深入探索了 AI 驱动下供应链韧性形成与演进的过程以及 AI 对供应链韧性的作用机制，拓展了人机交互和具象 AI 认知理论的内涵，并深化了供应链韧性塑造的相关理论。但本文的研究仍存在有待完善之处：

本文主要关注 AI 应用对供应链韧性塑造的影响，而宏观的制度环境、中观的社会网络关系以及微观的企业文化等因素对供应链韧性的形成也有一定作用，未来研究可以将这些因素纳入考虑范围，为供应链韧性塑造机制提供更全面的理解。此外，还可以从数字治理等理论视角出发，探索供应链运营场景下数字治理如何影响供应链韧性塑造。

资料来源：宋华，韩梦玮，沈凌云. 人工智能在供应链韧性塑造中的作用——基于迈创全球售后供应链管理实践的案例研究［J/OL］. 中国工业经济，2024（5）：174-192［2024-09-26］.

第 7 章 成长期企业运营

对于处于成长期的企业来说，人力与资本要素是支撑企业实现快速发展的基础条件。与此同时，技术要素与管理要素的重要性也不容忽略，它们关系到企业的创新能力和运营效率。虽然在这一阶段，数据要素和知识要素并非最为紧迫的事项，但从企业的长远发展以及市场适应能力的角度来看，它们的重要性同样不可轻视。

成长期企业应以人力、资本、技术、管理等要素为核心，积极应对挑战，把握机遇。在数智化和全面质量管理要求下，各运营要素要优化整合、协同发展，以实现企业可持续和高质量运营为目标。此外，虽然数据和知识要素现阶段紧迫性较低，但是企业应长远考虑，加强其积累与应用，为未来发展奠定基础。

7.1 要素运营管理

7.1.1 资本运作与扩张策略

在成长期资本运作层面，企业推行多元策略，借助数字化技术，企业能够更为精准地评估兼并重组的潜在目标，优化融资平台的管理流程，提升资金管控的效率与精度。同时，在把握发展节奏和融资策略的过程中，企业可利用数据分析来洞察市场需求，精准打造单店模型，优化供应链布局，提升团队和组织的数字化能力，以增强品牌的影响力并推动新产品的研发与推广。

成长期企业在资本运作和扩张中，需要不断优化资本运作方式和扩张策略，以实现企业的健康、快速发展。成长期企业在要素运营中，资本运作的模式以及扩张的策略呈现出多样化的态势。以下为一些常见的方式与策略。

1. 资本运作方式

资本运作方式见表 7-1。

表 7-1　资本运作方式

方式	具体内容
股权融资	以发行新股份或增发股份的形式,吸引投资者投入资金,为企业的扩张与发展提供资金支撑
债权融资	借助发行债券或获取银行贷款等途径,筹集所需资金
并购重组	经由兼并或收购其他企业的方式,拓展市场份额,获取新技术并进入新的市场领域
资产重组	针对企业内部资产进行重新调配,优化资产结构,提升资产使用效率
股权激励	对管理层或关键员工给予股份或期权,以此激励员工为企业的发展贡献力量
风险投资	吸引风险投资者的资金注入,投资者甘愿承受较高风险,以获取未来高额回报
私募融资	向为数不多的投资者进行私下募集资金,这些投资者除提供资金外,还可能提供资源或管理经验
政府补助和贷款	借助政府所提供的补助金、贴息贷款等政策扶持,降低企业融资成本
合资合作	与其他企业或投资者共同创建合资企业,携手开发市场或技术
资产证券化	将企业资产进行整合打包,通过资本市场实现融资目的

[情景案例] **资本运作的翅膀**

历里的"明日科技"在智能设备领域掀起了一场小小的革命。随着产品线的不断扩展,公司的知名度和市场份额也在稳步增长。然而,随着订单的增加,历里开始感受到资金链的紧绷。他知道,如果不迅速采取行动,公司的增长势头就可能会放缓。

在一次偶然的行业会议上,历里遇到了一位资深的风险投资家。这位投资家对"明日科技"的创新能力和市场前景印象深刻,表示愿意投资。历里意识到这是一个不容错过的机会,他开始策划一轮融资,以加速公司的发展。

通过精心准备的商业计划和投资推介会,历里成功吸引了一批投资者的关注。他们不仅提供了资金,还带来了宝贵的行业经验和资源。这笔资金使得"明日科技"能够扩大生产线,加快研发速度,并在市场上进行更积极的推广。

随着新产品的推出和市场份额的扩大,"明日科技"迅速成为行业内的一颗新星。历里深知,资本运作的成功不仅在于资金的引入,更在于与投资者建立的长期合作关系,这将是公司未来发展的坚实基础。

案例启示：

（1）资本运作是成长期企业扩张的重要工具，能够为企业的快速发展提供必要的资金支持。

（2）引入投资者不仅带来资金，还能带来新的资源和管理经验，促进企业的全面发展。

2. 扩张策略

扩张策略见表7-2。

表7-2　　　　　　　　　　　扩张策略

扩张策略	具体内容
市场扩张	进入新地理市场或细分市场，扩大销售范围
产品线扩展	增加产品种类或服务范围，满足不同客户群体需求
垂直整合	控制供应链更多环节，提高效率和利润率
水平整合	通过并购同行业企业来增加市场份额
战略联盟	与其他企业建立合作关系，共享资源，共同开发市场
国际化战略	将业务拓展到国际市场，利用全球资源和市场
研发投入	增加研发支出，推动产品创新和技术升级
品牌建设	加强品牌宣传和市场推广，提高品牌知名度和影响力
数字化转型	利用数字技术优化业务流程，提高运营效率
客户关系管理	加强与客户联系，提高客户满意度和忠诚度
成本控制	优化成本结构，提高成本效益
环境适应性	灵活调整战略以适应市场和政策环境变化

  管理小卡片

你的工作将占据你生活的很大一部分，唯一真正满足的方式是做你认为是伟大的工作。

——史蒂夫·乔布斯

7.1.2　技术研发与创新投入

1. 技术研发对于成长期企业的重要性

成长期是企业发展的关键阶段，企业市场份额逐渐扩大，但同时面临竞争压力。

在这个阶段，技术研发对于企业发展至关重要。技术研发对于成长期企业的重要性见表 7-3。

表 7-3　　技术研发对于成长期企业的重要性

重要性	具体内容
提高产品质量	持续投入技术研发，改进现有产品性能，提高产品质量，增加产品附加值，提高企业竞争力
开发新产品	随着市场不断变化，企业需要不断开发新产品来满足客户需求。技术研发帮助企业开发创新性产品，提高企业在市场上占有率
降低生产成本	通过技术创新，企业能够采用更先进生产工艺和设备，提高生产效率，降低生产成本，提高企业盈利能力

[情景案例] 技术研发的力量

张炳晨的"绿意能源"在可再生能源领域取得了一定的成就，但他并没有因此满足。他清楚地认识到，技术的持续创新是公司保持竞争力的关键。为了保持领先地位，张炳晨决定投入更多的资源进行技术研发。

他建立了一个由顶尖工程师和科学家组成的研发团队，并为他们配备了最先进的实验设备。张炳晨鼓励团队成员进行自由探索，同时也为他们设定了明确的研发目标。在这种创新氛围中，团队成员的潜能得到了充分发挥。

经过无数次的实验和失败，研发团队终于取得了突破。他们开发出了一种新型的太阳能电池板，其转换效率远远高于市场上的现有产品。这一创新不仅降低了能源成本，还提高了能源的可持续性。

"绿意能源"的这一技术突破迅速吸引了行业内外的关注。公司的订单量激增，市场份额不断扩大。张炳晨意识到，技术研发的成功不仅在于产品的创新，更在于对研发团队的信任和支持。他坚信，只有持续的技术创新，才能使公司在激烈的市场竞争中立于不败之地。

案例启示：
（1）技术研发是提升产品和服务竞争力的关键，能够帮助企业在竞争中保持领先。
（2）创新不仅限于产品，还包括生产工艺和业务流程，能够提高效率和降低成本。

2. 创新投入对于成长期企业的重要性

创新投入不仅包括技术研发方面投入，还包括其他方面投入，如人才引进、市场营销等。投入对于成长期企业发展同样具有重要作用。创新投入对于成长期企业的重要性见表7-4。

表7-4 创新投入对于成长期企业的重要性

重要性	具体内容
提高企业竞争力	在激烈市场竞争中，企业需要不断创新，在竞争中脱颖而出。创新投入帮助企业开发创新性产品和服务，提高企业竞争力
促进企业发展	创新投入可以帮助企业拓展新市场，提高企业盈利能力，促进企业发展。同时，吸引更多的人才和资本，为企业发展提供更加有力支持
提高企业抗风险能力	在企业发展过程中，难免会遇到各种风险和挑战。创新投入提高自身抗风险能力，应对各种风险和挑战

3. 成长期企业技术研发与创新投入策略

成长期企业技术研发与创新投入策略见表7-5。

表7-5 成长期企业技术研发与创新投入策略

策略	具体内容
明确技术研发与创新投入目标	根据自身发展战略和市场需求，明确技术研发与创新投入目标
合理配置技术研发与创新投入资源	应根据自身实际情况，合理配置技术研发与创新投入资源
加强技术研发与创新投入风险管理	进行技术研发与创新投入时，加强风险管理，降低技术研发与创新投入风险

管理小卡片

如果你不是偶尔失败，这表明你并没有做任何非常有创新性的事情。

——詹姆斯·戴森

[本节案例]

海辰储能深耕电池关键技术研发应用

前不久，福建厦门海辰储能科技股份有限公司发布了一款长时储能专用电池产品。这款产品单体电芯容量达1 130安时，按照每天1充1放频率计算，使用寿命可达25年。

储能是助力构建新型能源体系的重要技术和基础装备，有利于推动能源绿色转型、保障能源安全。近年来，随着储能产业规模的不断壮大，行业对电池性能提出更高要求，大容量电池成为行业升级发展的重要方向。海辰储能深耕储能关键技术和产品应用创新，致力于为市场提供安全、高效、清洁的绿色能源解决方案。

"以1吉瓦时的储能电站为例，如果搭载280安时电池，其数量将超过100万颗。数量过多，会给电池管理、电池一致性、系统集成效率带来很大挑战。"企业产品管理部相关负责人李威明说，大容量电池是解决电池一致性和成本问题的有效方案之一。

李威明算了一笔账，与采用280安时系统产品相比，1 130安时电池单瓦时成本降低，体积能量密度提升，能显著降低储能全生命周期成本。

"容量太大也会带来安全风险，如导致电池自身散热性能变差，可能出现电芯鼓胀等问题。"李威明说，不能一味追求大容量，要对电池热管理做好均衡设计。据介绍，企业通过"主动改善＋被动引导"思路，有效控制热失控后的安全风险；通过磷酸铁锂材料的多元素掺杂，提升磷酸铁锂材料在高温环境下的结构稳定性和热稳定性；在负极采用热稳定石墨，降低表面缺陷，减缓热效应。

"设计电池产品要综合考虑经济效益和技术难度，匹配最适合的尺寸和容量。"企业首席技术官易梓琦说，企业从化学体系、电芯结构、制造工艺等方面开展研发，最终实现了大容量电池的技术量产。

电池容量与储能系统的装机容量和应用场景紧密相关，大储能系统通常更适合匹配大容量电池，户用储能则适合使用小容量电池。基于此，企业推出"海纳百川"工商业储能服务和普惠产品。前者通过提供丰富的储能产品选择，搭配全生命周期保险、金融租赁服务，帮助工商业主解决储能建设和管理问题；后者由1块光伏组件、1个储能系统和1套智能网联系统组成，系统设计寿命达10年，主要面向新兴储能市场提供低成本解决方案。

下一步，如何抓住机遇打造供应链生态，提升产业链竞争力？

聚焦储能赛道，坚持技术创新。企业联合创始人、总裁王鹏程介绍，海辰储能联合高校、科研院所及产业链上下游龙头企业，组建厦门市先进电化学储能技术创新联合体，从储能场景的应用需求出发，围绕高比能、高安全、长循环寿命、低成本以及智能化等领域，进一步提升储能电池与系统产品的性能，提升产业链的综合竞争力。

近期，商务部、工业和信息化部、生态环境部等部门联合发布第三批全国供应链创新与应用示范城市和示范企业名单，其中有46家示范企业入选，海辰储能也是其中之一。王鹏程表示："企业将继续深耕储能技术领域，以市场需求引导创新，在研发、服务等方面与供应商协同发力,共同打造绿色低碳的产业链,为用户提供高质量的产品和服务。"

资料来源:赵梦阳,魏敏. 海辰储能深耕电池关键技术研发应用[N]. 人民日报. 2024-04-16.

7.2 服务型企业运营

成长期服务型企业是经过创业期摸索,企业逐渐明确市场定位和发展方向,开始进入快速成长阶段的企业。在成长期,企业需要大量人才来扩展业务和服务提供,需要更多资本来支持快速增长,技术提高服务效率和质量,是服务型企业竞争力的重要来源。

7.2.1 服务品质提升与品牌建设

1. 服务品质

(1) 服务品质内涵。服务品质是指提供服务满足客户需求和期望程度。服务品质内涵具体内容见表7-6。

表7-6　　　　　　　　　　服务品质内涵

内涵	具体内容
服务特征	服务特征包括无形性、不可分离性、异质性和易逝性等。服务品质评价需考虑服务特征
客户感知	客户对服务品质评价基于服务感知。客户感知包括服务可靠性、响应性、保证性和有形性等
服务过程	服务品质评价不仅包括服务结果,还包括服务的设计、交付和售后等环节

(2) 成长期服务型企业提升服务品质策略。成长期服务型企业提升服务品质策略具体内容见表7-7。

表7-7　　　　　　　成长期服务型企业提升服务品质策略

策略	具体内容
客户导向	树立客户导向经营理念,将客户需求作为企业服务品质提升出发点和落脚点
服务创新	不断进行服务创新,以提高服务品质和客户满意度
员工培训	加强员工培训,提高员工服务意识、服务技能和服务质量,提升企业整体服务品质
服务质量监控	建立完善服务质量监控体系,及时发现和解决服务过程中的问题,确保服务品质稳定提升

(3) 成长期服务型企业提升服务品质方法。成长期服务型企业提升服务品质方法具体内容见表 7-8。

表 7-8　　成长期服务型企业提升服务品质方法

方法	具体内容
设计改进	根据客户需求和期望,对服务设计进行改进,提高服务质量
流程优化	对服务流程优化,减少服务流程中不必要的环节,提高服务效率
标准化	建立服务标准体系,对服务质量和规范标准化,提高服务一致性和稳定性
质量管理工具应用	服务质量管理工具,如 SERVQUAL 模型、六西格玛管理等,对服务品质评估和改进

在成长期,服务型企业不断提升服务品质,以满足客户需求和期望,提高客户满意度和忠诚度,实现企业可持续发展。通过采取客户导向、服务创新、员工培训和服务质量监控等策略以及应用服务设计改进、流程优化、标准化和质量管理工具等方法提高服务品质和企业核心竞争力。

[情景案例] *服务品质的提升之路*

陈星海的"心悦服务"在高端家政服务市场赢得了良好的口碑。然而,随着客户数量的增加,如何保持服务品质的一致性成了一个挑战。陈星海深知,服务品质是公司的核心竞争力,任何的懈怠都可能导致客户的流失。

为了提升服务品质,陈星海开始着手进行一系列改革。她对服务流程进行了全面的梳理和优化,确保每一个环节都能高效、顺畅地运作。同时,她引入了服务标准化体系,制定了详细的服务规范,确保每一位员工都能按照统一的标准提供服务。

陈星海还非常重视员工的培训和发展。她定期组织培训课程,提升员工的服务技能和服务意识。此外,她还建立了一个服务质量监控体系,通过客户反馈和服务质量检查,及时发现并解决问题。

这些措施使得"心悦服务"的服务品质得到了显著提升。客户对服务的满意度不断提高,公司的口碑也越来越好。陈星海意识到,服务品质的提升是一个持续的过程,需要不断地创新和改进。她坚信,只有提供超出客户期望的服务,才能使公司在竞争激烈的市场中保持领先地位。

案例启示:

(1) 服务品质是服务型企业的核心竞争力,直接影响客户满意度和忠诚度。

(2) 持续的服务创新和员工培训是提升服务品质的有效途径。

 **管理小卡片**

优秀的服务能够为企业赢得口碑,创造无形的价值。

——周鸿祎

2. 品牌建设

成长期服务型企业品牌建设是一个长期而复杂过程,需要企业从多个方面努力和投入,见表 7-9。

表 7-9　　　　　　　　　　成长期服务型企业品牌建设

品牌建设方式	具体内容
定位	明确企业品牌定位,包括目标客户、品牌价值、品牌形象等。品牌定位是品牌建设基础,企业明确品牌定位,进行针对性的品牌建设和推广
建设	加强品牌建设,提升知名度和美誉度。企业通过多种方式建设品牌,如广告宣传、活动策划和公益活动等
传播	积极开展品牌传播工作,扩大品牌影响力。企业通过多种渠道进行品牌传播,如电视广告、户外广告、网络广告和社交媒体等
维护	注重品牌维护工作,保护形象和价值。企业需加强管理,建立管理制度和危机应急预案,及时处理危机事件

总之,成长期服务型企业品牌建设需要企业从多个方面进行努力和投入,不断提升品牌知名度、美誉度和影响力,在激烈市场竞争中立于不败之地。

 管理小卡片

品牌就像是一棵树,需要时间来培养,需要精心呵护才能茁壮成长。

——杰克·韦尔奇

7.2.2　客户满意度调查与改进措施

1. 客户满意度调查方法和步骤

(1) 调查准备阶段。

①确定调查目标和范围。

②设计调查问卷,包括问题类型、顺序和数量等。

③选择调查对象,包括现有客户、潜在客户和流失客户等。

④确定调查方式,包括面对面访谈、电话调查、网络调查和邮寄调查等。

(2) 调查实施阶段。

①按照调查计划和设计好的调查问卷,对调查对象进行实地调查。

②在调查过程中,调查人员要严格按照问卷设计要求提问,避免出现诱导性问题。

③对于调查对象回答,调查人员要认真记录,确保调查数据的准确性和完整性。

(3) 调查结果分析阶段。

①对调查数据整理和分析,包括数据录入、审核、统计等。

②通过对调查数据分析,得出客户满意度总体水平以及各个调查项目满意度得分。

③根据客户满意度总体水平和各个调查项目满意度得分,分析客户满意度影响因素,并找出问题和不足之处。

(4) 改进措施制定阶段。

①根据对客户满意度调查结果的分析,针对存在问题和不足之处制定相应改进措施。

②在制定改进措施时,要充分考虑企业实际情况和资源条件,确保改进措施的可行性和有效性。

③为了确保改进措施贯彻落实,需要建立相应的监督和考核机制,对改进措施执行情况跟踪和评估。

2. 客户满意度调查结果分析

客户满意度调查结果分析见表 7-10。

表 7-10　　　　　　　　客户满意度调查结果分析

结果分析	具体内容
客户总体满意度	通过对客户满意度调查数据统计分析,得出客户总体满意度得分情况。一般来说,客户总体满意度得分越高,说明客户对企业服务质量越满意;反之,存在不满意的地方
客户忠诚度	客户忠诚度是指客户对企业产品或服务产生依赖感,愿意长期购买和使用的行为。对客户忠诚度调查分析,了解客户对企业信任度和忠诚度,采取相应措施提高客户忠诚度
客户需求和期望	客户需求和期望是客户对企业产品或服务具体要求和期望。通过调查分析,了解客户对企业产品或服务需求和期望程度,采取相应措施满足客户需求和期望
服务质量	服务质量是指企业为客户提供产品或服务的质量水平。通过对服务质量调查分析,了解客户对企业服务质量的评价和认可程度,采取相应的措施提高服务质量水平

 **管理小卡片**

  客户满意度调查是服务型企业了解客户需求和期望,改进服务质量,提高客户满意度的重要手段。通过对客户满意度调查结果分析,了解客户对企业产品或服务满意度情况,找出问题和不足之处,采取相应措施提高客户满意度。在实施客户满意度调查过程中,需要注意调查目标明确性、调查问卷合理性、调查对象代表性、调查方式科学性等问题,以确保调查结果的真实性和可靠性。同时,需要加强对调查结果分析和改进措施的制定和实施,不断提高服务型企业客户满意度和市场竞争力。

3. 客户满意度调查改进措施

(1) 提高服务质量。
①加强员工培训,提高服务意识和技能。
②完善服务流程,提高服务效率和质量。
③加强服务质量监控,及时发现和解决服务过程中的问题。
(2) 满足客户需求和期望。
①加强客户需求和期望调查分析,及时了解客户需求和期望的变化。
②采取相应的措施满足客户需求和期望,提高客户满意度。
③建立客户反馈机制,及时收集客户对企业产品或服务的意见和建议。
(3) 提高客户忠诚度。
①加强客户关系管理,建立档案,定期回访,提高忠诚度。
②采取相应措施提高客户满意度。
③提供个性化产品或服务,满足客户特殊需求和期望。
(4) 加强企业内部管理。
①健全企业内部管理制度,加强企业内部管理。
②加强企业文化建设,营造良好的企业氛围。
③加强企业品牌建设,提高企业知名度和美誉度。

 管理小卡片

  客户关系管理不仅是一个技术问题,它是一个战略问题。

——唐·佩珀斯

[本节案例]

品牌引领农林产品出圈出彩

近日，两辆满载着广西百色市优势农特产品的大货车从百色市田东县开往俄罗斯，开启"一带一路"共建国家商贸之旅。随着中国百色与东盟国家和RCEP国家合作的深入，百色特色农产品正在不断扩大国内外"朋友圈"。

百色市农业资源丰富，既是中国芒果之乡、茶叶之乡、八渡笋之乡，也是全国"南菜北运"基地、全国香料基地、国家商品粮生产基地。"好产品要打出好品牌，这样才价格优、效益好、农民富。"百色市农业农村局负责人告诉记者，百色市近年来着力打造地方特色产业与区域文化相融合的农产品区域公用品牌"百香百色"，走出以品牌引领农林产业高质量发展之路，推动"菜篮子""果盘子"体量优势转化为发展优势。

"为释放品牌引领效应，百色市推动实行'一县一精品''一乡一品牌'，建立健全'一县一品'拳头产品培育库，培育打造具有市场认可度的拳头产品12款。"百香百色品牌运营管理有限公司副总经理黄广政介绍，当前，已有68家企业获认证授权使用区域公用品牌，涵盖全市460个农产品种类。同时，建成品牌核心基地20个，推动形成"品牌+基地+农户"模式，打破种养技术壁垒、打通农产品销路、稳住农产品价格，带领农民增收致富。

百色芒果季即将来临，走进田阳区百育镇六联村那贯屯，连片的芒果林果实累累。"去年，我家的芒果按照品牌要求，全程按统一标准精细管理、采摘、包装、销售，价格相较往年提高了30%。"周维强是百色芒果种植户，其公司被授权使用区域公共品牌。在品牌带动推广下，公司种植的芒果开始走精品化路线，利润有了较大提升。

在品牌培育过程中，百色市以绿色、有机、地理标志等名特优农产品为重点，规划建设品牌形象体系、产品溯源体系、准入企业管理体系、产品包装体系等相关标准体系建设工作，加强从田间地头到餐桌的全过程监管，以品质引领品牌发展。通过品牌赋能，百色市的优质农产品价格平均提高三成。

如何讲好品牌故事，让更多百色农产品声名远播？2024年3月，2024中甲联赛广西赛区第四轮角逐在百色平果市举行，比赛期间区域公用品牌主题展演秀闪亮登场，"品牌+赛事"融合强势出圈出彩。同时，借助"广西三月三"等重大节日，举办品牌集市销售，通过"品牌+文旅""品牌+热点""品牌+直播""品牌+创新"等方式，不断提升品牌曝光度和影响力。

"目前,我们已与深圳公司签订'百香百色'农产品营销战略合作协议,让百色农副产品迈出了走向大湾区市场的关键一步。"黄广政说,通过对68家品牌准入企业建立有统一标准、有统销平台、有品质保障的完善运营管理体系,优质农副产品的上行通道得以打通,百色市的优质农副产品可以直接进入商超,提升了农副产品的竞争力和附加值,让更多农民享受到更多红利。

资料来源:周仕兴,卢茜. 品牌引领农林产品出圈出彩[N]. 光明日报,2024-06-11(3).

7.3 制造型企业运营

成长期制造型企业是度过初创期,经历快速增长阶段的制造企业。

7.3.1 生产效率提升与成本控制

1. 生产效率提升

成长期制造型企业提升生产效率是实现规模扩张和增强市场竞争力的关键。有效策略见表7-11。

表7-11 成长期制造型企业提升生产效率

提升效率策略	具体内容
精益生产	通过减少浪费、优化生产流程来提高生产效率
技术创新	采用新技术和自动化设备来提升生产效率和降低人力成本
流程再造	重新设计生产流程,消除瓶颈,提升生产线整体效率
人力资源管理	提高员工技能和参与度,通过培训和激励机制提升工作效率
信息化管理	利用信息技术提高管理效率。例如,利用ERP系统来整合资源和流程
持续改进文化	建立创新企业文化,鼓励员工提出改进建议,不断提升效率

通过这些方法,成长期制造型企业提高生产效率,满足市场需求,为未来扩张打下坚实的基础。

2. 成本控制

成长期制造型企业在成本控制方面需要采取一系列策略来确保企业资源的有效利用,并维持竞争力。有效成本控制方法见表7-12。

表 7-12　　　　　成长期制造型企业提升生产效率

成本控制方法	具体内容
质量管理	提高产品质量减少返工和废品，降低成本
供应链优化	供应链管理提高原材料采购效率，降低库存成本
能源管理	优化能源使用，减少浪费
成本核算	精确计算产品成本，实现成本透明化管理
全面预算管理	通过预算控制成本，确保各项开支在预算范围内
风险管理	识别和控制生产过程中风险，减少不确定性成本
环境与社会责任	通过环保和社会责任实践降低潜在合规成本

通过这些措施，成长期制造型企业在保持增长的同时有效控制成本，提高盈利能力，为企业可持续发展奠定基础。

管理小卡片

生产建设要注重技术创新和工艺改进，以提高产品质量和生产效率。

——马化腾

7.3.2　市场拓展与产品多样化

1. 市场拓展

成长期制造型企业市场拓展是企业发展早期阶段，通过一系列策略来扩大市场份额、增加品牌知名度和提高产品销售过程。市场拓展策略见表 7-13。

表 7-13　　　　　成长期制造型企业提升生产效率

市场拓展策略	具体内容
市场渗透	通过增强现有产品或服务吸引力，提高现有市场销售量，增加市场占有率
市场开发	识别并进入新地理市场或消费者群体，扩大企业市场覆盖范围
产品开发	不断推出新产品或改进现有产品，以满足市场需求和预期，增加产品线
战略联盟	与其他企业建立合作伙伴关系，通过资源共享和合作开发市场，提高市场影响力
营销和品牌建设	加强营销活动和品牌宣传，提高品牌知名度和消费者对产品认知度

这些策略有助于成长期制造型企业快速增长，建立市场地位。

[情景案例]　**市场拓展的策略**

赵雷平的"蓝海制造"在高科技配件市场取得了一定的成功，但他并没有因此满足。他认识到,市场的不断变化和客户需求的多样化要求公司必须进行市场拓展和产品多样化。

为了拓展市场,赵雷平采取了多元化的策略。他先通过市场渗透策略,增强了现有产品的吸引力,提高了产品在现有市场的销售量。同时,他也积极探索新的地理市场和消费者群体,扩大了企业的市场覆盖范围。

在产品多样化方面,赵雷平不断推出新产品,以满足不同消费者的需求。他利用新技术创造了具有创新特点的产品,区别于市场上的现有产品。此外,他还识别了不同的消费者群体,为每个细分市场开发了特定的产品。

这些策略使得"蓝海制造"成功地适应了市场的变化,提高了市场竞争力。随着市场份额的不断扩大,公司的知名度和影响力也在不断提升。赵雷平意识到,市场拓展和产品多样化是公司持续发展的关键,需要不断地探索和创新。

案例启示:

(1) 市场拓展和产品多样化是制造型企业实现增长的重要策略。

(2) 了解和满足不同消费者的需求,能够帮助企业开拓新的市场和客户群体。

2. 产品多样化

成长期制造型企业产品多样化是企业在成长阶段为满足不同消费者需求、降低市场风险和提高竞争力而采取的策略。成长期制造型企业提升生产效率见表7-14。

表7-14　　　　　　　　成长期制造型企业提升生产效率

产品多样化策略	具体内容
产品线扩展	在现有产品基础上增加新产品或服务,以覆盖更广泛的市场需求和消费者偏好
技术创新	利用新技术创造创新产品,区别于市场上现有产品
市场细分	识别不同消费者群体,为每个细分市场开发特定产品,以满足其独特需求
品牌延伸	利用现有品牌影响力,推出新产品线,以吸引新客户群体
灵活的供应链管理	建立灵活供应链,快速响应市场变化,支持新产品开发和上市

管理小卡片

产品是企业与消费者沟通的桥梁,是企业价值的体现。

——张瑞敏(海尔集团创始人)

[本节案例]

长城汽车：品类创新实战标本

2021年长城汽车发布了全新的2025战略，其中最大的看点就是：基于品类创新，以品类建设品牌的战略方向，形成长城皮卡、哈弗SUV、WEY、欧拉、坦克、沙龙智行的六大品牌矩阵。和其他本土车企的多品牌战略不同，长城汽车的"多品牌"战略基于多年的品类创新实践和市场试错的过程，当长城汽车从80亿元的企业规模站到2 000亿元这个台阶上，多品牌战略才呼之欲出。

反观长城汽车的发展历程，从皮卡赛道的销量冠军，转战到SUV市场，集中优势资源在经济型SUV市场深耕多年，成为这一细分赛道上持续多年的销量冠军，最终成为本土汽车企业中整体销量率先超过百万辆的车企。

本期商业案例将深入洞察长城汽车的品类创新战略的实践，从皮卡、哈弗、坦克、欧拉等产品的成功探析长城汽车的品类创新法则。

1. 战略的转变

从"灌木"到"大树"

1985年成立于保定的长城汽车，起家于皮卡，是国内皮卡市场的领导者，目前累计销售皮卡200万辆，已经连续20年蝉联国内皮卡市场第一，是国内皮卡市场无可争议的领导者，常年市场占有率在50%左右。

皮卡作为一种多功能的车型，既可以载人，又可以载货，在国际市场，尤其是北美市场是非常受欢迎的车型。但是在国内市场却情况不同，交通管制对皮卡在国内市场的影响比较大，使其长期面临品类增长的瓶颈，全国市场的一年销量也就是20余万辆的规模。这对于已经多年保持皮卡销量冠军的长城汽车而言，面临新的选择：是继续在皮卡市场深耕，等待市场的黎明？还是选择向其他品类进军？

2008年的长城汽车经历了一轮的扩张，为实现进入主流本土车企的目标，投资数十亿元进入轿车市场，并开发了MPV产品。但是出击更多的市场并未带给长城汽车预期的销售目标。长城汽车自身缺乏轿车市场的基因和品牌基础，销售惨淡，2007年上市的轿车车型"精灵"月销量仅为200辆，MPV也在全国销量前10名之外。

当时整体销量不足13万辆的长城汽车在中国自主车企里排名倒数第二，却同时经营皮卡、轿车、MPV、SUV等品类，拥有迪尔、赛铃、赛酷、风骏、哈弗、精灵、炫丽、酷熊、嘉誉等9个品牌，除了皮卡品牌迪尔排名皮卡市场第一，其他品牌都未进入品类靠前的位置，长城汽车一度在国内车企的位置十分尴尬。

长城汽车要想获得持续发展，必须调整品牌战略，从"灌木型"转变为"大树型"。长城汽车当时不仅与合资车企具有较大的差距，而且和本土的吉利、奇瑞、比亚迪、长安等自主品牌在销量和品牌影响力上也有较大的差距。因此，审时度势，在里斯咨询的建议下，长城汽车高层达成一致，采取高度聚焦战略，聚焦一个品类、一个品牌，重新起步。

2. 聚焦新品类

从皮卡到SUV

聚焦一个品类对于一个汽车企业而言并不是一件容易的事情。

里斯咨询对美国汽车市场洞察发现，美国汽车市场SUV起初也是小众市场，后来也成为主流，这个趋势具有很强的参考性。数据显示，1965年到2006年的40年间，美国汽车市场上SUV车型从11%的市场占有率增长到65%。经过研究，里斯咨询预见到国内SUV这个品类经过十年发展，有可能实现和轿车市场各分一半的市场格局。这个潜力是属于当下规模小，但是未来潜力大的一个赛道，这种机会在里斯咨询定义中就是重大机会，所以他们建议长城汽车放弃其他赛道的全面开发，而是向SUV这个赛道聚焦。

在聚焦SUV车型之前，长城汽车先做了小范围的市场测试，把下游卖得不好的轿车产品改成小型SUV，结果卖得很好，价格还比之前提高了5 000元，销量翻了一番。15万元以上的车型，不管是轿车市场还是SUV都被合资品牌和进口品牌占据，长城汽车难有机会；15万元以下的车型，轿车则被比亚迪、奇瑞和吉利等强大的竞争对手占据，胜算也不大。只有经济型SUV市场这一赛道缺乏强有力的竞争对手，所以这一赛道成为长城汽车后来集中发力的一个市场。

为什么国内那么多企业都推出过SUV车型，但是最成功的却是哈弗H6？而且哈弗H6多年来可以一直保持在这个领域的领先优势？

随着竞争对手不断推出直接竞争的车型，哈弗H6逐渐暴露出在核心动力总成上的短板，如自动挡产品供应不足，发动机优化缓慢等缺点，哈弗H6逐步被贴上"油耗高"的标签。长城汽车投入巨资，整合全球研发资源，研发出国际领先的直喷涡轮增压发动机和7速湿式双离合变速器。随着2017年新一代哈弗H6上市，哈弗补齐了短板，产品重新回到同级别领先。

3. 多品牌布局

从80亿到2 000亿元

自从2011年正式推出哈弗H6，一举创造"哈弗神话"，凭借着哈弗这个SUV品牌，长城汽车最近十年都保持着高速增长的态势，销售规模从80亿元跃上2 000亿元的规模，在本土汽车企业中数一数二，站在2 000亿元的台阶上，长城汽车是否面临新的市场机遇？

经过十年的发展，SUV市场已经进入升级阶段，15万元以上的SUV市场将成为新的增长点，在这个价格区间的合资SUV普遍配置不高，产品竞争力一般，性价比较低，难以满足消费者当下消费升级的需求，这就给自主品牌带来机会，因此，15万~20万元的SUV品类存在明显的品类分化和战略机会。

但是长城哈弗代表着经济型SUV，定位15万元以下的SUV，如果继续用哈弗推出更高价位的车型，就有可能模糊哈弗既有的品牌定位，新车型也未必会被市场认可。

进入2019年、2020年，电动车市场快速崛起，尤其以比亚迪为代表的本土电动车保持快速的增长，各大车企都开始重点布局电动车，这意味着未来的电动车市场将成为一个红海市场，对于长城汽车而言未必是机会。里斯咨询认为，未来电动车将对燃油车市场的各个细分赛道都会产生侵蚀，但是唯一没法对越野车市场产生颠覆，因此，可以反其道而行之，进入越野车这个蓝海市场。

2020年12月，坦克300正式上线，一经推出就迅速成为国内越野车市场的网红产品，订单不断增长，每个月的订单量都在一万辆以上，这让长城汽车出乎意料。2021年长城汽车总销量增长了17万辆，其中有一半都是坦克贡献的。坦克300的成功也让长城汽车看到了大的机遇，2022年果断将"坦克"品牌从"WEY"品牌下独立出来，单独运营。长城汽车又顺势推出坦克500，热度不亚于坦克300，预售一周订单量就超过4万辆。

就在坦克品牌获得出乎意料的成功时，长城汽车又把目标市场盯在了女性消费者市场上，而这背后也是长城汽车运用定位理论在全新市场的一次探索。

欧拉针对女性在体型上的差异，进行了驾驶座椅的优化、坐姿的优化，包括离地间隙，根据女性特征进行差异化的设计；在驾驶功能上更加侧重女性的驾驶习惯。例如，设计360度的、更清晰的全景影像，是因为女性需要更快捷地调到自动泊车，有安全感的自动泊车；为了让女性不紧张，欧拉实际上给了很多辅助的设计，如感应开启后备厢，还有离车无忧等设计；欧拉在开启这个上面做了很多自动化的设计。例如，女性经常带儿童，所以设计了很多儿童的功能。

4. 观察

品牌延伸不如品类创新

以前，企业推出一个成功的品牌就可以辉煌很久，但是当今世界，已经进入"超级技术时代"，新产品和新服务的发展很快，应对办法就是不断推出新的品牌，因为未来属于多品牌企业。

对于大企业而言，必须先要意识到问题在哪里。很多大企业并没有意识到问题在哪里，往往认为是产品不够好、技术不够领先等。其实，关键原因在于没有真正按照品类创新的方式去打造第二增长曲线。企业要打造一个全新的品类，就必须找到对的方法，企业必须建立新的组织、新的团队，以全新的品类、全新的品牌、全新的定位来把握这些机会，这样就大大提高了成功率。

对于多品牌战略而言，成功的多品牌战略背后其实是品牌旗下品类创新和产品的成功，只有产品成功，品牌才能真正立得住。

资料来源：李媛. 长城汽车：品类创新实战标本［N］. 中国经营网，2023-02-18.

[团队场景练习]

游戏名称：成长期企业战略大挑战

目标：

（1）通过互动游戏让学生更好地理解成长期企业的关键运营策略。

（2）增强学生的团队合作能力、战略规划能力和决策能力。

参与人员：

学生分成若干小组，每组4~6人，每组代表1家处于成长期的虚拟企业。

游戏准备：

（1）为每个小组准备相同的资源卡片（代表资本）、技术卡片、人力卡片等。

（2）准备一系列挑战卡，上面写有各种市场和技术挑战。

（3）准备计分板和计分笔。

游戏规则：

（1）企业创立。每小组随机抽取企业类型（服务型或制造型）和初始资源。

（2）资本运作。每轮开始时，小组可以选择使用资源卡片进行资本运作，如股权融资、债权融资等，以获取更多资源。

（3）技术研发。小组使用资源进行技术研发，抽取挑战卡，解决技术问题，成功则获得技术进步奖励。

（4）市场拓展。小组选择市场拓展策略，如市场渗透、市场开发等，根据策略成功与否获得相应的市场份额。

（5）服务品质与品牌建设。服务型企业需要进行服务品质提升和品牌建设，通过掷骰子决定服务品质提升的成效。

（6）生产效率与成本控制。制造型企业需要提高生产效率和控制成本，通过抽取挑战卡来决定生产效率提升或成本节约的成效。

（7）客户满意度调查。每轮结束后，小组进行客户满意度调查，根据调查结果获得相应的客户忠诚度分数。

（8）结果评估。每轮结束后，根据市场份额、技术进步、客户满意度和成本控制情况进行计分。

（9）游戏结束。进行若干轮后，根据各组的总得分决定最终的胜者。

游戏材料：

资源卡片、技术卡片、人力卡片、挑战卡、计分板。

预期成果：

（1）学生能够深入理解成长期企业运营的关键要素和策略。

（2）学生能够在游戏过程中锻炼团队合作和战略决策能力。

（3）学生能够通过游戏学习如何在变化的市场环境中灵活应对。

通过这个互动小游戏，学生不仅能够在轻松愉快的氛围中学习理论知识，而且能够锻炼实际操作和团队协作的能力。

[本章小结]

通过本章学习，理解成长期企业运营的复杂性，掌握资本运作、技术研发、市场拓展、产品多样化等关键策略，为实际企业运营提供理论支持和实践指导。

[关键词]

资产运作与扩张　技术研发　服务品质　市场拓展　产品多样化

[简述题]

1. 成长期企业有什么特征？
2. 成长期企业如何进行资本运作与扩张策略？
3. 简述技术研发对于成长期企业的重要性。
4. 简述创新投入对于成长期企业的重要性。
5. 服务型企业与制造型企业有什么区别？
6. 成长期服务型企业如何进行客户满意度调查？
7. 简述成长期制造型企业如何提高生产效率？

[拓展阅读]

[阅读1]
"双循环"新发展格局中企业品牌建设的价值内涵与实践路径探析

2021年处在"两个一百年"的历史交汇点，也是我国"十四五"规划的开局之年，标志着建设社会主义现代化国家的新征程已全面开启。与此同时，全球经济格局却进入高度不确定的调整期，全球化倒退、单边主义、贸易保护主义等问题使得国际经济大循环动能明显减弱，加之新冠疫情对各国经济的冲击，国际经济形势已经非常严峻。有鉴于此，中国提出了"以国内大循环为主体、国内国际双循环相互促进"的新发展格局。其中，供给侧结构性改革和拉动内需是"双循环"新发展格局的重点和基石。企业连接供给与需求、关联国内国外，是推动新发展格局建设与完善的最主要行为体。品牌是企业竞争力的综合体现，代表着供给结构和需求结构升级的方向。成熟的企业品牌助推企业自主创新和高质量发展，可以适应消费者对产品功能性需求向品质性需求的转变，拉动消费升级及内需增长；也可以增强企业的竞争力和获利能力，提高市场占有率。品牌建设的价值与双循环新发展格局要解决的核心问题不谋而合；企业可以通过品牌建设驱动双循环新发展格局的构建和完善。

一、"双循环"新发展格局的提出及内在逻辑

在"百年未有之大变局"背景之下，全球经济格局进入高度不确定的调整期和变革期，机遇与挑战并存。因此，把握国内外经济主要矛盾，提出全新经济战略以推动经济高质量发展十分必要。有鉴于此，我国政府及时在顶层设计层面作出反应，2020年4月10日，中央财经委员会第七次会议指出，"国内循环越顺畅，越能形成对全球资源要素的引力场，越有利于构建以国内大循环为主体、国内国际双循环相互促进的新发展格局，越有利于形成参与国际竞争和合作新优势"，提出构建新发展格局。7月30日，中共中央政治局会议强调，"当前经济形势仍然复杂严峻，不稳定性不确定性较大，我们遇到的很多问题是中长期的，必须从持久战角度加以认识，加快形成以国内大循环为主体、国内国际双循环相互促进的新发展格局"，指出了新发展格局构建的迫切性和重要性。10月26日，党的十九届五中全会重申，"构建新发展格局，是与时俱进提升我国经济发展水平的战略抉择，也是塑造我国国际经济合作和竞争新优势的战略抉择"。新发展格局是把握新时代经济发展的战略性布局，是为应对百年未有之大变局，综合考量第二个百年奋斗目标、建设现代社会主义强国以及国际经济循环弱化等因素作出的有利于我国经济持续发展的重要选择。"双循环"新发

展格局的加快构建与形成已成为新时代全面深化改革的重要任务。

在"双循环"新发展格局中,国内经济大循环的畅通是主要任务,主要有以下三个方面的因素。

一是我国国内市场逐步趋于成熟,具有完成国内大循环的基础与能力。从需求侧来看,我国 14 多亿人口中有 4 亿多的中等收入群体,人均国内生产总值已突破 1.1 万美元,市场规模巨大。从供给侧来看,我国是全球唯一具有完备工业生产体系的国家。完整、成熟的供给与需求链为我国构建畅通的国内循环提供了必要的条件。

二是我国经济内外循环的生产、分配、流通、消费环节存在亟待解决的"堵点"。从国内循环来看,我国经济面临着产能过剩、收入分配不均、要素流动不畅、供需结构性失衡等问题。从国际经济循环来看,我国企业供给的高端产品不足,目前处于全球价值链的低端;输出廉价资源,获取利润率相对较低,在国际收入分配中处于不利地位;自主创新能力低,关键核心技术受到他国掣肘。从国内外经济循环中存在的问题可以看出,只有更加畅通的国内经济循环才能吸引更多的国际优势资源,降低国际市场对国内经济的影响,巩固和扩大我国在国际经济循环中的优势。

三是国际经济环境不确定性增多,以国际循环为主的出口导向型经济体系呈现脆弱性和敏感性。2008 年金融危机之后,美国经济复苏缓慢,日本、英国和欧元区陷入衰退,发达经济体结构性问题突出,经济复苏后劲不足,至今仍处于长周期调整阶段。全球经济格局进入高度不确定的调整期和变革期,中国作为紧密依赖国际市场的出口导向型经济体将面临更多的风险与挑战。同时,国际经济大循环也受到贸易保护主义的阻碍,因此,降低我国企业对国际经济动荡的敏感性,掌握自身的经济发展话语权,重构在国际大循环中的优势,构建以国内经济循环为主的经济发展格局已经成为必然选择。

当然,"双循环"新发展格局也要充分重视国外大循环,仍然坚持高水平对外开放。"以国内大循环为主体,绝不是关起门来封闭运行,而是通过发挥内需潜力,使国内市场和国际市场更好联通,更好利用国际国内两个市场、两种资源,实现更加强劲可持续的发展"。扩大内需和扩大开放并不矛盾,国内循环越顺畅,越有利于构建开放新格局,越有利于形成参与国际合作和竞争新优势。我们需要积极推动内外循环的深度互动,充分利用"两个市场、两种资源",促进国内国际产业链与创新链深度融合,为"双循环"新发展格局的构建注入不竭动力。另外,我们积极推动更高水平的对外开放,要大力推进"一带一路"建设,也要充分利用以 RCEP 和 CPTPP 为代表的区域双边及多边贸易协定,更加主动地参与全球经济治理,促进"全方位、多层次、宽领域"全面开放格局的形成。

"双循环"新发展格局中,扩大内需是战略基点和重点。"十四五"规划明确新发展格局中扩大内需为重中之重，需深化供给侧结构性改革、坚持自主创新、提高产品质量以激发新的消费需求，逐步构建完整的内需体系。这是符合我国经济发展规律的，也为构建"双循环"新发展格局的实践路径指明了方向。

品牌是企业综合实力的体现，是企业间竞争的法宝和区别的标志，也将成为驱动"双循环"新发展格局发展和完善的重要抓手。在新发展格局中，企业品牌建设将坚持"扩大内需"的战略基点，以国内消费者为中心，通过自主创新和高质量供给，满足消费者个性化消费、提供质量保证、简化购买决定，从而拉动国内需求。同时，企业品牌建设将推动内外循环深度互动，以国内市场为基础，逐步打造知识和技术密集型品牌，在提升产业链现代化水平的同时，也打造获取国内外消费者信任的主要标识，从而提高国内外市场占有率、获得更高的边际收益，强化国际合作和竞争新优势。可以说，企业开展品牌建设，提升品牌优势，将为我国"双循环"新经济格局的构建和完善提供更多助力。

二、"双循环"新发展格局中企业品牌建设的价值内涵

"品牌是一个企业技术能力、管理水平和文化层次乃至整体素质的综合体现；从一定意义上说，品牌就是效益，就是竞争力，就是附加值。"品牌建设可以让企业更具投资价值，赋予企业重新进行资源配置的能力；也是企业高质量发展的助推器，能够提升知名度和美誉度，进而扩大市场占有率、提高经济价值。可以说，品牌是企业乃至国家综合实力的重要参考依据，支撑着经济发展、结构转型的关键。2014年以来，我国品牌战略上升为国家层面的顶层设计，"三个转变"的重要指示提出要"推动中国产品向中国品牌转变"。之后的《关于发挥品牌引领作用推动供需结构升级的意见》《中华人民共和国国民经济和社会发展第十四个五年规划和二〇三五年远景目标纲要》等文件都指出了创建并推动品牌走出去的必要性。在新发展格局中，企业品牌推动自主创新、供给高质量产品、拉动消费升级以及促进国际合作的价值内涵需要更深入地挖掘，以此来激发新的增长动力、扩大内需、促进高水平对外开放，这也正是"双循环"新发展格局要解决的核心问题。

资料来源：田立加，高英彤."双循环"新发展格局中企业品牌建设的价值内涵与实践路径探析［J］.重庆社会科学，2022（6）：79-90.

[阅读2]

数字劳动和数据资本权力：平台资本主义研究的两个重要向度

平台资本主义是通过对数字劳动成果的利用来实现财富快速积累的一种新的商业模式和组织形式。对平台资本主义的研究应聚焦在以下两个向度：数字劳动和数据资本权

力。通过对数字劳动的分析,揭示平台对人的数字劳动的支配。在此基础上指出,平台资本主义运作的核心支点乃是数据资本权力。随着原子式的资本向比特式的资本转化,数据资本权力对人的支配以更加隐蔽的"图表化"方式进行,这加速了数字劳动者的相对贫困化趋势。基于对平台资本主义的分析与诊断,要促进中国数字经济的健康发展,应充分利用数据和数字技术,释放生产力发展与生产关系变革的潜能,强化数字经济的反垄断,推进数字经济与实体经济深度融合,在高质量发展中扎实推动共同富裕。

人们通常认为,"平台资本主义"这个概念是由加拿大尼克·斯尔尼塞克(Nick-Srnicek)正式提出的,它是用来指称资本主义的"一种新的商业模式"。与传统商业模式相比,此种新的商业模式主要借助于多种数字化平台"独占、提取、分析和使用记录下来的日益增加的数据量",以此获得更多的资本收益,实现数据资本的快速积累与指数化增加。平台资本主义像一个巨大的数据加工厂,把所有用户在平台上活动留下的数字化痕迹进行加工与提炼,进而形成数据商品,源源不断地转换为数据资本。对平台资本主义的研究主要解决以下两个问题:一是把握平台资本主义此种新的商业模式运行的内在机理与理论限度,从而为人们较为完整地认识平台资本主义提供方法论上的指导;二是通过对平台资本主义的分析与诊断,防止数据资本无序扩张,强化平台反垄断,从而推动中国数字经济的健康发展。对平台资本主义的研究,有两个重要向度:数字劳动和数据资本权力。

1. 对数字劳动的利用

平台资本主义的发展是建立在对用户数字劳动利用的基础之上,数字劳动是数字劳动者在数字化平台或同平台相关联的空间中进行的各种活动,其本质上乃是一种对平台来说不需要支付任何报酬的无酬劳动。此种劳动主要是通过人的数字行为表现出来,换言之,人的数字行为在互联网平台中就表现为数字劳动。如今,平台利用数字劳动的手段更加隐蔽,只要用户进入平台活动,展开数字劳动,随之平台的算法机器就开始对用户的数字行为进行收集、归类与建模。在此基础上,平台就会得到用户生产的数据,从而进行财富的快速积累与资本增值。

2. 对人的数字行为的利用

在数字化生存的世界中,用户的行为已经不再是一种简单的个人活动、体验、经历或者习惯,"行为逐渐成为算法驱动下的新型资本、商业模式和科技基石,算法工具能够从人们浏览网页、购物、健身、饮食及驾驶等习惯中找出隐藏的深层次规律"。那么,平台为什么要利用用户的数字行为呢?为了回答这一问题,需要先对人的数字行为本身进行解读。

第一,数字行为是新的数据商品。用户的所有行为都会在平台上留下"数字脚印"，算法机器对这些"数字脚印"进行加工、过滤与编目，进而汇聚成平台中巨大的数据流量。此种数据流量对用户自身来说没有什么价值，然而对平台公司来说具有重要的价值。平台经过一定的中介后，可以把这些数据流量转换成一种新型的商品形态——数据商品。而用户的行为转变成数据商品的过程，也就是数据的商品化和数字化的过程，互联网平台"之所以深化和拓展数字化的进程，原因正在于数字化能够使它们在传播领域扩张商品的形式"。更为重要的是，通过数字化使得流动的信息（包括人的行为）被捕捉到，进而把信息（数据）进行商品化。经过上述环节之后，用户的数字行为转换为数据商品，从这个意义上说，数字行为就是数据商品，平台占据了这些庞大的数据商品。

第二，数字行为是新的全球货币。对此，美国托马斯·科洛波洛斯（Thomas Koulopoulos）就进行了如下追问："行为何以成为新的全球货币？"其中最重要的原因在于，人的行为乃是数据产生的一个重要源头。在科洛波洛斯看来，其他智能体（如人工智能）也会产生出数据，但是这些数据都直接或者间接同人的行为关联在一起，他把这表述为"数字自我（digital-self）或数字孪生体（digitaltwin，其数字行为的合集）"。在平台上，用户的数字自我并不是用户自封的，而是算法机器对用户数字行为的量化与排序之后生成的可以脱离用户本体的"数字虚体"。此种"数字虚体"乃是用户本体的数字化存在，各种智能体（如人工智能）能够轻松地接触它、分析它、量化它，而用户对它却知之甚少。进而言之，一方面，数字自我的生成离不开用户数字行为这个"质料因"，此种质料提供了数字自我的丰富内容；另一方面，数字自我的生成又离不开算法机器的建构，此种建构规定了数字自我的重要形式。我们可以清晰地看出被算法机器裁剪出的数字自我已经同化了用户数字行为的一切内容，同时也导致以下两重分离：一是数字自我同用户自身的分离。数字自我只是算法给出的用户在平台上的数字化模型，平台依据此种模型可以把相关的用户信息出售给广告商，这为平台管理者带来源源不断的现金收益，而用户却很难分享到。二是数字行为同用户自身的分离。数字行为原本来源于用户，但是算法机器却将用户的数字行为转换为供平台储存的各种数据商品，由用户的数字行为（数字劳动）生产的数据商品不是归用户所有，而是归平台拥有，并在全球范围内出售。上述两重分离的结果深刻地表明，平台资本主义把人的行为和信息"当作一种资本从表面和深度上加以开发"，这成为一种必然趋势，数字行为也就变成了平台管理者新的全球货币。

第三，数字行为是新的全球资本。从技术层面说，平台乃是一个巨大的数字化网络空间。用户在这个网络空间中的行为会留下文本、图片、声音、数字、符号、代码等数字化痕迹，也即数据。换言之，数据乃是人的行为活动之后留下的被平台收集与整理的代码，是人的行为的产品。"众多的应用程序、平台、设备及地点都想最大限度地捕捉你的信息，而你的数字行为就分散在这样一个巨大的生态圈中。"互联网平台追踪用户的数字行为，以便为后来各种广告商把产品与用户的数字自我关联在一起做好铺垫，为用户提供广告推销、产品溯源、网站链接、信用评定等方面的服务。随着用户在平台上数字行为的频次增加，意味着平台拥有的数据流量增多，平台也就获得更多的数据商品。数据商品具有负载的信息量多、可反复出售、个性化特质明显等特点，已经成为数字化时代最重要的新"石油"。数据商品也就蜕变成一种新型的全球资本，成为众多平台公司追逐的对象。当下衡量一个平台公司实力强大与否，在某种程度上是看该公司拥有数据量的多少。

简而言之，当用户的数字行为成为新型的数据商品、全球货币和全球资本，这也就意味着平台对用户数字行为的全面利用。此种利用的过程主要是通过数字行为的商品化、货币化与资本化来实现的，同时也导致用户同数字行为或数字劳动相分离。

资料来源：王卫华，宁殿霞. 数字劳动和数据资本权力：平台资本主义研究的两个重要向度[J]. 云南财经大学学报，2022，38（8）：37-46.

[阅读3]

品牌的价值：品牌资本与企业盈余管理

品牌资本是企业重要的无形资产，品牌资本对企业的财务决策有深刻的影响。基于2010~2016年全国税收调查的数据，在利用永续盘存法估计企业品牌资本的基础上，实证检验了品牌资本对企业盈余管理的影响及其作用机制。研究表明，企业品牌资本能抑制企业管理层的盈余管理行为。作用机制分析表明，品牌资本具有财务效应、声誉效应和监督效应，因而品牌资本能抑制管理层的盈余操纵行为。进一步的研究发现，品牌资本对盈余管理的抑制作用在复杂度高的企业和属于消费品行业的企业中更明显。经济后果分析发现，品牌资本对盈余管理的抑制作用能提高企业价值。为此，政府相关部门应支持企业实施品牌战略，不断完善与企业品牌战略相关的政策措施，以推动企业高质量发展。

企业的商业活动往往是在企业与利益相关者的网络关系中进行的，因此，企业会维护与重要利益相关者的契约关系，但这可能会与股东的利益相冲突。在利益相关者驱动治理的模式下，为了维护与关键利益相关者的契约关系，企业可能会产生以牺牲股东利益为代价的机会主义行为。作为企业重要的无形资产，品牌资本涵盖了消费者对企业产品和服务的感知与评价。品牌资本可通过打造企业及其产品的独特形象、培养客户忠诚度、扩大市场份额、加强与利益相关者的互动、留住人才、吸引投资等方式来释放企业的潜力和促进企业的长期发展。

已有研究表明，品牌资本在财务、声誉和监督方面对企业有重要的影响。在财务方面，品牌资本可向关键利益相关者释放积极的信号，从而可提高企业的销售额、稳定企业的现金流、降低企业的经营风险和缓解企业的融资约束。在声誉方面，品牌资本能使企业和管理层更加注重企业声誉，因而管理层不会从事损害企业声誉和有损企业与利益相关者契约关系的不当行为。这样，企业决策与股东的利益趋于一致。此外，良好的品牌声誉还有助于激发高管的组织认同感，而组织认同感强会使管理层减少不道德行为。在监督方面，好的品牌通常会吸引更多的外部关注，因而企业的行为会受到消费者、投资者、分析师、媒体等各方面的关注和监督。不仅如此，良好的品牌声誉还会促使利益相关者主动收集有关企业的信息，这会使企业更加注重维护品牌形象，以避免负面舆论和监管风险。因此，品牌资本的财务效应、声誉效应和监督效应可以缓解利益相关者驱动治理模式下股东利益无法得到保障的问题。国家市场监督管理总局要求企业全面跟踪和公开报告品牌资本，因此，关于品牌资本的度量，学术界未形成一致观点。

本文利用 2010~2016 年全国税收调查数据中的"广告费支出"来度量企业的品牌资本，考察了品牌资本对企业盈余管理的影响及其作用机制，并探讨了利益相关者驱动治理模式下品牌资本对机会主义行为的约束作用。本文研究发现，企业品牌资本与盈余管理显著负相关。作用机制分析表明，品牌资本具有财务效应、声誉效应和监督效应，因而品牌资本能抑制企业的盈余管理行为。进一步研究表明，品牌资本对盈余管理的抑制作用在复杂程度高的企业和属于消费品行业的企业中更明显，且品牌资本对盈余管理的抑制作用能够提高企业价值。与既有文献相比，本文的边际贡献在于以下几个方面。

第一，本文从品牌资本的角度提供了利益相关者驱动治理模式下保障股东利益的有效手段。有学者指出，利益相关者驱动的治理模式使得企业更注重维护其与政府、客户、供应商等重要利益相关者的契约关系，这与股东治理模式强调保护股东利益的原则是相冲突的。现有文献从个体社会联结的角度证实了社会关联能缓解这种冲突。本文从品牌资本的角度，证实了企业对利益相关者的重视也能保护股东的利益，丰富了关于股东利益保护的研究。

第二，本文拓展了品牌资本影响企业财务决策的研究。已有研究用广告费表示品牌资本，讨论了品牌资本对企业价值、企业违规、企业信用评级、企业股价崩盘风险等的影响。本文分析了品牌资本的财务效应、声誉效应和监督效应，厘清了品牌资本抑制企业盈余管理的机制，并将品牌资本从营销领域拓展到财务领域，这有助于更深入地理解品牌资本产生的影响。

第三,本文利用全国税收调查数据提供的企业广告费支出衡量品牌资本,相较于上市公司财务报表披露的广告费用数据更全面,因此,本文的衡量方法能够更好地反映品牌资本的变化。现有关于企业品牌的研究主要是用上市公司的数据衡量品牌资本。例如,权小锋等以企业是否拥有"名牌产品"反映品牌,研究发现,相较于不拥有名牌产品的企业,拥有名牌产品的企业盈余管理水平更低;且名牌产品可以通过声誉约束机制和资源积累机制来抑制企业的盈余管理行为。本文与该文的主要区别在于:与权小锋等以是否拥有名牌产品来度量企业品牌不同,本文用全国税收调查数据中的"广告费支出"表示品牌资本,通过永续盘存法构建了衡量企业-年度层面的品牌资本的指标。这种衡量品牌资本的方法能够测度企业层面而非品牌层面的品牌资本,因此,该方法测度的品牌资本颗粒度信息更高。此外,既有文献指出,品牌是脆弱性的资产,需要通过广告和其他品牌相关的支出进行维护,否则品牌价值就会折损。因此,本文用广告费支出刻画品牌资本能够更好地反映品牌资本的变化。

根据本文的研究结论,本文提出以下政策建议。

第一,企业要深刻认识到品牌资本的价值。品牌是高质量发展的重要象征,加强品牌建设是满足人民美好生活需要的重要途径。企业要将品牌建设作为重要的战略,要加大品牌建设投入,积累品牌资本,改善与消费者、员工、供应商等关键利益相关者的关系,以树立良好的企业形象和声誉,这可以实现价值增值,并可以为股东创造财富。

第二,政府相关部门要支持企业实施品牌战略。一方面,要不断完善与企业品牌战略相关的政策措施,积极构建有利于品牌发展的产业生态,包括但不限于优化法律法规、加强市场监管、确保品牌市场的公平竞争等。另一方面,要引导企业坚守诚信经营的原则,积极履行社会责任,以塑造健康、积极的品牌形象。同时,要鼓励企业将产品设计、文化创意、技术创新与品牌建设紧密结合;要推动品牌专业化服务平台的建设,提升品牌营销服务、广告服务等水平,并通过多种渠道进行品牌宣传推广,以品牌建设推动企业高质量发展。

第三,监管机构要不断完善品牌评价标准,以提升我国品牌建设水平。要规范品牌评价标准,为品牌评价提供统一、公平、透明的规则,使品牌评价标准既能合理反映品牌建设成果,为未来的品牌发展提供指导,又能为消费者的购买选择提供参考。此外,规范品牌评价标准能指导生产者、销售者、消费者、咨询服务机构、品牌价值评价机构等开展品牌相关工作。

资料来源:徐业坤,郑秀峰. 品牌的价值:品牌资本与企业盈余管理 [J]. 当代财经,2024 (9):98-110.

[阅读4]

制造业数字化转型能促进企业海外市场拓展吗?：
基于中国A股上市公司的实证分析

中国制造业可以通过应用数字技术推动数字化转型，充分利用两个市场两种资源，服务于构建以国内大循环为主体、国内国际双循环相互促进的新发展格局。文章聚焦制造业数字化转型，基于中国A股上市公司微观数据，利用Python文本分析法，研究制造业企业数字化转型能否促进其拓展海外市场。研究认为，制造业企业数字化转型主要通过三个机制提升其海外市场拓展能力：一是成本效应，数字化转型有助于降低制造业企业的生产成本，增强国际竞争力；二是创新效应，数字化转型能够促进企业工艺和产品创新，提高生产效率；三是供应链效应，数字化转型推动了企业供应链多元化，增加了供应链韧性和安全。研究同时发现，数字化转型对企业海外市场拓展的影响具有异质性。在此基础上，文章提出以数字化转型促进中国制造业海外市场拓展的政策建议。

当前国际形势深刻变革，中国发展的海外环境呈现严峻态势。但是，毫无疑问，中国的发展离不开世界，世界的发展也离不开中国。中国正在加快构建以国内大循环为主体、国内国际双循环相互促进的新发展格局，就是要在新形势下用好外循环，畅通内循环，以经济高质量发展服务于全面推进中国式现代化。中国共产党二十大报告指出，要增强国内国际两个市场、两种资源联动效应，提升贸易投资合作质量和水平。2023年12月，中央经济工作会议进一步提出，提升国际循环质量和水平。因此，用好国际循环，服务国内循环是新发展格局的内在要求。中国已经是世界制造业第一大国，制造业占世界比重约为30%。但是，在发达国家主张制造业回流，推动制造业"友岸化""近岸化"背景下，中国若要继续保持制造业的全球领先地位，需要更大力度拓展海外市场，不断挖掘全球市场潜力。

制造业竞争力提升总是与技术创新密不可分，当前，数字技术快速发展，正在加快融入传统经济，制造业数字化转型已经成为全球制造业发展的重要趋势。

一方面，制造业产业链条长，技术迭代快，许多技术创新是从制造业开始突破，数字技术作为一种新技术在制造业中被广泛应用，这符合一般经济发展规律。随着数字技术的全球传播，制造业数字化转型的程度越来越高，中国制造业内在需要通过数字化转型参与全球制造业数字化发展的新趋势中。另一方面，世界主要国家都在大力发展数字经济，制造业数字化转型符合发展潮流。在人工智能、大数据、物联网等新一代数字技术的影响下，全球传统产业数字化变革的新浪潮正在兴起。美国、德国、英国、日本等世界主要国家都提出了数字经济发展战略，美国有《美国数字经济议程》，德国有《国家工业战略2030》，英国有《数字英国》，日本有《AI战略2019》，等等。2022年1月，中国出台了《"十四五"数字经济发展规划》，旨在加快推动数字经济大发展，促进传统产业（包括制造业）与数字技术相结合是数字经济的重要内容之一。

因此，制造业数字化是制造业发展的重要方向，中国从制造业大国走向制造业强国，必然是从"中国制造"转向"中国智造"。在全球制造业向数字化转型的大背景下，中国制造业企业用好数字技术，既是制造业升级的必然要求，也是推动其融入世界经济，拓展海外市场的必然选择。从加快构建"双循环"新发展格局看，制造业数字化转型也是通过扩大海外市场服务于畅通国内外循环，从而有利于在更大范围凸显中国制造业的竞争优势，提升全球市场占有率，提高经济效益。研究中国制造业数字化转型对拓展海外市场的影响，既有理论价值又有现实意义。

中国正从制造业大国迈向制造业强国，利用数字技术推动中国制造业高质量发展是构建新发展格局的题中之义。本文基于2013~2022年中国制造业上市公司的微观数据，研究了制造业企业数字化转型对其拓展海外市场的影响及机制，为中国制造业高质量"走出去"，扩大国际循环提供了理论支撑和政策启示。

本文有以下研究发现。

（1）制造业企业数字化转型显著促进了其国际化发展。数字化转型对企业海外市场拓展的影响存在三个机制：一是通过降低成本提高企业国际竞争力，推动企业海外市场拓展；二是通过促进创新，提高产品竞争力，促进其国际化发展；三是通过提升供应链协同能力、多元化供应链，提高企业供应链韧性与安全，服务于国际化经营。

（2）制造业企业数字化转型对其拓展海外市场的影响具有异质性。资产规模越小的企业数字化转型对其海外业务拓展的促进作用越大；市场化水平较高的企业其数字化转型对海外市场拓展的促进作用大于市场化水平低的企业；从地域看，数字化转型对东部和西部地区企业拓展海外市场有显著影响，中部地区企业不显著。

根据以上结论，本文从政府和企业层面提出以下相关政策启示。

（1）从政府层面，要支持企业数字化转型推动其开拓海外市场。

一是要鼓励制造业中与海外业务拓展相关领域的数字化转型，加强软硬数字基础设施建设。企业数字化转型既包括打通数字相关产业上下游的发展堵点，也包括打造新的数字技术应用场景、数字经济新业态。政府既要加大对数字基础设施硬环境的投资，又要大力优化服务企业健康经营的制度性软环境，构建有利于制造业企业利用数字化转型开拓海外业务的发展环境。

二是均衡推进制造业数字化转型发展。当前，数字化转型力度和数字化基础设施建设整体上仍然呈现出东部优于中西部的现象，政府要紧跟现实发展需要，出台更多支持中西部地区数字化转型的政策措施，鼓励中西部企业通过数字化迈向国际市场。

三是要重视数字化人才培育和引进。数字经济强国的基础是数字人才强国，政府应有计划有步骤地培养一批具备数字化思维和能力的技术和管理人才，包括给予财政金融政策支持、搭建学习交流平台、组织技能培训、升级引才方案、优化大学学科设置等。

四是要增强数字化监管能力。政府应该加强监管队伍建设，加快监管知识学习，不断提升监管能力，在数据保护、收集、使用和传输等方面进行规范、指导和执法，有效保障各类数据的安全与隐私，统筹安全与发展。

（2）从企业层面看，要加快提升制造业数字化能力，积极参与国际竞争。

一是制造业企业要重视销售端的数字化，尽快打造符合企业自身特点的国际化数字网络。例如，通过数字化终端拓宽国际层面数据获取渠道，畅通企业与内外市场的循环；通过大数据、物联网、人工智能等技术将销售数据信息化、数字化，推动精准营销，从销售端倒逼生产端数字化转型。

二是要加快产品端的数字化创新，推陈出新，不断提高产品附加价值。企业要加强内功修炼，通过数字化技术提升产品的性能、品质，满足全球各类客户个性化、多样化需求，以源源不断的创新能力增强企业的国际竞争力和市场占有率。

三是要利用数字化技术推进智慧供应链建设，优化供应链结构，提高供应链韧性。数字化转型对于制造业企业具有保链、稳链和强链的作用，制造业企业要学会将数字化技术应用到供应链管理中，通过供应链机制来提高供应链的灵活性和安全性，助力制造业企业拓展海外市场。

四是要综合利用数字化转型打通数据链条，链接关键节点，实现一体化运营，推动国际化发展。在数字化背景下，企业要从全球层面将生产与运营融为一体，提高采购、生产、流通、销售的融合度，优化管理水平。

资料来源：薛安伟，吉辰，苏娜. 制造业数字化转型能促进企业海外市场拓展吗?：基于中国A股上市公司的实证分析［J］. 世界经济研究，2024（9）：63－76＋91＋136.

第8章 成熟期企业运营

8.1 要素运营管理

企业步入成熟期后,市场地位与运营模式趋于稳定,运营管理重点转为维护与优化业务流程,提效增益,寻求新增长点与创新契机。此时,人力成本相对稳定,资本投入侧重现有资产维护与优化业务流程,技术注重提效降本,知识优化运营与推动创新,管理确保流程优化、成本控制与效率提升,数据分析愈发重要,依据数据作出决策、优化运营与适应市场变化。

8.1.1 人力资源优化与培训发展

人力资源及组织策略是运营系统设计的重要部分,包括人员素质(文化、技术、敬业精神等)、人力资源管理政策(工资、培训、福利、报酬等)和组织结构(形式与划分依据)。合理的组织结构影响部门业务界限与企业业务流程。不同运营系统的人力组织策略有差异,如美国迪士尼对大门售票人员正式上班前进行4天培训,首日了解整体情况,后3天围绕顾客展开提问,使顾客进门即感受到良好的服务氛围。

成熟期企业要素运营管理中,人力资源优化与培训发展对于维持企业竞争力和推动持续发展至关重要。成熟期企业在人力资源优化与培训发展方面的一些重点见表8-1。

表8-1 人力资源优化与培训发展

重点	具体内容
战略规划能力提升	成熟期企业员工具备高度战略规划能力,以适应市场变化和企业发展需求
创新思维培养	注重培养员工创新思维与执行力,鼓励突破定式、勇于创新尝试
企业文化建设	加强文化建设,增进员工对文化的理解认同,通过培训实践深化内涵
职业经理人培养	着力培养职业经理人,使其专注宏观战略及模式,从日常事务中脱离

续表

重点	具体内容
知识管理	通过知识萃取和课程开发等项目，企业可以系统地管理和传承知识，提升员工的专业技能
领导力发展	对于中高层管理者，应形成标准化的培养项目，结合实际问题采取混合式学习形式，提升领导力，并在必要时配备专业教练进行长期辅导
提升员工绩效	注重提高员工的工作效率和质量，通过绩效管理确保员工目标与企业战略一致，并通过培训发展提升员工能力以达成更高绩效
转型培训	在必要时，进行转型培训，帮助员工适应市场变化，为可能的业务转型或调整做好准备
员工参与和反馈	鼓励员工参与培训和设计发展计划，收集员工反馈以不断优化培训内容和方法
技术与培训的结合	利用信息技术，如在线学习平台和移动学习应用，提供灵活多样学习方式，适应不同员工学习需求和偏好

通过以上措施，成熟期企业优化人力资源配置，提升员工能力，促进企业稳定发展和市场适应性。

管理小卡片

人力资源管理不仅是招聘和培训，更是关于如何激励和留住人才。

——彼得·德鲁克（管理学大师）

[情景案例] 华星公司的人才升级战略

随着华星公司在市场的稳步立足，公司领导层意识到，要想在成熟期维持竞争力，关键在于人才的培养与优化。为此，公司启动了一项全面的人才升级战略。

华星公司先对内部人才进行了一次全面的评估，确定各岗位的人才缺口和发展潜力。基于评估结果，公司设计了一套个性化的职业发展路径，为每位员工提供定制化的培训计划。这些计划不仅包括专业技能的提升，而且涵盖了战略思维、创新能力等综合素质的培养。

公司特别重视中高层管理者的培养，开展了"未来领袖"计划，通过实战项目、领导力工作坊和国际交流，全面提升他们的宏观战略规划能力和国际视野。此外，华星公司还引入了外部专家和顾问，为员工带来行业前沿的知识和经验分享。

为了激发员工的创新潜能，公司创建了一个开放的创新实验室，鼓励跨部门团队合作，共同探索新的业务模式和服务产品。员工们的每一个创意都得到了认真的评估和可能的资金支持，这大大增强了团队的创新动力。

启示：

个性化发展：企业应关注员工个性化发展，为每位员工提供定制化的成长路径，这有助于激发个人潜能，促进企业整体发展。

创新文化的培养：建立一种鼓励创新的企业文化，不仅可以促进新产品和新服务的开发，而且可以增强员工的归属感和忠诚度。

持续学习的环境：通过建立持续学习的环境，企业能够确保员工技能的持续更新，适应快速变化的市场和技术需求。

8.1.2 资本运作与风险管理

成熟期企业在要素运营中，资本运作和风险管理是两个关键领域，对于维持企业市场地位和推动持续增长至关重要。

资本运作见表 8-2。

表 8-2 资本运作

方式	具体内容
并购重组	成熟期企业通过并购来整合资源，获取新技术或进入新市场。要求企业进行细致市场分析和风险评估
股权融资	发行新股或增发股票来筹集资金，用于扩张、研发或偿还债务
债券发行	发行债券是另一种筹集资金方式，用于长期投资或改善资本结构
资产重组	对现有资产优化配置，提高资产使用效率和盈利能力
风险投资	投资有成长潜力的创新项目或初创企业，以期获得高额回报
国际化资本运作	在全球范围内资本布局，分散风险并寻求新增长点

风险管理见表 8-3。

表 8-3 风险管理

风险管理	具体内容
战略风险管理	评估和应对影响企业长期发展和战略目标
市场风险管理	监控市场变化，评估汇率和利率变动对企业产生的影响，并采取相应措施
信用风险管理	评估客户信用状况，制定信用政策，降低坏账风险
运营风险管理	建立内部控制体系，提高运营效率，减少操作失误和生产中断风险
合规风险管理	确保企业运营符合相关法律法规要求，避免法律诉讼和声誉损失
技术风险管理	跟进技术发展趋势，评估技术变革对企业影响，及时升级和创新技术
危机管理计划	制定应急预案，提高企业对突发事件响应和恢复能力

通过有效资本运作和风险管理，成熟期企业巩固市场地位，实现稳健增长。

 **管理小卡片**

资本是企业成长的催化剂，但不是万能的。

——沃伦·巴菲特（投资家）

[情景案例] 海拓科技的风险与机遇

海拓科技在成熟期的稳健发展，得益于其精明的资本运作和全面的风险管理。

海拓科技的财务团队在资本市场上展现了高超的技巧，通过精准的时机选择和策略运用，成功发行了多期债券和股票，筹集了大量资金。这些资金不仅用于新产品的研发和市场扩张，还为公司的长期发展储备了充足的弹药。

在风险管理方面，海拓科技建立了一个由跨部门精英组成的风险管理委员会，负责监控和评估公司面临的各种风险。委员会定期举行会议，分析市场趋势、政策变化和竞争对手动态，及时调整风险管理策略。

公司还特别重视合规风险，成立了合规部门，确保公司在全球各地的业务都符合当地法律法规。同时，海拓科技还引入了先进的风险管理软件，通过数据分析和模型预测，提前发现潜在风险并采取预防措施。

启示：

资本运作的策略性：企业应采取策略性的资本运作，以支持长期发展和市场扩张，同时优化资本结构。

风险管理的前瞻性：建立前瞻性的风险管理体系，能够帮助企业及时识别和应对潜在风险，减少不确定性带来的影响。

合规性的重要性：在全球市场中，合规性是企业稳健运营的基石，忽视合规风险可能导致严重的法律和声誉损失。

[本节案例]

纳入气候风险资本新规　健全风险管理体系

日前，国家金融监督管理总局发布了《商业银行资本管理办法》（以下简称资本新规），引起业内广泛关注。

资本新规从构建差异化资本监管体系、全面修订风险加权资产计量规则、确保风险权重的适用性和审慎性、强化监督检查、提高信息披露标准五个方面提出要求，进一步完善商业银行资本监管规则，推动银行强化风险管理水平，提升服务实体经济质效。其中，将气候风险纳入全面风险管理体系也是资本新规的一大亮点。

中信证券研报指出，资本新规从2024年1月1日起实施，这一方面意味着年内后续2个月银行需围绕各类型风险暴露分类等开展大量工作，另一方面也意味着2024年各家银行或参考新规对资产配置进行结构调整，因此，银行资产配置策略的调整或将加速对细分金融市场和客群领域的影响。

构建差异化资本监管体系

资本新规自2024年1月1日起正式实施。过渡期安排分为以下两个方面，一是对计入资本净额的损失准备设置两年过渡期；二是对信息披露设置五年过渡期。

广发证券固收团队指出，相比2月18日发布的《商业银行资本管理办法（征求意见稿）》，资本新规主要在以下两个方面进行了完善。第一，调整部分风险暴露的风险权重，优化个别表外业务适用的信用转换系数。例如，居住用房地产风险暴露、工商企业股权投资、对我国开发性金融机构和政策性银行的次级债权等的风险权重调降。第二，放松穿透法下对独立第三方认定的要求。对于资管产品穿透法计量，正式稿对独立第三方新增"特定情况下，包括资产管理产品管理人"的表述，现阶段"特定情况"是指商业银行投资的资产管理产品是公开募集证券投资基金。

中证鹏元金融机构评级部资深分析师王延淋告诉《中国经营报》记者，资本新规构建了差异化的资本监管体系，按照银行规模和业务复杂程度，将全部商业银行划分为三个档次，并匹配不同的资本监管方案。其中，第一档对标资本监管国际规则；第二档实施相对简化的监管规则；第三档则进一步简化资本计量要求，引导其聚焦县域和小微金融服务，降低银行合规成本。

王延淋分析，短期来看，资本新规在不放松审慎监管要求的前提下适度下调部分风险资产权重并合理设置过渡期安排，为商业银行预留缓冲空间，有助于减轻商业银行资本压力和新办法下的合规压力。根据监管部门的相关测算结果，资本新规实施后，银行资本充足水平总体稳定，平均资本充足率稳中有升。单家银行因资产类别差异导致资本充足率小幅变化，体现了差异化监管要求。

中期来看，资本新规对资产信用风险权重的调整，能够引导商业银行优化业务结构，增加商业银行对实体经济重点领域和薄弱环节的资金支持力度。例如，通过合理设置中小企业贷款、个人贷款的风险权重，适当降低了相关领域的信贷成本，引导商业银行加强对小微企业和个人消费的信贷支持；适度上调同业债权风险权重，引导资金减少在金融体系内的空转，防止金融"脱实向虚"，促进金融回归服务实体经济本源。

长期来看，资本新规着力于构建更加完善的资本约束机制和风险管理体系，对于强化银行风险体制建设将发挥重要引领作用，有助于商业银行提高精细化风险管理水平，建立风险管理长效机制，从而实现高质量可持续发展。

完善信用风险评估

资本新规完善信用、市场和操作风险的风险评估要求，将国别、信息科技、气候等风险纳入其他风险的评估范围。

惠誉常青ESG（环境保护、社会责任和公司治理）研究组联席董事贾菁薇接受记者采访时指出，资本新规提出银行应加强气候风险的识别和评估并决定气候风险对银行自身是否有实质性影响。目前还没有看到更详细的针对银行气候风险评估的规定，所以需要等待未来监管是否会有更具体的评估指标与要求。

境内商业银行早前已经提出进行气候相关风险压力测试，以此来评估银行商业贷款对环境污染影响较大类型企业的信用风险状况，并逐步将气候相关风险纳入宏观审慎政策框架中。另外，境内商业银行仍在探索顶层气候信息披露机制。完善相关披露标准和制度对未来建设银行气候风险评估体系至关重要。

王延淋还指出，资本新规将气候风险纳入考量，意味着商业银行全面风险管理体系中对于风险类别的定义和考量进一步丰富和完善。实际上，气候风险对银行经营具有深远影响。一方面，气候变化导致极端天气和自然灾害的频率和强度上升，引发"物理风险"，从而导致商业银行信贷和投资业务信用风险上升。另一方面，在应对气候变化过程中，可能因政策转向、技术革新、市场情绪等方面的因素对传统行业和传统发展模式产生冲击，引发"转型风险"，导致商业银行原有业务方向和重点投放领域企业信贷需求下降。气候风险也可通过多种途径向金融体系传导，并导致信用风险、市场风险和流动性风险等。随着全社会生产生活水平的提升、极端天气的增加以及中国"双碳"目标的推进，气候风险对商业银行的影响程度也在上升，资本新规将气候风险纳入考量有着较高的必要性和适当性。

王延淋表示："国内银行业对于气候风险的认知、管理意识以及管理手段等普遍均较为初级且不成体系，尽管国际社会对于气候风险重要性的认识日渐统一，但金融业对气候风险的有效评估和妥善应对仍面临很多技术和机制方面的困难，包括基础数据薄弱、衡量方法有限等，未来如何准确识别、评估和应对气候风险，仍然面临气候风险管理意识需要提升、管理手段和措施需要丰富等困难，依旧任重道远。商业银行仍需提升自身对气候风险的认知、了解和重视程度，加大对气候风险的重视程度和投入力度，提升对气候风险的管理能力。"

资料来源：朱紫云，郝亚娟，颜京宁. 纳入气候风险资本新规健全风险管理体系［N］. 中国经营网，2023-11-19.

8.2 服务型企业运营

在成熟期服务型企业要素运营中，各个要素发挥重要作用。成熟期企业需要完善架构促进企业由大到强转变，这包括制度化管理流程和组织结构；数据重要性上升，强调企业通过数字化转型实现全局数据智能和内外部网络协同必要性。数据和管理在成熟期服务型企业中尤为突出。数据作为企业决策和创新的关键驱动力，管理作为确保企业持续稳定发展的基础，两个要素在成熟期服务型企业中的重要性更为显著。特别强调数字化建设在成熟期企业中的作用，表明数据重要性。同时完善管理流程和组织结构是推动企业由大到强转变的关键。因此，在成熟期服务型企业中，数据和管理是最突出要素。

8.2.1 客户关系深化与忠诚度提升

在成熟期服务型企业中，深化客户关系与提升客户忠诚度是至关重要的。对成熟期服务型企业在深化客户关系与提升忠诚度方面的分析见表8-4。

表8-4　　　　　　　客户关系深化与忠诚度提升方面分析

措施	具体内容
客户价值经营	成熟期企业将客户价值经营视为关键战略举措之一。激活存量客户并打造商业价值以驱动新一代用户忠诚度运营体系
客户忠诚度管理	提升至战略高度，设立专业部门与项目，优化客户旅程，将满意度与经销商返利等挂钩
数据基础	强化客户数据收集、准确性和利用率，构建统一客户视图，理解客户需求和行为
精益化管理	精益运营与闭环管理，建立分层KPI体系，提升客户忠诚度
数字化转型	数字化工具和创新技术重塑客户服务流程，实现团队管理创新，有助于企业在数智化时代中提升服务质量

续表

措施	具体内容
服务创新	创新服务满足个性化需求，以高质量服务增强忠诚度
客户体验	重视各环节体验，确保客户获得积极体验，建立长期关系
客户反馈	积极收集反馈，作为改进依据，提升满意度与忠诚度

通过上述措施，成熟期服务型企业深化客户关系，增强客户黏性并提升忠诚度，在竞争激烈的市场中保持优势。

**管理小卡片**

服务是企业的灵魂，没有服务就没有企业。

——董明珠（格力电器董事长）

[情景案例] 悦享服务公司的数字化转型之旅

悦享服务公司在数字化转型的道路上，不断探索和创新，最终实现了服务质量的飞跃和客户满意度的显著提升。

为了实现数字化转型，悦享服务公司先对现有的服务流程进行了彻底的梳理和优化。公司引入了智能客服系统，通过自然语言处理和机器学习技术，提高了客户咨询的响应速度和解决问题的效率。

公司还开发了一款移动应用，客户可以通过应用预约服务、跟踪服务进度和提供反馈。应用中集成了增强现实（AR）技术，使客户能够更直观地了解服务过程和结果。

此外，悦享服务公司还利用大数据分析技术，对客户行为和偏好进行了深入研究。基于分析结果，公司推出了个性化的服务套餐，满足了不同客户群体的特定需求。

启示：

流程优化的基础性：在进行数字化转型之前，企业应先对现有流程进行优化，确保数字化能够带来实质性的改进。

客户体验的中心地位：在数字化转型过程中，企业应始终将客户体验放在中心位置，利用技术提升服务的便捷性和个性化。

数据驱动的决策：通过数据分析，企业可以更准确地理解客户需求和市场趋势，作出更明智的业务决策。

8.2.2 服务创新与跨界合作

1. 服务创新

在成熟期服务型企业中,服务创新是推动企业持续发展和增强竞争力的关键因素。服务创新的主要体现见表8-5。

表8-5　服务创新的作用

方面	具体内容
创新的核心推动作用	创新是服务业高质量发展的核心动力,是服务型企业优化服务、满足需求的必然要求
创新的广度与深度	服务业企业重视创新投入,增加创新在多领域的广度和深度
创新的投入与产出	企业加大研发投入,加快创新产出,实现经济效益
多种创新协同推进	服务业创新涵盖技术、制度和模式创新,制度创新可释放发展活力
创新的挑战与路径	服务业创新存在一些问题,需健全政策体系、完善人才培养机制、深化改革开放来推动发展

服务型企业在成熟期进行服务创新,可以提供更个性化、高端化服务,满足消费者日益增长的需求,同时提升企业市场竞争力和经济效益。

2. 跨界合作

在成熟期服务型企业要素运营中进行跨界合作,需采取的策略见表8-6。

表8-6　成熟期服务型企业要素运营

策略	具体内容
价值主张创新	需创新价值主张,包括提供新消费体验和定制化、便捷化服务
核心资源整合	利用企业自身核心资源,如技术、品牌、市场渠道等与合作伙伴共享,提高资源整合效率
关键活动重组	根据跨界合作需要,重新设计和组织企业关键活动,如研发、生产和营销等,适应新合作模式
加强合作伙伴关系	与重要合作伙伴建立并保持良好合作关系,实现资源共享和优势互补
优化盈利模式	探索和实施新盈利模式,如通过降本增效或业务增长实现盈利
利用互联网技术	利用云计算、大数据等互联网技术,提高对消费者需求响应速度和市场敏感度
跨界融合	融合不同业态优势,利用新零售趋势转型升级,实现全方位业务拓展
持续创新	保持持续创新能力,分析消费者需求变化,调整经营模式以满足需求

续表

策略	具体内容
应对外部变化	在国际化和数字化背景下,企业抓住机会窗口,灵活应对外部环境变化和跨界整合
构建动态理论框架	构建一个三阶段动态理论框架,包括跨界整合外部驱动因素、内部影响因素、动态过程及复合竞争关系

通过这些措施,成熟期服务型企业在要素运营中有效进行跨界合作,实现创新和增长。

管理小卡片

优秀的服务能够为企业赢得口碑,创造无形的价值。

——周鸿祎(360公司创始人)

[本节案例]

华侨城主题公园品牌焕新启航新国企文旅创新显成效

在新一轮国企改革的大背景下,华侨城集团作为文旅行业的领军企业,积极响应国家号召,以品牌焕新为引领,推动文旅产业高质量发展。作为华侨城集团旗下的重要文旅品牌,玛雅海滩水公园品牌发布会近日成功举办,同时,北京玛雅海滩水公园作为玛雅海滩品牌第12个水公园连锁产品正式开园迎客。玛雅海滩水公园以玛雅文化为主题,融合了现代科技,为游客带来全新的游玩体验。这是华侨城集团在新一轮国企改革中积极作为、推动文旅产业高质量发展的生动体现。

供给侧结构性改革发力旅游品质跃升

经济进入高质量发展新阶段,对国有企业发展提出了更高的要求——通过改革激发企业活力,提升核心竞争力,促进国有资产保值增值。华侨城集团作为"中国旅游集团20强",秉承"优质生活创想家"的品牌理念,不断推进供给侧结构性改革,优化存量资源,扩大优质增量供给。华侨城以文化和旅游为主业,确立了文化业务"1231"新发展思路和旅游业务"两核三维多点"新发展格局,致力于成为文旅产业的创新引领者和高质量发展的践行者。

深化改革是华侨城集团提升核心竞争力的关键。面对激烈的市场竞争和多样化的消费需求,华侨城通过专业化发展,持续巩固和提升文化、旅游产业的可持续高质量

发展能力。此举不仅是响应国家对国有企业深化改革的要求，更是华侨城集团实现自身战略目标、提升品牌价值、引领行业发展的必由之路。日前，华侨城正以"2024华侨城旅游狂欢节"的正式启动为牵引，聚焦深圳、覆盖全国，贯穿盛夏、金秋，开启跨界融合大发展。通过创新的产品和服务供给，华侨城不断满足人民对美好生活的向往，实现了品牌的持续增值和产业的高质量发展。

当前文旅产业正面临消费者需求多样化、个性化的挑战，发展趋势指向高品质、深度体验和文化融合。消费者不仅追求基本的娱乐休闲，更渴望获得富有文化内涵和个性化体验的产品。华侨城旅游狂欢节以文化深度融合和个性化体验为特色，结合非遗体验与现代电音节，为游客提供了从传统到现代的全方位文化享受。此外，应用智慧旅游平台提升服务的便捷性，丰富的惠民政策和产品确保受众参与度，共同打造高品质、深度体验的文旅盛宴。

华侨城集团的文旅战略紧密围绕供给侧结构性改革，通过专业化整合和创新发展，精准优化存量资源，同时积极扩大优质增量供给，实现场景聚能，兑现"常建常新，常玩常新"的承诺。

主题公园焕新颜品质升级再出发

在全球范围内，主题公园行业正迎来快速发展期，呈现出多元化和高科技化的趋势。随着消费升级和文旅融合的不断推进，本土主题公园也迎来了新的发展机遇。华侨城集团作为中国文旅产业的重要参与者，正通过专业化整合和产品创新，积极拓展市场，提升品牌影响力。

从1998年第一座"玛雅海滩"水公园——深圳玛雅海滩水公园落地运营开始，"玛雅海滩"品牌已在武汉、天津、重庆、南昌、南京、顺德、襄阳、西安等12座城市落户，迈出了布局全国的坚实步伐。截至目前，华侨城集团所属12家水公园合计占地超150万平方米，合计水上游乐设备超过300台（套），娱乐值领先国内同行。

欢乐谷公司董事长关山表示："'玛雅海滩'品牌的焕新升级，正是华侨城集团基于对当下文化型旅游、体验式旅游、个性化旅游消费需求的敏锐洞察和对品质的持续追求。"玛雅海滩水公园融合了古玛雅文化与现代水上游乐元素，引进国际领先的水上游乐设备，采用珍珠岩进口过滤水处理技术，为游客提供安全、刺激的水上娱乐体验。此外，公园还注重科技与文化的结合，推出裸眼3D光影秀《超凡未来》等创新演艺项目，增强了游客的沉浸感和互动体验。

在京津区域，以往若想体验玛雅海滩水公园的乐趣，只能去天津。今年，北京的居民终于迎来了家门口的水上乐园。开业当天恰逢周末，北京的高温并未阻挡游客的热情，整个公园内游客络绎不绝，气氛异常热烈。许多现场游客对新开的玛雅海滩水公园赞不绝口，认为其氛围极佳。

全新的北京玛雅海滩水公园，是一个充满异域风情与科幻魅力的水陆空三栖休闲空间，而在这沉浸式乐园的背后，处处体现着华侨城对于文旅市场需求的洞察和对服务品质的把控，展示了华侨城在文旅消费新热点的引领作用。通过深化供给侧结构性改革和把握文旅行业转型发展机遇，华侨城集团正推动主题公园产品向更高质量迈进，满足人民对美好生活的新期待，同时，也为中国主题公园行业的发展树立新标杆。

专业深研引领价值重塑渐进式发展定新标

面对新时代的机遇与挑战，华侨城集团依托新质生产力的理念，重点发展新技术、新模式、新业态，打造更多发展新动能和新优势。华侨城集团积极探索新模式和新业态。例如，利用大数据和人工智能技术，提供个性化的旅游推荐和服务，打造智慧旅游平台。

华侨城集团通过推广绿色旅游、参与文化遗产保护等措施，实现了经济效益与环境效益、社会效益的有机结合。同时，华侨城集团坚持渐进式发展的理念，通过持续的创新和改进，逐步提升服务标准和产品质量。集团引入国际先进的旅游管理理念，结合本土文化特色，打造了一系列高品质的旅游产品。

以创新为驱动，以品质为追求，华侨城集团正朝着建设旅游强国的宏伟目标稳步前行，开启文旅融合发展的新征程。通过整合多业态服务，推动可持续发展，提升核心竞争力，同时积极响应国家政策，促进区域经济发展，华侨城集团实现了集团战略转型的全面升级和行业地位的提升。

面向未来，华侨城集团党委常委、副总经理倪征表示："作为在深圳成长起来的中国文旅行业龙头企业，华侨城集团将聚焦专业化发展，深化供给侧结构性改革，把握文旅行业转型发展机遇，完善产品体系、产品创新体系，加快研发适应市场需求的创新类产品，不断丰富文旅产品供给。"

资料来源：钟欢欢. 华侨城主题公园品牌焕新启航新国企文旅创新显成效［N］. 光明日报，2024-06-20（8）.

8.3 制造型企业运营

成熟期企业处于高度竞争行业，市场对产品质量和创新有持续要求，技术是突出要素，直接关联产品竞争力和市场地位。成熟期企业侧重于运营效率和市场响应速度，数据成为最突出要素，提供实时洞察并优化决策。在当今数字化时代，数据的重要性日益增加。数据分析可以优化生产流程、提高效率、减少浪费并驱动决策制定。

8.3.1 精益生产与智能制造推进

在成熟期制造型企业要素运营中，精益生产和智能制造是两个关键推进方向，各自具有独特特点、优势并相互补充，共同促进企业持续改进和发展。

1. 精益生产

精益生产是一种以减少浪费、提高效率和质量为目标的生产管理方法。精益在于事（流程高效）和人（自觉能强），强调在适当的时间生产必要数量的产品，以满足市场需求，最大限度地减少生产过程中的浪费。精益生产管理六大要素包括：

(1) 改变质量管控方式，区块链式追踪机制。
(2) 减少生产过程缓冲环节，直接从材料源头到投入产品生产。
(3) 提高员工责任意识，岗责同权。
(4) 员工的培训手段多样化，成就员工。
(5) 在生产管理各流程环节自动化控制，管理赋权流程，去人治属性。
(6) 组织结构精益化，以效率为先，效益导向。

精益生产核心理念即砍掉冗余（精），提高效率（益），具体见表 8-7。

表 8-7　　　　　　　　　　精益生产核心理念

核心理念	具体内容
准时化生产（JIT）	必要时候生产必要数量产品，避免过量生产和库存积压
看板管理（KS）	控制生产流程信息系统，拉动式生产减少浪费
柔性自动化生产（FAP）	采用自动化技术，提高生产灵活性和适应性
全面质量管理（TQM）	员工参与和持续改进，提高产品和服务质量

2. 智能制造

工业 4.0 对运营管理模式的重构。如果说工业 1.0 是机械制造时代，工业 2.0 是电气化与自动化时代，工业 3.0 是电子信息化时代，那么，工业 4.0 就是智能制造时代。在这个时代，传统产业将被重新定义，智能机床、工业自动化、工业机器人、RFID 传感器、3D 打印、互联网、移动通信、物联网、大数据和云计算等新兴产业将得到进一步发展。从运营管理视角来看，在工业4.0时代，需要重新思考企业的价值取向、组织架构和管理模式，需要重新构建企业的运营体系，需要创新产品研发方式、生产过程控制技术、物流配送方案和顾客服务流程等运营管理模式。

智能制造是利用先进信息技术，如物联网（IoT）、大数据及人工智能（AI）等，实现生产过程自动化、智能化和网络化。智能制造关键特点见表8-8。

表8-8　　　　　　　　　　　智能制造关键特点

关键特点	具体内容
数字化转型	引入数字技术，提高生产效率和产品质量
网络化协同	以工业互联网平台实现设备、系统和人员之间互联互通
智能化变革	利用AI和机器学习等技术，提高生产自适应性和决策能力

3. 结合两者概念，制造型企业在成熟期实现更高效运营

（1）精益生产减少浪费，提高生产效率和产品质量。
（2）利用智能制造技术实现更高层次自动化和智能化，适应市场多变需求。
（3）数字化精益管理系统，实现数据驱动决策，提高透明度和管理效率。

在推进过程中，企业需根据自身实际情况，制定合适策略和实施步骤，确保精益生产和智能制造有效地融合和协同工作，推动企业持续创新和发展。

管理小卡片

制造不仅是生产，更是创造。

——松下幸之助（松下电器创始人）

[情景案例] 蓝海制造公司的智能制造革新

蓝海制造公司在成熟期通过引入精益生产和智能制造，实现了生产效率和产品质量的显著提升。

蓝海制造公司的精益生产改革从车间的5S管理开始，通过整理、整顿、清扫、清洁和素养的提升，创造了一个有序、高效的生产环境。公司还引入了看板管理系统，实现了生产过程的可视化和拉动式生产，大大减少了库存积压和生产浪费。

在智能制造方面，蓝海制造公司投资建立了智能工厂，利用物联网技术实现了设备的互联互通。生产数据实时采集并传输到中央控制系统，通过大数据分析和人工智

能算法，实现了生产过程的智能优化和故障预测。

公司还与科研机构合作，开发了先进的自动化生产线，通过机器人技术和自动化控制，提高了生产效率和稳定性。同时，蓝海制造公司注重员工的技能培训，确保员工能够熟练操作新设备，充分发挥智能制造的潜力。

启示：

精益生产的基础作用：精益生产为智能制造提供了坚实的基础，通过减少浪费和提高效率，为企业的数字化转型创造了条件。

技术与人的协同：智能制造不仅需要先进的技术，而且需要员工的技能和创新能力。企业应注重员工培训，实现技术与人的协同发展。

持续创新的重要性：在成熟期，企业应持续推动技术和管理创新，以适应市场的变化和客户的需求，保持竞争优势。

8.3.2 国际化战略与全球布局

1. 战略方向

成熟期制造型企业在考虑国际化战略和全球布局时，需关注的战略方向见表8-9。

表8-9　　　　　　　　　　　成熟期制造型企业

战略方向	具体内容
市场多元化	寻求在不同地区和市场中的投资和运营，分散风险并抓住增长机会
供应链优化	全球采购和生产布局，降低成本并提高供应链灵活性和响应速度
技术和创新	成熟企业在研发上投入更多，保持技术领先并推动产品创新，在全球范围内保护知识产权
本土化策略	海外市场本土经营，包括制造、销售和服务，适应当地市场需求和文化
合规与风险管理	企业在全球范围内扩张，确保遵守各地法律法规，管理政治、经济和社会风险
人才和组织结构	建立全球化人才战略，以支持企业国际化运营
数字化转型	数字化技术提高运营效率，增强供应链透明度，提升客户体验

这些战略方向有助于成熟期制造型企业在全球市场中保持竞争力，实现可持续增长和发展。

2. 步骤与策略

成熟期制造型企业在制定国际化战略和全球布局时，采取一系列综合性措施确保全球竞争力和可持续发展。关键步骤和策略见表8-10。

表8-10　　　　　　　　　　综合性措施

步骤和策略	具体内容
市场分析与选择	评估潜在国际市场，选择与企业匹配的市场
全球供应链管理	优化供应链，提高效率与效益，用先进技术增强透明度与响应速度
研发与创新	加大研发投入，推动技术创新，在关键市场设立研发中心满足当地需求
本土化战略	在重要市场建基地与服务中心，降低成本提高响应速度，开发当地产品
合规与风险管理	遵守国际法规，建立风险机制应对各类风险
人才发展与组织结构	建立全球人才管理体系，吸引培养国际人才并开展相关培训轮岗
数字化转型	用相关技术提高效率，推动数字化营销服务以提升满意度
品牌国际化	在国际市场提升品牌形象，通过多种活动增加知名度，靠优质产品服务树立信誉
资本运作与合作	利用国际资本市场融资，寻求合作伙伴，共享资源与风险
持续监控与调整	定期评估国际业务绩效，依据变化进行战略调整，保持灵活性

成熟期制造型企业在全球市场中加速扩张，降低风险，提高效率和盈利能力。

管理小卡片

国际化是企业创新和学习的过程。

——史蒂夫·乔布斯（苹果公司联合创始人）

[本节案例]

京东方是怎么打破增长天花板的？

增长是企业永恒的命题。

京东方是中国科技产业突破的一面旗帜，作为面板（半导体显示）龙头企业，全球范围内，每四块显示屏幕就有一块出自京东方。

半导体显示和芯片类似，是一个全球竞争的行业，客户来自全球各地。作为上游企业，会发展尽可能多的下游客户，但下游企业出于产业链安全的考虑，往往也会发展多个供应商，即使拥有再强大的技术实力，行业龙头企业的市场份额最终会达到一个动态平衡，不可能干掉所有竞争对手。

除了面对全球竞争，京东方所在的半导体显示行业，还有两大致命弱点：一是周期波动，二是投资回报率低。

京东方在几年前就已经处于这样的一个行业位置：在几乎所有新兴的和传统显示细

分领域，京东方都拿到了最大的市场份额，行业的天花板已经很明显了，在这种情况下，要实现业绩的增长，怎么办？必须制订有效的增长战略，这是一个系统的工程。

拆解京东方"屏之物联"战略，会发现这是一个打破行业天花板的增长战略，对很多处于同等行业位置的科技企业都有一定的启发，尤其是在大力提倡新质生产力和高质量发展的今天，意义更加凸显。

1. 重生

技术跳跃完成第二增长曲线

京东方是1993年由老国企北京电子管厂改制而来。作为中国最早的显示企业之一，京东方彼时进入的是上一代显示产业——CRT（阴极射线管）领域，也就是当年俗称"大屁股电视机"的配套产业。

当时的京东方渴求自主技术创新，在业务上也需要寻找新的增长机会，也就是第二增长曲线。京东方选定的技术路线和市场方向为液晶显示（LCD）。

为什么一定要走跨国并购路线？因为进入液晶显示领域之前，京东方在这个领域既没有技术积累，也没有制造能力，更谈不上专利储备。如果要进入液晶显示行业，无异于跨界到一个完全陌生的领域。在这一领域，日本、韩国和中国台湾地区的企业具有先发优势，并已经筑起很高的专利技术壁垒。通过收购，京东方能够获得足以进入行业的初始技术来源。

拥有了核心技术能力，熬过了2005～2007年行业低谷期。2008年京东方第二条液晶生产线4.5代线在成都开工建设，2009年京东方在合肥建起了中国第一条6代线，这个过程不仅让京东方的技术能力快速提升，而且开辟出了全新的政企合作模式，通过资本市场定向增发的方式拿到地方政府产业投资，解决了京东方液晶面板产线资金来源问题。

京东方的第二增长曲线还赶上了移动时代的大风口。京东方创立的第二个10年间，以手机为代表的智能移动产品时代悄然到来，在加快建设高世代线的同时，京东方也敏锐地捕捉到了市场微妙的变化——当智能移动终端成为半导体显示面板企业一个新的竞争焦点之后，显示屏尺寸的重要性下降，而技术性能的重要性上升。

京东方通过技术跳跃找到了"第二增长曲线"，并从行业的跟跑者变成了行业的领导者。那么，接下来面对的问题就是下一阶段的增长空间从何而来。

2. 破局

破解周期波动和投资回报低难题

京东方崛起的过程也是半导体显示制造业中心向中国转移的过程。作为中国内地企业，京东方成本上有着很大的优势。技术和成本的领先必然会加速获得市场份额。

当时的京东方正处于高速增长期，离行业天花板还很远，但京东方经历了半导体显示技术对CRT技术的替代过程，有着与生俱来的危机感。京东方的危机感来自两个方面：一是外部环境，二是行业自身。

先说外部环境，全球商业史上不乏风光无限的行业巨头突然倒下的案例。哈佛商学院教授克莱顿·克里斯坦森（Clayton M. Christensen）在《创新者的窘境》一书中提出了颠覆式创新的概念：企业越成功就会越重视现有的客户，相对的内部资源也以满足现有的客户为优先配置，因而很可能就会疏忽及错失了潜在客户，进而错失未来的机会，所以颠覆式创新是成功企业的致命杀手。

除了外部环境，行业自身的挑战也不可忽略。半导体显示行业有两大致命弱点：一是周期波动，二是投资回报率低。

在"大米寿司"理论下，京东方面对的课题是如何通过战略转型向价值链上游迈进，丰富产品形态，打开企业全新的增长空间。但是对于京东方这种规模的企业来说，企业转型不是一朝一夕的事，而是一个长期探索实践的过程。

3. 观察

"战略升维"是一种独特的增长路径

"维度"是一个物理学中的空间概念。具体而言，0维是一个点，一维是一条线，二维是由两条线构成的平面，三维则是立体空间，人类生存的世界就是一个三维世界。

如果我们将京东方的增长路径总结成一个维度演化的战略模型，在这个模型中可以看到，京东方经历了从0维到二维再到三维的不断"升维"的过程。而升维带来了新的增长空间。

京东方靠什么打开新的增长空间？答案就是"屏之物联"战略，这是京东方从二维到三维的关键战略。京东方在确保原有的半导体显示这一基础市场稳固的同时，以"屏"这个核心技术原点开辟出一条技术关联路线——AIoT技术。这条关联技术轴线与原有显示技术轴线形成了一个全新的"技术底座"，随着关联技术的不断丰富和迭代，这个底座以及不断被发掘出来的需求场景相互融合，拓展出一个个超越传统基础市场的业务发展空间，新的场景应用将市场从原来的二维平面升级成了三维空间。

4. "屏之物联"

技术+场景构建全新的市场空间

从竞争角度看，显示技术很容易在单一维度上进行评价，例如，同样尺寸的液晶屏，8K高于4K，500Hz刷新率高于200Hz刷新率等。也就是说，半导体显示技术是可量化的。如果用技术和市场作为横竖轴线画出一个坐标系，技术和市场基本属于正相关的关系，市场上的竞争对手也很容易在这个坐标系中找到自己的位置。

因此，想要转型物联网的京东方面临的环境与当年进军半导体显示已然完全不同。首先，京东方在技术上很难对标一个竞争对手，放在转型物联网的课题下，在单一技术维度去对标意义不大；其次，物联网不像传统互联网那样会形成统一入口、统一平台，市场呈现出定制化、碎片化、动态化的特点。每个细分市场的解决方案完全不同。

京东方"屏之物联"战略，可以总结为：让屏"集成更多功能、衍生更多形态、植入更多场景"。这也代表了京东方面向未来的技术战略、产品战略和市场战略。通过这些战略，京东方希望在现有的面板业务的基础上，打开新的增长空间。

在这个战略下，京东方也梳理了自己的业务架构和可执行的具体的商业模式。那就是"1+4+N+生态链"的发展架构。

在"1"和"4"业务发展过程中，孵化、创造、生长出来各种细分的业务形态，这些细分领域便是"屏之物联"的具体落地场景，也就是"1+4+N+生态链"里的"N"。这个"N"并不是随意选择的，而是遵循着一定的原则：第一，坚持与屏的强相关性，京东方不会去做那些与屏完全无关的领域；第二，细分市场不能是小众市场。市场规模的标准是全球市场要超过100亿美元，国内市场规模要超过100亿元人民币；第三，京东方一旦在某一个细分领域投入资源，就需要确保五年内能够进入所属领域前三名，且全球市场占有率要超过20%，国内市场占有率要超过25%。这个细分领域的进入原则，相当于对于业务边界的划定，也是给予内部团队一个KPI目标。

在这三个原则下，可以看到，京东方目前进入的细分赛道，如智慧零售、智慧金融、智慧园区、数字艺术、智慧出行、儿童护眼等领域，都是与屏相关联的业务。而且每个细分领域都有巨大的市场空间，如智慧金融、智慧园区都有2 000亿元以上的市场，目前京东方已为25个城市超过3 000家银行网点的银行客户提供智慧金融解决方案。此外，在车载领域和智慧零售领域，目前京东方已经做到了行业第一，市场占有率也超过了20%。而这仅仅是一个开始。

京东方"屏之物联"战略，目的就是打破自身半导体显示行业的增长天花板，但效果可能需要10年以上的时间来检验。不过，这个从核心优势出发建立不同技术路线并构建起新增长空间的方法具有一定的借鉴意义。

资料来源：姜蓉. 京东方是怎么打破增长天花板的？[N]. 中国经营网，2024-03-16.

[团队场景练习]

游戏名称：企业运营大挑战

目标：

(1) 理解成熟期企业的运营管理要素。

(2) 学习如何在企业运营中应用不同的策略和技能。

参与人数：5~10人一组，每组代表一个虚拟的成熟期企业。

游戏准备：

(1) 每组一张白板或大纸张，用于记录决策和结果。

(2) 准备一些卡片，上面写有各种运营挑战和机遇。

(3) 准备计分板或计分表。

游戏流程：

(1) 分组与角色分配。每组学生分配不同的角色，如CEO、CFO、CTO、HR-Manager等。

(2) 游戏介绍。简要介绍成熟期企业运营的基本概念和要素。

(3) 初始设定。每组获得相同的"启动资金"和"资源"。

(4) 挑战抽取。每轮游戏开始时，每组抽取一张卡片，上面描述了一个运营挑战或机遇，如"市场需求变化""技术升级""人力资源优化"等。

(5) 团队决策。根据抽取的挑战或机遇，团队成员讨论并决定如何应对，如进行资本运作、风险管理、服务创新等。

(6) 执行策略。每组根据讨论结果，在白板上记录下他们的策略和预期结果。

(7) 结果评估。教师或助教根据每组的策略和预期结果给予分数，考虑策略的合理性、创新性和可行性。

(8) 总结与反馈。每轮结束后，讨论各组的策略和结果，提供反馈和学习点。

(9) 多轮游戏。进行多轮游戏，每轮结束后更新各组的"资金"和"资源"状态。

(10) 最终评比。游戏结束时，根据各组的总分进行评比，选出"最佳运营团队"。

游戏结束：

讨论游戏中学到的知识点，如何将这些策略应用到现实世界的企业运营中。

这个小游戏不仅能够让学生们在轻松愉快的氛围中学习企业运营的相关知识，而且能够培养他们的团队合作能力、决策能力和创新思维。

[本章小结]

本章强调了成熟期企业在运营管理中需要综合考虑人力资源、资本运作、风险管理、服务创新、跨界合作以及国际化战略等多个方面，以实现企业的持续优化、稳健增长和市场竞争力的提升。

[简述题]

1. 人力资源优化与培训发展重点是？
2. 资本运作方式有哪些？
3. 服务创新主要体现在哪几个方面？
4. 精益生产的定义。
5. 智能制造的关键特点。
6. 国际化战略与全球布局关键步骤和策略。

[拓展阅读]

[阅读1]

数智化情境下制造企业服务创新水平决策研究

当前，中国制造企业面临着复杂和动态的市场环境，仅凭卓越的制造能力作为企业立身之本未必能独善其身，"卡脖子"的技术突破和市场接纳难题依然存在。以装备制造业为例，产品创新难度大、周期长；客户对国产装备更多持不敢用、不愿用的态度。为此，诸多制造企业在夯实产品技术的同时，将服务创新视为拓宽收入来源、塑造竞争优势的重要手段，并着眼于将数字化、智能化与服务化相融合，旨在借助人工智能、区块链、云计算和大数据等数智技术增强服务的差异化优势和价值创造力，提升客户对服务价值的感知与接纳。

数智化情境下制造企业服务创新的具体表现如下。

第一，围绕智能装备的功能实现，开发个性化定制、远程监控和预测性维护等以产品支持为导向的新服务。

第二，面向工业客户的问题解决，开发在线咨询、融资租赁和智能物流等以关系维护为导向的新服务。例如，徐工集团依托汉云工业互联网平台，既将客户购买的装备产品接入平台，推出实时监测和自动预警等服务，又为客户定制智能制造整体解决方案。可见，在数智化情境下，制造企业服务创新是以数智技术为手段，以产品支持和关系维护为导向，不断叠加新服务的过程。

然而，数智化情境下制造企业服务创新水平并非越高越好，受多因素制约而具有较强的情境依赖性。其原因主要如下。

第一，数智化加速了制造企业产品智能化，而新服务需要与产品功能相适配，则服务创新水平既依附又受制于当前产品技术水平。

第二，数智化增强了供需交互（即制造企业与客户之间沟通互动）的深度，客户主动向企业共享数据的同时，不断提高对新服务的期望，而制造企业服务创新是以实现供需双方价值创造最大化为目标，需要平衡客户期望、满足与自身绩效保证。

因此，在数智化情境下，以产品支持和关系维护为导向的制造企业服务创新受产品智能化与供需交互的影响，面临着最优水平的决策难题。

同时，数智化情境下的制造企业服务创新以长期关系绑定和价值共创为目的，兼具企业自发和客户激励的特征，表现为制造企业出于提高市场声誉和绑定长期客户的目的，在既定产品生命周期内能够自发且持续地开发新服务；客户作为委托方，为激励制造企业开发更大价值的服务，与企业实时交互并共享运营数据的同时，愿意将创造的盈余价值作为报酬分享，以期实现价值共创，如电力与自动化领域的集成解决方案提供商 ABB 公司与客户签订价值共享合同，获得客户的利润抽成。因此，在数智化情境下，制造企业服务创新受到未来声誉和客户报酬的双重激励。

但是，客户只有在权衡服务所创当前和未来收益后，才愿意将盈余价值作为报酬持续地激励企业服务创新，同时制造企业也会对服务创新的成本收益进行考量，这就使得供需双方之间存在多阶段的博弈关系。因此，在数智化情境下，随着供需双方合作阶段的增加，制造企业服务创新受客户报酬和市场声誉的激励作用，并以价值创造最大化为目标，其最优水平如何决策以及呈现何种变化趋势是一个值得深入研究的问题。

对此，本文借助委托代理理论中的声誉模型，结合声誉激励与报酬激励，构建数智化情境下制造企业服务创新的两阶段契约激励模型，通过逆向求解法求得各阶段的制造企业服务创新最优水平和客户最优报酬激励强度。在模型求解基础上，分析和比较各阶段的最优决策，剖析关键参数对服务创新水平的影响效果并揭示服务创新最优水平变化规律，得出相关命题，并通过数值仿真对命题进行验证。最后，针对研究结论，对数智化情境下制造企业服务创新的最优水平决策提供相应的管理启示。

本文的理论贡献主要如下。

一方面，着眼于数字化、智能化与服务化融合情境，探究以产品支持和关系维护为导向的制造企业服务创新受到产品智能化与供需长期交互的影响，以及客户报酬和未来声誉的激励作用，其最优水平的决策机制。

另一方面，突破了以往研究仅从静态视角观察制造企业服务创新水平，基于供需双方之间的动态博弈关系，揭示制造企业多阶段服务创新最优水平的变化规律。从实践角度看，为制造企业合理决策数智化情境下的服务创新水平提供理论依据，鼓励制造企业更多开发面向产品使用支持和客户关系维护的新服务，并重视与客户关系的长期自然绑定。

1. 制造企业服务创新水平的决策研究

制造企业服务创新的概念界定相较于产品创新更为抽象且内涵丰富，常被解释为服务内容或传递方式的改进或创新，这就决定了服务创新水平的衡量无法像产品创新那样有确切的指标（如用专利申请数表示）。现有研究对服务创新水平的衡量分为两类分析视角。

第一，过程视角，如基于新服务的感知、开发和传递过程评价服务创新水平。

第二，结果视角，如基于新服务的深度和广度两维度刻画服务创新水平。

综上所述，本文兼顾过程与结果视角，考虑将服务创新水平界定为一项或多项新服务的价值创造能力，是基于服务广度与深度两维度的总体表达，具体表征为企业价值、客户价值和关系价值的叠加。

现有研究主要是基于服务特征的变化程度探讨服务创新水平，并划分为渐进式和激进式服务创新。但有学者对"激进式创新"持怀疑态度，认为大多数服务是基于既有服务的改善或新功能的增加，例如，劳斯莱斯（Rolls-Royce）所开发的"按小时供电"服务，其本质是以托管服务的形式提供引擎可用性。尤其在数字服务化背景下，制造企业是在与客户交互和共同创造过程中逐步迭代新服务，且数字服务创新需要一种敏捷、微服务的创新方式。由此，本文所提到的服务创新具有多阶段和渐进式特征，即新服务是对原服务的改进或补充。

2. 数智化对制造企业服务创新的影响

数智化是数字化与智能化的融合，是指利用人工智能、区块链、云计算、大数据和物联网等数智技术赋能企业的价值链各环节，构建数智化能力以应对动态变化的环境。

数智化包含对内智能化和对外数字化两个方面的内涵。一方面，对内智能化是指赋能组织内部的业务流程管理、产品技术和服务创新等，以提升内部的管理效率、决策和创新能力。

另一方面，对外数字化是指赋能组织与外部环境、客户的连接和交互，以实现高效精准的数据共享、信息交流和个性化服务提供。

因此，本文考虑数智化的赋能作用主要体现在产品智能化与供需深度交互两个方面，最终旨在推动以产品支持和关系维护为导向的制造企业服务创新。

随着制造业数智化与服务化加速融合，制造企业服务创新对数智技术的依赖性增强，数智化为制造企业服务创新提供了技术环境支撑和价值创造动能。

从技术支撑层面看，数智技术通过赋能产品智能化，推动了以产品支持为导向的服务创新。制造企业依托工业互联网、云制造或物联网等平台开发智能互联产品，并形成数字服务能力,以辅助智能产品的功能展开,如向客户主动推送实时监控、远程运维、预防性维护和系统升级等数字服务。但制造企业也面临着因错配服务而被客户低估价值的风险,通过数字平台获取产品使用和服务提供过程中的客户数据,能够支持智能产品服务系统的动态配置与优化。

从价值创造层面看,数智技术通过支持供需深度交互,推动了以关系维护为导向的服务创新。数智化助推了供需交互方式由售后向售前、由现实向虚拟的转变,增加了客户深层数据共享和服务价值理解的可能性;制造企业通过激发交互数据的潜能,提高了企业数字服务精准性,且客户对服务价值的理解与公平感知能够增强其服务体验,扩大企业品牌效应,提高企业服务创新绩效。但数智化也加剧了由供需交互过程中数据共享而引发的风险,如客户对数据监视、隐私泄露、锁定效应等方面的担忧会导致其产生服务抵触行为,进而不利于供需价值共创的实现。

资料来源:蒋倩雯,罗建强,李玉娟. 数智化情境下制造企业服务创新水平决策研究 [J/OL]. 系统管理学报:1-17.

[阅读2]

数据赋能驱动精益生产创新内在机理的案例研究

本研究运用探索性案例研究方法,构建了数据赋能驱动精益生产创新内在机理的整合性理论模型。研究结果发现,数据赋能驱动精益生产创新遵循"数据资源行动—数据能力生成—精益价值实现"的内在机理路径,分别从客户、流程、合作和员工层面进行赋能作用,系统推进数据化精益生产落地实现。具体而言,在客户赋能作用中,通过数据需求资源沉淀,促进客户涌现出数据设计能力,实现生产目标精准化;在流程赋能作用中,通过数据作业资源调度,促进流程构建数据制造能力,实现生产加工精密化;在合作赋能作用中,通过数据关联资源整合,促进合作商塑造数据供应能力,实现生产配套精选化;在员工赋能作用中,通过数据任务资源部署,促进员工激活数据自驱能力,实现生产治理精细化。

本研究辨析了数据化精益生产相较于传统精益生产在假设、属性、模式和效果方面的系统创新变化,深化了数据赋能作用的机理研究,丰富了精益生产在大数据情境中的新解读,对指导生产企业打造数据化精益生产优势具有一定启示作用。

起源于日本丰田汽车的传统精益生产自传入我国以来,在生产制造领域得到广泛推广,一度被业界看作是现代生产运营管理的黄金法则。传统精益生产被认为是一种能够最大限度降低企业资源消耗、提高企业生产效率和产品质量的管理模式创新。然而，随着生产环境和要求越发复杂多变，传统精益生产理念缺陷影响下的实践隐患也逐渐暴露出来。

一方面，企业往往过度放大传统精益生产中的"消除浪费"理念，导致对"优化价值创造过程的进取精神"的忽视。

另一方面，传统精益生产理念在渗透范围上是局部的，缺乏在多元价值协作活动中的广泛融入，因此，现实中不少遵循传统精益生产逻辑的企业其整体生产水平仍是"非精益"的，甚至是粗放的。数据科学技术为传统精益生产创新升级带来了契机，数据赋能驱动企业在客户交互、流程管控和合作方式等方面实现精益变革，使现代企业打造出数据化精益生产优势。

现有研究虽注意到数据赋能在促进精益生产创新中的驱动作用，但多聚焦以下两个方面。

一方面，笼统地描述性指出大数据技术或数据本身在需求交互识别、流程柔性敏捷、组织细粒度治理以及资源动态配置等方面的系列"精益"赋能作用，但对于数据赋能作用的内在机理却缺乏探究。

另一方面，采用决策分析、动态仿真以及网络分析等方法"原子还原地"对"万物皆数"法则下生产运营过程中的库存控制、供应链协同优化和设备资源及人力资源管理等方面进行系列"精益"规划，进而制定精益生产过程中的资源"最优"配置策略，但对数据赋能如何"整体生成式"地驱动精益生产创新实现缺少整合性探讨。

鉴于此，本研究采用案例研究方法，以青岛酷特智能股份有限公司（以下简称"酷特智能"）为案例研究对象，探究其如何通过数据赋能驱动精益生产模式创新升级，在丰富数据赋能和精益生产相关理论研究的同时，也对指导企业借助大数据科技或手段打造数据化精益生产优势具有一定的实践意义。本研究重点关注挖掘数据赋能驱动精益生产创新内在机理和讨论数据赋能驱动下的精益生产相较传统精益生产的创新变化。

本研究的理论贡献主要如下。

第一，深入挖掘了数据赋能驱动精益生产创新的内在机理。尽管现有学者注意到大数据技术或数据本身在生产运营场景中的系列"精益"赋能作用，但对于数据如何赋能进而推动精益生产创新升级的内在机理尚不清晰。本研究挖掘出数据赋能驱动精益生产创新遵循"数据资源行动—数据能力生成—精益价值实现"的机理路径，充分回应了现有学者对加强大数据从资源到价值实现的转化过程研究的呼吁。

第二，以数据化精益生产为创新结果，进一步丰富和拓展了传统精益生产中的

"精益"内涵。传统精益生产的"精益"理念侧重于局部现场作业的改进优化,表现为"尽一切可能消除浪费"的行为。随着生产环境的日益复杂变化,有学者认识到"精益"二字的内涵应该得到进一步拓展与延伸。本研究立足于大数据时代精益生产创新的实践背景,探析了数据化基因植入后数据化精益生产的本质,深化了精益生产在大数据情境中的新解读。数据化精益生产中的"精益"在理念上主张价值创造全过程的系统优化与性能提升,在表现上整合性包括生产目标精准化、生产加工精密化、生产配套精选化以及生产治理精细化在内的全局"精益"价值行为。

第三,基于系统生成观辨析了促进数据化精益生产实现的条件作用。现有文献多是关于大数据及其技术给某一特定生产运营领域带来的"精益"价值解析,缺乏对数据化精益生产的整体生成式探讨。本研究从客户、流程、合作和员工层面整合性探究了推动数据化精益生产实现的赋能作用机理,辨析了不同层面赋能在数据化精益生产实现中的作用。其中,客户赋能是数据化精益生产实现的首要前提,流程赋能是数据化精益生产实现的关键基础,合作赋能是数据化精益生产实现的重要保障,员工赋能是数据化精益生产实现的必要支撑。

本研究的实践启示主要如下。

第一,在大数据时代,企业家对精益生产的理念认知不能再局限于"消除浪费"层面,尤其是要注重生产价值创造过程的全局性数据化基因植入与系统优化。

第二,若想充分挖掘和释放大数据在推动生产模式创新中的"精益"潜能,生产企业首先需要对生产情境中的常规性资源进行数据化"孪生"再现,并且针对不同类型数据资源采取特定的资源行动,进而生成支撑精益价值实现数据能力。

第三,数据化精益生产本身是一项复杂系统工程,不仅是在生产流程方面引入先进的管理工具那么简单。企业要通过设计数据运营架构,从客户、流程、合作与员工层面协同赋能,整合性实现生产目标精准化、生产加工精密化、生产配套精选化以及生产治理精细化,才能打造成数据化精益生产优势。

第四,大数据时代生产企业的愿景和使命应主动"价值向善",由于员工、客户和合作商都是企业的生产资源,在企业内部应鼓励主观能动性发挥的企业文化和灵活性的任务制度安排,给员工提供释放才能的舞台;在企业外部应主动倾听客户需求声音,并且积极转变传统"零和博弈"竞争理念,谋求与合作商之间的和谐共赢。

本研究仍存在以下不足。

第一,选择的案例企业是一家数据化程度较高的互联网服装企业,案例选择的"理性过度"可能导致现有结论在普适性方面存在不足,未来需要更多案例实践加以验证与完善。

第二，仅从客户、流程、合作和员工层面探究了数据赋能作用下的精益生产创新内在机理及变化，对不同层面赋能作用的相互影响与关系缺少更深入的研究。

第三，仅是数据化精益生产研究的开端，未来可在本研究提出的整合性理论模型基础上进行跨层次的量化实证检验，不断修正与完善该理论模型。

资料来源：张明超，孙新波，王永霞. 数据赋能驱动精益生产创新内在机理的案例研究 [J]. 南开管理评论，2021，24（3）：102–116.

[阅读3]

品牌国际化战略与海外品牌绩效研究："求同"还是"存异"

聚焦中国品牌在海外市场的"竞争性"与"合法性"的二元悖论问题，文章探讨了中国品牌国际化战略与海外品牌绩效的关系及其边界条件。通过三个实验回答了中国品牌在国际化过程中究竟应该"求同"还是"存异"的问题。研究结果如下。

首先，品牌同构促进海外品牌绩效的增长具有"顶点效应"，即随着品牌同构水平的增加，海外品牌绩效呈先上升后下降的趋势。

其次，品牌异质促进海外品牌绩效的增长具有"谷点效应"，即随着品牌异质水平的增加，海外品牌绩效呈先下降后上升的趋势。

再次，品牌同构/异质对海外品牌绩效的影响通过合法性感知的机制来完成，合法性感知是品牌同构/异质促进海外品牌绩效的关键阈值点。

最后，认知距离与合法性感知具有交互作用，认知距离越大，合法性感知对海外品牌绩效的中介作用越强。

文章厘清了"品牌同构"和"品牌异质"的悖论关系以及两者对品牌海外绩效的作用节点与边界条件，为中国企业的品牌国际化战略提供了理论指导和实践启发。

随着世界经济的发展和中国对外开放的深入推进，越来越多的中国企业深入国际化的发展浪潮中，开始摸索如何在国际市场上"生根发芽"。2020年，中国对外直接投资1 537.1亿美元，同比增长12.3%，流量规模首次位居全球第一。2020年末，中国对外直接投资存量达2.58万亿美元，全球排名第3位，仅次于美国（8.13万亿美元）和荷兰（3.8万亿美元）。但遗憾的是，2021年英图博略（Interbrand）公布的全球最具价值100强品牌依然只有华为一个中国品牌，充分说明了中国企业在"走出去"方面创造了骄人成绩，但并没有培育出真正"走上去"的全球竞争性品牌。根据怀特洛克（Whitelock）等的定义，品牌国际化是指在海外向目标顾客展示积极形象并建立企业品牌资产的发展过程。然而，中国作为发展中国家，企业国际化面临着

"外来者劣势"和"来源国劣势"的双重劣势，必须获得社会合法性才能有效降低国际化经营中的不确定性风险，降低双重劣势对海外绩效的负面影响。

现有关于国际化的研究主要基于企业的视角，将企业国际化进程割裂成了三个阶段，即"走出去"阶段主要关注国际贸易和国际投资过程中产生的跨国经营活动问题，"走进去"阶段主要关注企业在东道国的合法性问题，"走上去"阶段主要关注企业的竞争性和成长性问题，且三个阶段的研究分别被不同领域的学者关注，割裂忽略了品牌国际化的阶段性和完整性。事实上，中国品牌在海外市场面临着"合法性"与"竞争性"的双重压力，而且这两种驱动力的性质和相对强度也会随着时间和空间的变化而变化：一方面，外来品牌为了获取东道国市场的合法性而趋于品牌同构；另一方面，外来品牌为了抵御东道国主流品牌的竞争压力而追求独特性和品牌异质性。基于此，本文提出以下两个研究问题。

（1）中国品牌国际化究竟应该采取"同构"还是"异质"策略？如何平衡两者的关系？

（2）"品牌同构"和"品牌异质"能有效促进海外品牌绩效吗？其作用的边界如何？

现有研究从企业的视角看待国际化，将东道国市场看作是投资的被动接受者，主要通过市场份额、盈利能力和销售收入等财务指标来衡量海外市场绩效，而品牌国际化更多地以消费者为导向，会注重消费者的认知、态度和行为等问题。而且，现有割裂国际化进程的研究忽略了品牌国际化的联动效应和动态效应。因此，本文基于消费者感知的视角，从一个更系统、更整合的角度出发，遵循乌普萨拉模型的内外两条路径，通过3个消费者实验分别探究了品牌同构对海外品牌绩效的作用、品牌异质对海外品牌绩效的作用，以及合法性感知与认知距离对海外品牌绩效的交互作用。研究结果如下。

首先，品牌同构对于促进海外品牌绩效的增长具有"顶点效应"，即品牌同构并不会一直促进海外品牌绩效的增长，而是随着品牌同构水平的增加，海外品牌绩效呈先上升后下降的趋势。

其次，品牌异质对于促进海外品牌绩效的增长具有"谷点效应"，随着异质性的提升，海外品牌绩效呈先下降后上升的趋势，即并不是所有的异质都能促进海外品牌绩效的增长，只有品牌获得了海外市场的合法性感知且带来了创新价值才会促进海外品牌绩效。

再次，品牌同构/异质对海外品牌绩效的影响通过合法性感知的机制来完成，合法性感知是品牌同构/异质促进海外品牌绩效的关键阈值点。

最后，认知距离与合法性感知具有交互作用，认知距离越大，合法性感知对海外品牌绩效的中介作用越强。

本文的创新点主要包括以下三方面。

第一，现有国际化研究主要基于企业的视角，以财务客观指标来衡量海外市场绩效，本研究则基于消费者主观感知的视角，聚焦东道国市场对品牌的认知、态度与行为意向来衡量的海外品牌绩效，弥补了以往研究对于消费者因素的忽视。

第二，本研究分别在制度理论和差异化竞争理论的基础上提出了"品牌同构"和"品牌异质"的构念，并进一步探索了两种国际化战略对海外品牌绩效促进作用的"顶点效应"和"谷点效应"。

第三，本研究探讨了认知距离与合法性感知的交互作用，阐明了合法性对海外品牌绩效的边界条件，即合法性的作用会随着认知距离的增大而增强。进一步明晰了"品牌同构"和"品牌异质"两种既对立又统一的品牌国际化战略的边界条件与节奏。

本研究主要有以下理论贡献。

第一，现有研究主要基于企业的视角以财务绩效等客观指标来衡量海外市场绩效，主要包括销售利润率ROS、总资产报酬率ROA、净资产收益率ROE、销售增长率等会计指标和企业的托宾q值、每股盈余EPS、累积异常收益率CAR等市场指标，而以消费者的主观感知视角测量品牌国际化绩效的研究相对不足，忽略了消费者在品牌国际化过程中的感知和主观能动性。本研究则基于消费者的视角，聚焦东道国市场消费者对品牌的认知、态度与行为意向来衡量的海外品牌绩效，弥补了已有企业国际化研究对于消费者因素的忽视。

第二，现有制度理论相关研究强调"同构"对企业绩效的积极作用。本研究则在制度理论的基础上提出了"品牌同构"的构念，并通过进一步明晰了"同构"产生作用的条件和拐点丰富了制度理论的相关研究。

第三，现有差异化竞争理论相关研究强调了"差异化"对企业绩效的积极作用，本研究则在差异化竞争理论的基础上提出了"品牌异质"的构念，并通过进一步明确了"差异化"产生作用的条件和拐点拓展了差异化竞争理论的相关研究。

第四，现有合法性相关研究强调了合法性在企业国际化过程中的重要作用。本研究则通过引入认知距离进一步明确了合法性感知对品牌海外绩效的边界条件，即合法性对品牌海外绩效的影响并非固定和线性，而是随着母国与东道国认知距离的增大，合法性感知对海外品牌绩效的作用越强。相反，对于拟国际化到认知距离较小的东道国来说，合法性对海外品牌绩效的作用相对较小。

同时，本研究也具有以下重要的实践意义。

一方面，回答了中国品牌在国际化进程中面临的"求同"还是"存异"的问题。本研究从消费者合法性的视角指导企业应该如何处理这两者的关系：品牌合法性是一个重要的维度，在品牌取得合法性以前，企业应该主要强调"求同"，而在消费者取得合法性以后，企业应该主要强调"存异"，这在某种程度上验证并拓展了最优区分理论在中国企业国际化的实践应用。

另一方面，通过引入品牌母国与东道国之间的认知距离，明晰了同构和异质两种品牌战略对海外品牌绩效作用的节奏。一个总的原则是：品牌来源国与国际化东道国之间的认知距离决定国际化的节奏。

资料来源：谢佩洪，陈昌东. 品牌国际化战略与海外品牌绩效研究："求同"还是"存异"[J]. 上海财经大学学报，2022，24（4）：47–61.

第 9 章 衰退期企业运营

9.1 要素运营管理

衰退期企业要素运营管理至关重要。它综合多学科知识，对关键运营要素进行分析、规划、调整和优化，以实现成本控制、风险管理等目标，助力企业稳定、转型或恢复增长。

衰退期企业管理层需进行战略调整，包括重组、成本削减和市场重新定位。资本和管理同样重要，企业需削减成本、重组债务或寻求新融资。裁员时要保留关键人才，维持团队士气，员工知识技能可助力企业转型。技术应用能提高效率、挖掘市场机会。管理、资本、人力和技术是关键要素。

 **管理小卡片**

事情本就不应该容易，任何人都可以成为木匠。

——查理·芒格

9.1.1 资源重组与资产剥离

在衰退期企业要素运营中，资源重组和资产剥离是两种关键策略，旨在优化企业资产结构、提高运营效率和恢复增长潜力。

1. 资源重组

资源重组是指企业对其内部资源重新分配和配置的过程，目的是提高资源利用效率和增强企业核心竞争力（见表 9-1）。

表 9-1　资源重组

资源重组	具体内容
人员调整	根据业务需求和成本效益分析，对员工重新分配或裁员，优化人力资源结构
资产评估	评估企业资产效率和产出，确定哪些是核心资产或非核心资产
流程优化	重新设计业务流程，消除浪费，提高生产效率和服务质量
技术升级	投资新技术，提高生产效率、降低成本或创造新收入来源
组织结构调整	简化或重新设计组织结构，提高决策速度和市场响应能力

2. 资产剥离

资产剥离是指企业出售或放弃其非核心业务、部门或资产的过程，目的是将资源集中于核心业务，减少负担，提高财务灵活性（见表 9-2）。

表 9-2　资产剥离

资产剥离	具体内容
识别非核心资产	确定哪些业务或资产与企业主要战略目标不一致或盈利能力较低
市场评估	评估资产市场价值和潜在买家兴趣
交易结构	设计剥离交易结构，包括价格、支付方式和交易条件
法律和税务考虑	处理与资产剥离相关法律和税务问题，确保合规并优化税务效益
沟通和过渡管理	与员工、客户、供应商和投资者沟通剥离计划，减少业务中断

3. 实施要点

实施要点如表 9-3 所示。

表 9-3　实施要点

要点	具体内容
明确战略目标	资源重组和资产剥离之前，企业需明确其战略目标和长期愿景
全面评估	对所有资源和资产全面评估，确定其对企业战略的贡献
风险管理	识别并评估与重组和剥离相关的风险，制定相应风险缓解措施
利益相关者沟通	与所有利益相关者有效沟通，确保理解重组、剥离原因和预期效果
执行能力	确保企业有足够执行能力来管理重组和剥离过程中面临的复杂性和不确定性

资源重组和资产剥离是衰退期企业为适应市场变化、恢复增长或转型而采取的重要措施，使企业释放资本、降低成本和提高效率，以集中精力发展其核心业务。

**管理小卡片**

领导者的任务是带领他的团队从他们现在的位置到达他们未曾到过的地方。

——亨利·基辛格

[情景案例] **阳光电子的创新之路**

阳光电子在面临市场萎缩时,决定进行一次大胆的资源重组。公司领导层深知,只有通过创新和改革,才能在激烈的市场竞争中生存下来。

阳光电子先对内部进行了彻底的审视,识别了多个低效和过时的业务流程。公司决定关闭一些不再盈利的产品线,释放资本以投资于有潜力的新技术和市场。在人员调整方面,阳光电子采取了温和而明智的策略,为被裁员工提供了再培训和转岗的机会,确保他们的技能可以适应公司的新方向。

在技术升级方面,阳光电子投入巨资研发了一项突破性的节能技术,这项技术不仅提高了生产效率,还大幅降低了能耗,使公司的产品在市场上更具竞争力。同时,公司还优化了供应链,与供应商建立了更紧密的合作关系,确保原材料的质量和供应的稳定性。

组织结构调整方面,阳光电子简化了管理层级,提高了决策速度和市场响应能力。公司还引入了灵活的工作制度,激发了员工的创造力和工作热情。

启示:

全面审视:在资源重组时,企业需要全面审视内部流程和外部市场,识别并淘汰不再适应市场的业务。

员工关怀:在裁员和重组过程中,企业应关注员工的福祉,提供再培训和转岗机会,减轻变革带来的冲击。

供应链合作:优化供应链不仅能降低成本,还能提高企业的市场响应速度和产品质量。

9.1.2 组织文化重塑与员工关怀

在衰退期企业要素运营中,组织文化重塑和员工关怀至关重要,直接影响员工士气、忠诚度和生产力,影响企业恢复力和转型能力。

1. 组织文化重塑

组织文化重塑是指在企业面临衰退时,对其核心价值观、行为准则和工作方式进行根本性调整和更新,适应新市场环境和战略目标(见表9-4)。

表9-4 组织文化重塑

组织文化重塑	具体内容
明确新文化理念	根据企业战略,定义新文化理念,如创新、灵活性及客户导向等
领导层示范	领导层需通过自身行为来体现新文化理念,成为变革推动者
沟通与教育	通过各种渠道和活动,加强员工沟通,教育员工理解并接受新文化
制度支持	更新或制定新政策和流程,支持新文化理念的实施
激励与认可	通过奖励和认可机制,鼓励员工展现与新文化相符的行为

2. 员工关怀

员工关怀是指企业在衰退期对员工的关心和支持,维护员工福祉和忠诚度(见表9-5)。

表9-5 员工关怀

员工关怀	具体内容
透明沟通	员工保持开放和诚实沟通,了解企业挑战和计划
职业发展	为员工提供培训和发展机会,在职业生涯中成长
心理健康支持	提供心理健康资源和支持,帮助员工应对工作压力
工作生活平衡	鼓励灵活工作安排,帮助员工平衡工作和个人生活
福利补偿	在财务压力下,要维护员工基本福利和合理薪酬

3. 实施要点

实施要点如表9-6所示。

表9-6 实施要点

要点	具体内容
持续沟通	在文化重塑和员工关怀过程中,持续沟通是关键,确保信息透明度和一致性
参与感	让员工参与文化重塑过程,让其感到自己是变革的一部分
个性化关怀	了解员工个人需求和期望,提供个性化关怀和支持
反馈机制	建立有效反馈机制,收集员工意见和建议,不断优化员工关怀策略
快速响应	对员工关切和需求快速响应,展现企业关怀和支持

组织文化重塑和员工关怀是衰退期企业要素运营重要组成部分。企业可以增强员工归属感和忠诚度,提高员工参与度和生产力,为企业恢复和转型打下坚实基础。

> **管理小卡片**
>
> 组织文化是领导者影响群体中个体行为最有力的工具。
>
> ——埃德加·谢因

[情景案例] **蓝海咨询的文化革新**

蓝海咨询公司在面临业务衰退时,意识到必须从根本上改变公司的文化和工作方式,以激发员工的潜力和创造力。

公司领导层先明确了新的文化理念,强调客户至上、团队合作和持续创新。为了使这些理念深入人心,领导层亲自参与文化重塑的每一个环节,通过自己的行为为员工树立榜样。

蓝海咨询公司还加强了内部沟通,定期举办全员大会,让员工了解公司的战略方向和文化变革的进展。公司还设立了意见箱和在线论坛,鼓励员工提出建议和反馈,参与文化重塑的过程。

为了支持新文化理念的实施,蓝海咨询公司更新了激励机制,表彰那些展现出创新精神和团队合作的员工。公司还提供了丰富的培训和发展机会,帮助员工提升技能,适应新的工作方式。

启示:

领导示范:领导层的行为对企业文化有着决定性的影响,需要通过自身的行为来体现和推广新的文化理念。

全员参与:文化重塑不是高层的事情,需要让所有员工参与进来,共同推动文化的变革。

持续沟通:在文化重塑过程中,持续的沟通是关键,确保员工对变革的理解、接受并积极参与。

[本节案例]

岚图汽车党委书记秦捷:培育发展"文化新质生产力",把文化力转化为现实生产力

"企业要积极培育发展'文化新质生产力',充分调动和发挥人的创造性和积极性,发挥好企业文化的凝聚力、组织力、战斗力,把文化力转化为增强发展动力、厚

植领先优势的现实生产力。"

目前,在湖北省武汉市举办的"第十一届企业文化百人学术论坛"上,岚图汽车科技有限公司(以下简称岚图汽车)董事、党委书记、工会主席秦捷结合当前汽车产业发展情况作《高质量党建引领企业文化赋能新质生产力发展》主题报告,交流岚图汽车以党建创新企业文化的经验和心得。

相关资料显示,岚图汽车创立于2019年4月,是央企东风汽车集团有限公司(以下简称东风公司)旗下高端智慧电动汽车品牌,通过整合东风公司50多年造车技术和优势资源,以用户为中心构建创新商业模式,致力于成为"中国高端电动汽车领先者"。

秦捷在主题发言中表示,岚图汽车成立五年来,把握新能源汽车的时代之变、行业之变,谋划"强基础、建体系;强能力、上台阶;强文化、创品牌""三步走"的党建工作战略,始终坚定技术自信、产品自信、品牌自信和价值自信,打造了"方向明、大局清、思路新"的领导班子团队,"能力强、作风硬、施策准"的干部队伍,"素质高、干劲足、效果实"的员工队伍,通过坚持"用户、效率、目标、结果"的工作准则,赢得主动、赢得市场。

在员工中,岚图汽车弘扬新时代"马灯精神",让员工在思想上"想干",一条心;在意志上"敢干",一起拼;在行动上"能干",一定赢。据秦捷介绍,秦捷岚图汽车坚持发挥党员先锋模范作用,推动党建与生产经营深度融合,把党建政治优势和组织优势转化为竞争优势和发展优势,助力汽车产业向高端化、智能化、绿色化转型升级,努力走在发展新质生产力的前列。

据《中国经营报》记者了解,在技术研发方面,岚图汽车打造了ESSA原生智能电动架构、电子电气天元架构、岚海动力超级多模混动技术、全新自研的碳化硅平台、全新一代琥珀电池等技术,专利增速位于新能源"造车新势力"前列。

在产品布局方面,岚图汽车目前拥有岚图FREE、岚图梦想家、岚图追光三款车型,已形成"SUV+MPV+轿车"的高端产品矩阵,并完成了"三年三款车、三年三品类"的战略布局。

值得注意的是,岚图汽车在加大技术研发投入、"掌握核心科技"的同时,正不断扩大"朋友圈"阵容。在与华为达成战略合作的基础上,华为最新发布的乾崑ADS3.0智驾系统也将全面为岚图汽车赋能。

其中,岚图汽车与华为合作打造的全新纯电SUV车型将于今年发布。行业首款搭载华为智驾系统及智能座舱的MPV车型——岚图梦想家也将于2025年上半年上市。

根据工信部公示的最新一期申报目录，岚图汽车旗下的全新SUV车型已正式登记，内部代号为H37，定位为纯电动中型SUV。记者在采访中了解到，该款新车定位预计会低于岚图FREE，有望成为岚图汽车家族的新入门级产品，并且售价也将迎来下调。车辆铭牌显示，该纯电动中型SUV或将以"岚图知音"为车型名称。

秦捷表示，在用户关系方面，岚图汽车树立了"美美与共"的用户关系，与用户共创共享共成长；在品牌打造方面，岚图汽车助力多场重量赛事及活动，打造了"国之大事，必有岚图"的品牌标签。

据了解，5月10~14日，在第八届中国品牌日活动期间，岚图汽车获评中央企业品牌引领行动首批优秀产品品牌，展示了自主高端新能源品牌跃迁向上的实力与风范。

在出海事业方面，岚图汽车已进入挪威、芬兰、丹麦、荷兰、捷克、意大利等多个欧洲国家，以"高端新能源汽车品牌"为定位与传统强势品牌竞争。

在第10万辆整车下线、确立国内市场年销10万辆目标、初步形成规模化效应的基础上，岚图汽车正提速出海步伐。今年4月，岚图汽车在2024（第十八届）北京国际汽车展览会上正式发布了Let'sVOYAH"共岚图"出海计划。根据目标，岚图汽车将在2030年布局世界六大洲，进入全球60国，累计建成500家销售服务网点，海外销量累计突破50万辆。

"2022年、2023年，岚图汽车连续2年入选国务院国资委'双百企业'，发挥了改革示范突破带动作用。"秦捷表示，"未来，岚图汽车将继续抢抓机遇，着力打造'发展方式新、公司治理新、经营机制新、布局结构新'的现代新国企，培育壮大新质生产力，把传统的高端燃油车替换成自主的高端智慧电动车，为我国汽车产业从大到强贡献更大力量。"

据了解，"第十一届企业文化百人学术论坛"由中国企业文化研究会主办、中国企业文化研究会学术部承办。岚图汽车作为官方唯一指定用车，为与会嘉宾提供出行服务。

此次论坛以党建引领、企业文化、互融互促、党建文化和新质生产力为关键词，旨在通过企业文化建设推动文化强企、文化强国；通过企业文化学术交流活动，提升企业文化工作者的文化自觉、理论素养和实践能力；探讨回答解决广大企业文化工作者在"党建引领企业文化"实践中关切关注的疑难问题。

资料来源：张家振.岚图汽车党委书记秦捷：培育发展"文化新质生产力"，把文化力转化为现实生产力［N］.中国经营网，2024-05-17.

9.2 服务型企业运营

在衰退期服务型企业要素运营中,不同要素重要性会有所变化。在衰退期,企业需优化人力资源配置,裁减冗余人员,提高效率。人力资源管理在当前阶段尤为重要,注重员工技能和绩效;资本保持和合理分配尤其重要,企业需更加关注现金流管理和成本控制;有效管理在衰退期尤为突出,企业需要通过管理提高效率、降低成本和优化流程,进行重组或战略调整;数据分析帮助企业理解市场和客户需求变化,作出精准决策。在衰退期,数据重要性会增加,企业需要依赖数据来评估市场趋势和调整策略。

9.2.1 业务转型与新市场开拓

衰退期服务型企业的业务转型与新市场开拓是复杂多维的过程,涉及现有业务评估、新机会识别与创新战略实施,见表9-7。

表9-7　　　　　　　　　　业务转型与新市场开拓

关键点	具体内容
市场分析与定位	运用数据分析,精准把握市场衰退原因与机遇
业务模式创新	借助数字化技术,升级业务模式
产品和服务多样化	利用大数据,扩展服务范围,实现多元化
客户关系管理	加强客户关系,提供个性化服务与体验
组织文化与结构调整	运用数智化工具,灵活调整组织文化与结构
人才与技能发展	加大培训投入,提升员工数字化技能知识
资本和资源重新配置	依据数据分析,优先分配资源至潜力领域
风险管理	利用风险模型,识别管理风险,确保决策有效
合作伙伴关系	通过大数据分析,寻找合作方,获取资源
持续学习与改进	建立学习社区,鼓励员工学习,改进服务运营

通过上述措施,衰退期服务型企业进行要素运营,实现业务转型和新市场开拓,企业需主动采取灵活策略,适应不断变化市场环境。

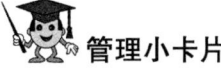
管理小卡片

不要问你的客户能为你做什么——问问你能为你的客户做什么。

——约翰·F. 肯尼迪

[情景案例] *天马旅行社的数字化转型*

天马旅行社在传统旅游市场衰退的背景下，决定进行数字化转型，开拓新的市场和业务模式。

公司先进行了市场分析，发现越来越多的消费者倾向于个性化和体验式的旅游服务。基于这一发现，天马旅行社推出了一系列定制旅游产品，满足不同客户群体的特定需求。

为了提高服务效率，公司开发了一个智能旅游服务平台，利用大数据和人工智能技术为客户提供个性化的旅游推荐和行程规划。客户可以通过平台轻松预订旅游服务，并获得实时的旅游信息和建议。

同时，天马旅行社加强了与客户的沟通，通过社交媒体和在线客服，及时了解客户需求和反馈，建立信任和透明度。公司还实施了忠诚度计划，通过积分和奖励激励客户持续选择天马旅行社的服务。

启示：

市场洞察：深入了解市场趋势和客户需求，是企业转型和创新的基础。

技术应用：利用最新的技术提高服务效率和客户体验，可以帮助企业在竞争中脱颖而出。

客户关系：在数字化转型过程中，保持与客户的紧密沟通和关系维护，是保持客户忠诚度的关键。

9.2.2 客户保留与价值重构

在衰退期服务型企业要素运营中，客户保留与价值重构是两个相互关联且至关重要的策略。

1. 客户保留

客户保留是企业在衰退期维护客户关系、降低流失率的措施。要以顾客需求调查为基础实施客户关系管理，将需求融入产品服务，见表9-8。

表9-8　　　　　　　　　　　　　　　客户保留

客户保留	具体内容
提升客户满意度	通过提供高质量服务和产品，以满足客户基本需求
个性化服务	利用客户数据来定制服务，以满足客户个性化需求
加强客户沟通	通过定期沟通，了解客户需求和反馈，建立信任，提高透明度
忠诚度计划	实施或优化忠诚度计划，通过积分、奖励、优先服务等方式激励客户持续选择服务
灵活价格策略	提供价格优惠或灵活付款条件，适应客户财务状况
增值服务	提供额外服务或产品，增加客户感知价值
快速响应机制	建立快速响应客户问题和投诉机制，展示企业对客户的关切和重视
员工培训	培训员工以提高客户服务技能和产品知识，确保有效解决客户问题
客户反馈循环	建立一个系统来收集和分析客户反馈，不断改进服务
维护客户关系	在经济困难时期，要保持与客户联系

2. 价值重构

价值重构是指企业重新定义其服务或产品价值主张，适应市场变化和客户需求演进，见表9-9。

表9-9　　　　　　　　　　　　　　　价值重构

价值重构	具体内容
市场和客户洞察	运用数据分析理解市场趋势与客户需求变化
创新服务模式	探索新服务模式或交付方式以适应新习惯
重新定义价值主张	基于新需求精准定义企业价值主张
差异化竞争	通过独特服务或产品特性，实现与竞争对手差异化
客户参与	邀请客户参与，获取意见和建议
技术应用	利用新技术提高服务效率、降低成本或创造新服务体验
调整服务组合	根据需求变化优化调整服务组合
品牌重塑	必要时进行重塑，以反映新价值主张与定位
内部能力评估	评估并提升内部能力，以支持新价值主张和服务交付
持续监测和调整	持续监测反馈并完善价值重构策略

通过客户保留和价值重构，服务型企业在衰退期中稳固其市场地位，为市场复苏提供机会。

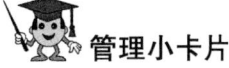

管理小卡片

企业的目的在于创造和保留客户。

——彼得·德鲁克

[本节案例]

TCL：如何完成制造业转型升级之路？

2022年，TCL通过TCL实业与TCL科技两大实体实现整体营收超过2 600亿元，在不确定的经济大环境中实现稳健增长。TCL智屏销量市场占有率跃居全球前二；电视面板市场份额稳居全球第二，在产业链中、下游都占有领先地位。TCL转型升级的探索与实践对有志于在高科技制造领域取得突破的中国企业，具有较强的参考意义。本期商业案例拟挖掘TCL战略转型的背景和决策依据，在产业价值链竞争的视角下，以能力构建为主线，提炼其转型升级中的关键经验。

1. 发展

进入液晶面板领域。

2008年，TCL摆脱国际化并购阴霾时，彩电仍是其核心业务，但市场已发生巨大变化，液晶显示渐成行业主流。中国企业因不掌握核心显示技术，一方面被国外品牌打压；另一方面又严重依赖进口屏幕，在价格战下利润微薄。三星等韩国企业转型的经验为TCL提供了启示，即利用液晶产业的周期性特征，在多个衰退期逆向投资，突破上游核心技术，完善产业链布局，继而在规模和综合实力上超越领先者。

从产业发展格局、市场需求及自身能力出发，TCL开始评估布局上游的可行性。2008年金融危机后，全球市场不振，液晶显示产业进入衰退期。与此同时，中国经济体量和市场容量不断攀升，已成为电子生产和消费大国。李东生认为，金融危机为中国企业升级发展提供了独特机遇。他判断，中国将依托下游大量整机制造需求的拉动，借助行业周期，承接全球显示产业发展的下一棒。在"缺芯少屏"的背景下，延伸至显示面板制造领域，也符合国家战略发展需要。

几经论证，李东生判断，进入液晶面板领域"有7成的胜算，只要能坚持不倒，TCL有很大机会取得成功"。2009年11月16日，TCL以创立华星光电（以下简称华星）为标志，正式进入显示面板制造领域。

2. 经验

从探索追赶到掌握话语权。

以华星为主体，TCL初步完成了从终端电子产品制造商向高科技企业的转型。从更广阔的视角看，华星与其他中国显示企业一道，通过不断探索和追赶，现已掌握了全球液晶显示面板的话语权，并力争在下一代显示技术变革中取得领先。其经验值得总结。

其一，在高科技、重资产、长周期的产业，新进入者的务实选择是，在成熟技术下，先建立效率上的相对优势，尽快取得收益，再发展差异化的产品和技术，继而进入良性轨道。李东生总结："华星刚投产，我认为经营管理能力最重要。"

其二，在效率优势上，持续发展产品及产业核心技术。当企业积累了一定产业经验，意图进一步构建核心竞争力时，还需回到产品与技术。在产品策略上，华星先从技术规格简单、价格低的产品入手，逐步开发差异化、高端化产品。在全球最高世代的产线t6、t7上，华星生产出超大尺寸、超窄边框等高端显示产品。从大尺寸、高画质两个维度升级产品，目前华星55英寸和75英寸产品份额全球第一，65英寸产品份额全球第二；8K和120Hz高端面板市场份额稳居全球第一。

其三，为建立面向未来的竞争力，参与甚至主导产业生态建设是一个领先者的必修课。经过30余年的发展，液晶显示产业已相当成熟。在未来主流技术尚未确定的情况下，如何实现原始创新是中国领先企业的共同挑战。TCL选择搭建开放平台，连接上下游协同创新，与之齐力推动新技术的开发与产业化应用。在TCL工业研究院院长闫晓林看来，"下一代显示技术的核心是材料，材料与器件密不可分，一代材料才有一代器件"。为此，TCL创新研发组织形式和运营机制，早在2014年便创立了广东省聚华印刷显示技术有限公司，以资本和知识产权为纽带，汇集业界与学界伙伴，整合从材料、工艺、制程到应用验证的各环节产业链资源。

3. 新赛道

构建企业发展新曲线。

变革转型需要资源和能力的聚焦与再匹配。为迈向新阶段，TCL作为一个业务广泛、体系庞大的集团，优先精简组织，精益经营。自2017年起，TCL共剥离、出售、关闭110家非核心业务的企业，合并裁撤部门，优化冗余岗位；以"齿轮型组织"创新管理模式，提升经营效率。"齿轮理论"是华星前CEO薄连明创新并倡导的一系列华星方法中的一个，是一套组织生态创新方法。他认为"企业间的各个职能不是完全线性串联或并联的，而是像钟表的齿轮一样，是一个相互耦合的过程"。企业可以是齿轮型组织，打破跨职能障碍、促进组织协同。在此基础上，2019年，TCL以重大资产重组支持专业化布局，TCL 集团被分拆为 TCL 科技和 TCL 实业控股两大产业集团。前者聚焦半导体显示及材料产业，以产业金融与投资创投支持主业发展，加速向技术/资本密集型的高科技产业集团转型；后者聚焦智能终端业务及其平台支撑和生态圈业务，打造 TCL 智能科技产业集团。2020 年，TCL 集团明确了"全球领先"的战略目标，力争成为全球领先的智能科技产业集团。

在沿泛半导体产业链进行战略布局的思路下，2020 年，TCL 科技收购天津中环电子信息集团有限公司。后者旗下的天津中环半导体股份有限公司（以下简称中环）几经转型，目前以新能源光伏为核心产业，主要产品包括光伏硅片、光伏电池及组件、光伏电站等。从业务占比看，光伏新能源用单晶硅材料为其最主要业务，2019～2022 年占比一直高达 90% 以上。

4. 产业链

硅片领域实施"全球领先战略"。

与 TCL 整体追求全球领先的战略目标一致，中环在硅片领域实施"全球领先战略"，在太阳能电池及组件领域"与全球顶尖公司合作"，实现综合实力全球第一。继 2021 年高速增长后，2022 年中环业绩再创新高，实现营业收入 670.1 亿元，同比增长 63.0%；可以说，中环已成为 TCL 增长的新引擎。其业绩提升的驱动因素，可归纳为以下几点。

其一，扩大先进产能。近两年，中环积极围绕优势产品扩产。其于 2019 年推出的革命性大尺寸硅片 G12，单片电池功率是常规产品的 2 倍。

其二，以技术创新和制造变革降本增效。在技术创新方面，2021 年，中环研发投入 25.8 亿元，同比增长 183.4%；其中提产降本类投入 19.7 亿元，技术创新类投入 6.1 亿元。

其三，开始利用与 TCL 的协同优势。在产业管理层面，中环和华星均处于高科技、重资产、长周期的产业，在产业的战略管理和穿越周期管理以及运作趋势上，两者有很多经验可以相互参考。在供应链层面，两者也有大量相同的供应商。

5. 观察

中国制造的升级之路。

将视角从 TCL 转型升级放大到中国制造的整体性升级，以下几点值得讨论。

上游延伸 VS 下游突破。制造业升级包含两个方向，既可向上延伸，也可向下突破。

技术创新 VS 管理创新。技术创新是产业升级的重要驱动力。目前，我国已在一些关键核心技术领域实现突破。但客观来看，相较于欧美日韩等发达经济体，中国在硬件和软件方面都仍有"卡脖子"的短板。

专业化 VS 多元化。在产业升级的过程中，对于已掌握产业链关键环节的企业，一方面可沿原产业链继续精深化探索；另一方面，可考虑集团多元化战略，即通过收购、投资等方式，将业务拓宽至新产业。随着专业化经营规模的扩大，企业一般会出现边际效应递减的问题，且经营风险过于集中。

企业升级 VS 产业升级。高科技产业是一个高度集成的产业，产业链较长，涉及的学科领域、利益相关方等相对更多。企业以单打独斗的方式转型升级，往往事倍功半。中国制造的升级，不能仅靠产业链上的一个环节做得好，也需要上下游的联动与合作。在此过程中，以集成作用最强、增值效应最突出的产业链关键环节带动整个产业链升级发展，或许更为有效。TCL 在产业链协同创新方面走在了前列。中国制造需要更多的"链主"与专精特新企业在不同产业领域融通创新、融合共进。

资料来源：荆兵，孟繁怡，李梦军. TCL：如何完成制造业转型升级之路？[N]. 中国经营网，2023-05-06.

9.3　制造型企业运营

在衰退期，企业需优化人力资源结构，降低成本，保留关键人才和技能，支持企业转型和创新；资本对于维持企业流动性和财务稳定至关重要。企业需要管理资本，以支持运营和投资关键领域；技术创新帮助企业降低成本、提高效率或开发新产品。企业需要依赖技术来保持竞争力；有效管理对指导企业度过衰退期至关重要。管理层需制定明智战略，进行成本控制，确保企业灵活应对市场变化；数据分析帮助企业理解市场趋势和消费者行为，作出明智决策。

9.3.1　产业升级与环保责任践行

在衰退期制造型企业要素运营中，产业升级和环保责任践行是两个关键方面，对企业长期可持续发展至关重要，也是企业践行社会责任的重要体现。

1. 产业升级

产业升级是指企业通过技术创新、产品改进和生产流程优化等方式，提升其产业竞争力和市场地位，见表 9-10。

表 9-10　　　　　　　　　　　产业升级

产业升级	具体内容
技术创新	投资研发，利用数智化技术开发和改进现有技术，提高效率和质量
产品多样化	开发新产品或改进现有产品，满足市场需求变化和客户个性化需求
智能化生产	采用自动化和智能化设备，减少人工操作，提高生产效率和减少错误
精益生产	实施精益生产方法，如持续改进、减少浪费和提高流程效率
供应链优化	优化供应链管理，确保原材料和零部件稳定供应，降低成本和提高响应速度
市场定位	根据市场变化重新评估和定位产品，满足目标市场需求
员工培训	提高员工技能和知识，适应新生产技术和工作方法
质量管理	加强质量控制，确保产品和服务符合或超过行业标准
战略合作	与其他企业或研究机构建立合作关系，共同开发新技术和市场
环境友好型生产	在产业升级过程中考虑环境影响，采用环保材料和生产方法

管理小卡片

精益生产的核心是消除浪费，创造价值。

——丰田英二（丰田汽车前社长）

2. 环保责任践行

环保责任践行是指企业在运营过程中采取措施减少对环境的负面影响，实现绿色生产和可持续发展，见表 9-11。在全面质量管理的框架下，环保责任践行需要贯穿企业生产经营的全过程。

表 9-11　　　　　　　　　　　环保责任践行

环境责任践行	具体内容
节能减排	采用节能技术和设备，减少能源消耗和温室气体排放
废物管理	实施有效废物管理策略，减少废物产生，提高资源回收利用率
清洁生产	采用清洁生产技术，减少生产过程中污染物排放
环境管理体系	建立和认证环境管理体系，如 ISO14001，确保环境政策和目标实施
合规性	确保所有生产活动遵守相关环境法规和标准
绿色供应链	与供应商合作，推动整个供应链环保实践
产品生态设计	设计可回收、低环境影响产品，延长产品生命周期

续表

环境责任践行	具体内容
环境信息披露	向公众和利益相关者透明披露企业环境表现
社区参与	与当地社区合作，参与环境保护项目，提高企业社会责任感
持续改进	运用数智化持续监测环境绩效，寻求改进机会，实现环境目标

通过产业升级和环保责任践行，制造型企业能在衰退期中保持竞争力，还能实现经济复苏和长远发展。

管理小卡片

只有理解了，我们才会关心。只有关心了，我们才会帮助。只有我们帮助了，一切才能得救。

——珍·古道尔

[情景案例] **红星制造的绿色革命**

红星制造公司在面临环保压力和市场竞争的双重挑战下，决定进行一次彻底的绿色转型。

公司先对生产过程进行了全面的环保审查，识别了能源消耗和废物产生的关键环节。红星制造公司投资研发了多项节能减排技术，如改进工艺、使用节能设备和优化能源管理。

在产品开发方面，红星制造公司推出了一系列环保产品，这些产品使用可回收材料，并且在设计上考虑了产品的生命周期，以减少对环境的影响。公司还加强了与供应商的合作，推动整个供应链的环保实践。

为了提高员工的环保意识和技能，红星制造公司开展了一系列的培训和教育活动。公司还建立了环境管理体系，确保所有生产活动都符合环保法规和标准。

启示：

环保创新：在产品设计和生产过程中采用环保技术和材料，可以减少对环境的影响，提高企业的社会责任。

供应链合作：与供应商共同推动环保实践，可以提高整个供应链的绿色竞争力。

持续改进：建立环境管理体系和持续改进机制，可以帮助企业不断优化环保绩效，实现可持续发展。

9.3.2 合作伙伴关系维护与优化

在衰退期制造型企业要素运营中,合作伙伴关系维护与优化至关重要。通过加强沟通、共享市场信息、评估并强化关键伙伴关系来应对市场挑战。同时,通过灵活调整合作条款,如长期合同和成本优化协议,确保供应链稳定性和成本效益。此外,共同研发和技术创新可提升产品竞争力,多元化供应链策略降低依赖风险。维护合作伙伴关系还意味着在法律合规框架内公平分配利益,确保合作双方长期共赢。合作伙伴关系维护与优化的关键策略见表9-12。

表9-12 合作伙伴关系维护与优化

策略	具体内容
评估现有关系	定期评估合作伙伴关系有效性和效率,确定哪些关系对企业最重要
加强沟通	在经济压力时期,与合作伙伴保持开放和透明沟通,共同面对挑战
风险共担	与合作伙伴共同评估市场风险,并寻找分担风险方法,如通过灵活合同条款
成本优化	与供应商合作,寻找降低成本方法,同时不牺牲产品质量
供应链多元化	为减少对单一供应商依赖,多元化供应链,增加备用供应商
长期合同	考虑与关键供应商签订长期合同,确保稳定供应原材料和组件
合作研发	与合作伙伴共同投资研发,开发新产品或改进现有产品
共享市场信息	与合作伙伴分享市场趋势和消费者行为洞察,预测需求和调整策略
灵活的合作模式	根据市场变化调整合作模式,从传统交易关系转向更紧密战略合作伙伴关系
技术支持和培训	为合作伙伴提供必要技术支持和培训,以满足生产和服务要求
共同市场推广	与合作伙伴进行市场推广活动,共享营销资源,提高市场影响力
利益共享	确保合作伙伴关系中利益分配公平,激励合作伙伴积极参与
法律和合规性	确保所有合作伙伴关系遵守相关法律法规,减少法律风险
退出策略	为不具有竞争力或不符合企业战略的合作伙伴关系制定退出策略
创新合作	探索新合作模式,如与竞争对手合作开发新技术或进入新市场

通过这些策略,制造型企业可以在衰退期中维护关键合作伙伴关系,优化供应链,提升价值链效率和效果,为企业稳定和未来发展打下坚实基础。

管理小卡片

与比你更优秀的人交往更好。选择行为比你更好的伙伴,你就会朝那个方向漂移。

——沃伦·巴菲特

[本节案例]

江苏:"智改数转",制造业由大变强

在一条数字化生产线上,巨型机械手臂吊装着零部件缓缓移动,数字操控、自动检测、智能装配,平均每25分钟就能下线一台轮式起重机底盘。

这是徐工集团的核心企业徐州重型机械有限公司(以下简称徐工重型)生产车间的一角,也是江苏制造业智能化改造、数字化转型(以下简称智改数转)的缩影。

截至2023年底,江苏两化(工业化、信息化)融合发展水平连续九年全国第一。近年来,各地制造业都在加快数字化转型,江苏的成绩单为何如此亮眼?目前,"高质量发展调研行"主题采访活动来到江苏,记者深入探访工厂车间寻找答案。

智能化数字化带来切实效益

徐工重型信息化总监李忠福介绍,近年来,徐工重型信息化部门积极作为,将信息技术和制造技术相结合,围绕研、产、供、销、服和运营管理全价值链,落地核心信息平台,旨在提升效率、提高质量、降低成本。

两年前,"智改数转网联"被列为徐工集团董事长"一号工程"。随着工厂关键设备数控化率达到100%,公司生产效率提升50%、运营成本降低25%、研发周期降低40%、产品一次交验不合格率降低23%……

从信息化到数字化,再到部分关键环节智能化,徐工重型花了将近十年。其间,信息化部门把数据变成生产力,不断助推企业降本增效,实现了从"花钱部门"到"利润中心"的华丽转身。"我们将以'智改数转网联'全面开启建设世界一流企业新征程。"李忠福信心十足。

自动导向车从容不迫地穿梭,机械臂井然有序地摆动,全自动化生产线有条不紊地运转……如今,这样的场景在江苏的制造车间越来越寻常。

在常州,东方润安集团有限公司引入了炉号信息喷码机器人、定尺定重切割系统等。公司董事长蒋中敏回忆:"1987年,350个人1天生产100吨钢。现在,350个人1天能生产1万吨钢。这是'智改数转'带来的实实在在的效益。"

在南京,南瑞继保智能电气装备产业园引入智能机械臂,智能制造车间平均每分钟就能完成1台继电保护设备测试。南瑞继保电气有限公司副总经理何雪峰介绍:"'智改数转'不仅能提高生产效率,还有助于保证产品质量,是传统企业转型升级的重要手段。"

在无锡，拥有100多年历史的无锡一棉纺织集团有限公司，近年来也开始大规模实施智能化改造，采用设备直联技术、机器人等，建立了监控中心。如今，这里已成为"纺织行业特高支纱技术创新中心"。

顶层设计助推转型升级

记者与钢铁厂、纺织厂和机械厂有关负责人交流时，"智改数转"一词频频入耳。

江苏省经济和信息化研究院副院长陈英武告诉记者："起步早，这是江苏'智改数转'的一大特点。"

作为制造业强省，江苏于2015年明确提出要推进两化深度融合，提高企业智能化发展水平。2016年，江苏在全国率先开展智能车间、智能工厂等建设。

有了"线路图"和"指南针"，制造业"智改数转"势如破竹。截至2023年底，江苏累计实施"智改数转网联"改造项目约5万个，为4.3万家规上工业企业开展免费诊断，累计创建国家级数字领航企业8家、智能制造示范工厂32家、5G工厂97家。

在热火朝天的"智改数转"中，"链主"企业的龙头作用也不断显现。例如，拥有4 000多家供应商的徐工重型是工程机械行业的链主企业，在与链上企业协作过程中，徐工重型带动一些企业特别是中小微企业实现"智改数转"。

随着"智改数转"进入新阶段，江苏不断出台新政策。2022年，《江苏省制造业智能化改造和数字化转型三年行动计划（2022—2024年）》发布；2023年，江苏印发《加快建设制造强省行动方案》；2024年3月，江苏提出要扎实做好制造业"智改数转网联"各项工作，以"网联"放大"智改数转"效应。

"起步早、力度大，所以江苏'智改数转'速度快。"陈英武表示，"江苏要坚定不移地抢抓数字化、网络化、智能化等技术变革机遇，全力打造'数实融合强省'，为发展新质生产力提供更多支撑"。

资料来源：代小佩，张晔. 江苏："智改数转"，制造业由大变强[N]. 科技日报，2024-06-11.

[团队场景练习]

练习名称：衰退期企业运营策略模拟

目标：

（1）理解衰退期企业运营的关键要素和策略。

（2）学习如何在市场萎缩或业务下滑时进行有效的资源重组和资产剥离。

(3) 掌握组织文化重塑和员工关怀的重要性及其实施方法。

(4) 学习如何通过业务转型和新市场开拓来应对衰退。

练习步骤：

(1) 分组。将学生分成若干小组，每个小组代表一家面临衰退的企业。

(2) 角色分配。每个小组成员扮演不同角色，如 CEO、CFO、HR 经理、市场经理、技术经理等。

(3) 情景设定。教师提供企业背景信息，包括市场状况、财务状况、人力资源状况等。

(4) 策略制定。各小组根据文档中提到的策略，制定本企业的应对计划，包括资源重组、资产剥离、组织文化重塑、员工关怀等。

(5) 角色扮演。每个角色根据其职责，向团队展示自己的策略和计划。

(6) 团队讨论。小组成员讨论并整合各自的策略，形成统一的企业运营计划。

(7) 方案呈现。每个小组向全班展示他们的企业运营计划，并解释其策略选择的理由。

(8) 评价与反馈。教师和其他小组提供评价和反馈，指出计划的优点和需要改进的地方。

(9) 总结讨论。全班一起讨论不同企业的策略，比较和分析各种方法的有效性和可行性。

练习目标：

(1) 加深对衰退期企业运营策略的理解。

(2) 提高团队合作和沟通能力。

(3) 培养分析问题和解决问题的能力。

练习材料：

(1) 衰退期企业运营的文档内容。

(2) 市场和财务状况的模拟数据。

练习时长：

根据班级规模和学生能力，预计需要 2~3 个课时完成。

通过这个练习，学生不仅能够将理论知识应用于实践，而且能够在模拟的商业环境中锻炼自己的决策能力和团队协作能力。

[本章小结]

本章强调了在衰退期企业需要采取主动和灵活策略，以适应不断变化市场环境，同时注重内部管理和外部市场变化,以实现企业稳定、转型或恢复增长。

[关键词]

要素运营　服务型企业运营　制造型企业运营　组织文化

[简述题]

1. 资源重组与资产剥离定义是什么?
2. 衰退期员工关怀有哪些?
3. 衰退期服务型企业业务转型与新市场开拓的关键点是什么?
4. 服务型企业运营的价值重构。
5. 制造型企业运营的环保责任践行。
6. 合作伙伴关系维护与优化的策略是什么?

[拓展阅读]

[阅读1]

企业数字化转型:驱动因素、经济效应与策略选择

当前,越来越多的企业加入数字化转型的浪潮,利用人工智能、大数据、云计算和区块链等新型数字技术不断探索转型升级路线和高质量发展的突破点。但是,许多企业对数字技术的应用还处于摸索阶段,在实际的转型过程中面临诸多挑战。同时,学术界有关数字化转型的相关研究不断涌现,已成为经济学和管理学领域的重要研究内容。虽然现有研究从不同视角和情景探究数字化转型的相关问题,但是对于企业数字化转型的系统性研究还有待加强。基于此,本文系统全面阐述企业数字化转型的内涵与现实价值,深刻剖析企业数字化转型的驱动因素,准确评估企业数字化转型的经济效应,深入探讨企业数字化转型存在的问题,并从企业和政府层面提出加快推进企业数字化转型的政策建议,以促进学者更好地认识企业数字化转型的相关问题,并为中国企业数字化转型提供借鉴和启示,帮助企业更好地以数字技术推动转型升级和高质量发展。

一、企业数字化转型的内涵界定

中国信息通信研究院发布的《企业数字化转型蓝皮报告》指出:"企业数字化转型是利用数字技术,把企业各要素、各环节全部数字化,推动技术、业务、人才、资本等要素资源配置优化,推动业务流程、生产方式重组变革,从而提高企业经济效

率，降低企业运营成本，通过将企业业务数字化，实现传统模式的转型升级，最终达到提高生产效率的一种转型过程"。学者从不同视角和层面阐释了企业数字化转型。有学者从技术层面认为企业数字化转型是企业利用物联网、人工智能、区块链和云计算等技术改进重大业务流程，以实现简化运营、增强客户体验，或者创建新的商业模式。也有学者从产业层面认为企业数字化转型是利用数字技术升级业务流程，提升生产数量和效率的过程。还有学者从价值共创层面阐述企业数字化转型是利用数字技术组合改变企业原有组织结构、业务流程、商业模式和企业战略，联合价值生态圈中的利益相关者共同创造价值的过程。

二、企业数字化转型的现实价值

数字化转型是建设数字中国的重要战略任务，是构筑中国全球竞争新优势的必然选择，是推动中国数字经济高质量发展的重要举措，是加快构建国内国际双循环和国内统一大市场的关键支撑。中国经济的数字化转型大致可以分为三个阶段：第一个阶段是以计算机和信息通信技术驱动的信息化发展阶段，第二个阶段是以互联网驱动的数字化转型阶段，第三个阶段是以大数据、人工智能驱动的数字化转型阶段。推动企业数字化转型，对构建中国智能经济新形态和促进实体企业高质量发展具有重要的现实价值。

一方面，企业数字化转型是构建中国智能经济新形态的重要抓手。当前，新一轮科技革命和产业变革正在重塑全球竞争格局，世界各国为了抢占未来经济发展制高点，纷纷推进数字化转型战略布局。为了构建中国智能经济新形态，《中华人民共和国国民经济和社会发展第十四个五年规划和2035年远景目标纲要》更是提出，要充分发挥海量数据和丰富应用场景优势，赋能传统产业转型升级，将数字化转型作为未来发展的重要战略目标。

另一方面，企业数字化转型是驱动企业高质量发展的重要引擎。企业是国民经济的基础支撑单元，是市场的微观主体，也是数字技术与实体经济深度融合的微观承载者。数字技术的颠覆式创新正以前所未有的广度、速度和深度改变企业运营管理的各个方面，促使企业从传统的经营模式向信息化、数字化和智能化的经营模式转变，并且正在逐步成为企业培育核心竞争力和保持竞争优势的关键领域。

三、企业数字化转型的驱动因素

（一）外部环境变化驱动企业数字化转型

近些年，企业外部环境的不断变化推动了企业数字化转型的进程。新冠疫情的暴发和劳动力成本的上升给企业的生产经营带来了挑战，越来越多的企业加入数字化转型浪潮，以应对外部环境的冲击。与此同时，"双循环"新发展格局、"双碳"战略目标和营商环境的改善也为企业数字化转型提供了重要的战略机遇，越来越多的企业试图借助数字化转型实现高质量发展。

第一，新冠疫情加快企业数字化转型进程。新冠疫情的暴发给企业正常的生产经营活动造成了负面冲击，而数字信息技术的应用在新冠疫情防控期间显示出巨大的优势。微软与互联网基础服务提供商（IDC）的合作研究数据表明，新冠疫情促使约63%的中国企业加速数字化转型。

第二，劳动力供给拐点倒逼企业数字化转型。劳动力成本上升会增加企业的生产成本，不利于企业实现降本增效的目标，这将会倒逼自动化、智能化生产技术的广泛应用，加速推进企业数字化转型，以帮助企业实现高质量发展。

第三，"双循环"新发展格局为企业数字化转型带来机遇。"双循环"新发展格局改变了企业生产经营的外部环境，为数字化转型提供了新机遇。当今世界正在经历百年未有之大变局，逆全球化思潮抬头、单边主义盛行、国际贸易摩擦频繁、地缘冲突及欧美制裁等全球无序发展的状态造成了高度不确定的外部环境，不可避免地对中国现有产业链、供应链和实体企业发展带来负面冲击。在国内外政治经济环境不确定性加剧的背景下，我国提出建立以国内大循环为主体、国内国际双循环相互促进的新发展格局的战略部署。

第四，"双碳"目标加速企业数字化转型。"双碳"目标是实现可持续发展的关键，企业数字化转型是实现"双碳"目标的有效手段。我国提出要力争于2030年前二氧化碳排放达到峰值，努力争取2060年前实现碳中和的战略目标。作为绿色低碳转型的重要抓手，数字化转型能够推动企业低碳化发展。

第五，营商环境改善推动企业数字化转型。优质的营商环境是企业创新发展的新引擎，也是一个国家经济软实力的具体体现，而企业数字化转型所需的要素资源与外部营商环境紧密相关。2020年我国正式实施《优化营商环境条例》，从法律层面为优化营商环境提供了保障和支撑。营商环境改善有助于激活企业创新、降低企业运行成本，增强企业对盈利前景的信心，进而促进企业开展数字化转型。

（二）财政金融政策助力企业数字化转型

从财政驱动力视角看，财政科技支出、政府创新补贴作为激发企业创新活力的典型政策工具，能够激励企业数字化转型。财政科技支出或者创新补贴强度越大，企业数字化转型程度越高。

从金融驱动力视角看，利率市场化改革与供应链金融、科技金融、数字金融等新金融业态的发展能有效提升金融资源配置效率，驱动企业生产创新行为，而数字化转型属于更高层次的技术创新活动范畴，自然对高质量金融供给的需求更为强烈。

(三) 基础设施建设推进企业数字化转型

基础设施建设是推动企业数字化转型的基础保障，新型基础设施建设、交通基础设施建设、智慧城市建设、国家大数据综合试验区以及"宽带中国"等基础设施建设能够为企业数字化转型提供基础条件支持。硬性基础设施和软性基础设施建设是经济发展中的两大支柱，两者相得益彰，共同驱动企业数字化转型。

(四) 管理层背景特征与社会资源赋能企业数字化转型

数字化转型是企业内外部环境因素共同作用的结果，但最关键的因素还是企业中人的能力和行动。作为企业战略决策的制定者和执行者，管理层在企业数字化转型中扮演了重要的角色，其对数字化转型的认知和态度很大程度上决定了企业数字化转型的成效。而管理层拥有的专业知识、实践经验、战略思维以及可接触的社会关系等因素则会影响管理层对数字化转型的认知和态度，进而影响企业数字化转型进程。

资料来源：裴璇，刘宇，王稳华．企业数字化转型：驱动因素、经济效应与策略选择 [J]．改革，2023 (5)：124－137．

[阅读 2]

数字技术赋能京津冀产业结构升级的效应研究

一、问题提出

数字经济是中国产业结构升级和经济高质量发展的重要抓手。数字技术作为数字经济时代的核心驱动力更是对产业结构升级有着很大的影响，已经引起了学者的关注。数字技术在企业转型升级中扮演着重要角色，它使生产活动智能化，提升人力资本水平，提高企业创新绩效，促进产品升级和价值链的攀升，为实现产业结构升级的质变创造条件。资源错配是产业结构升级的"拦路虎"，而数字技术有助于解决这一问题。数字技术应用于传统产业，通过分析海量数据，提高供需匹配效率，改善资源错配现状，进而推动产业结构升级。数字技术可以加快企业内部碎片化创新资源的整合，重塑企业内部可利用创新资源生态系统，提高资源的使用效率，企业也能够更高效、便捷地获取市场需求信息，缓解供需两端信息不对称的问题，根据消费者需求及时调整发展战略，优化创新资源配置，提高创新效率和企业技术创新的市场适用性，规避企业技术创新可能产生沉没成本的风险，推动企业技术创新发展水平；数字技术还可以促进各产业间创新资源的流动与共享，从而提高企业创新水平，促进产业结构升级。融资难问题约束着中国产业结构升级的进程，数字技术通过在金融领域的应用，促进金融发展，优化金融配置，改善创新型企业、高新技术企业融资困难的窘境，进而为促进产业结构升级提供资金助力。

从现有研究结论来看，数字技术对产业结构升级有着很大的影响，数字技术对产业结构升级影响的研究内容颇丰，但是还存在很大的拓展空间。一方面，关于数字技术对产业结构升级的影响研究有限且多基于全国视角，忽略了不同区域间数字技术与产业结构升级的关系研究，尤其是作为中国三大战略发展区域之一的京津冀地区，经济发展水平、资源禀赋不同，产业结构的现状也不同，京津冀协同发展战略是否起到了不同于其他地区的作用，从而使数字技术与产业结构升级的关系有所变化？京津冀各市之间两者关系是否存在地区异质性？另一方面，数字技术对产业结构升级的影响机制多侧重于供给层面，而在影响产业结构升级的众多因素中，需求侧的因素对其影响不容忽视。因此，数字技术对产业结构升级的影响机制有进一步分析和挖掘的空间。

二、文献综述与研究假设

（一）数字技术对产业结构升级的促进作用分析

数字技术的广泛应用，为产业结构升级提供技术支持。产业结构升级不仅是产业间主导产业的更迭，而且包括产业内部技术的进步和生产效率的提高。数字技术有利于提高生产效率，加快产业结构升级进程。

（二）数字技术对产业结构升级的影响机制分析

为推动产业结构升级，需要需求和供给两手抓。因此，本文认为，数字技术会通过市场消费需求、投资拉动、金融发展效率和人力资本结构高级化对产业结构升级产生影响。

1. 数字技术通过市场消费需求对产业结构升级产生影响

扩大内需对经济发展有着基础性的作用，而数字技术为提高消费需求增添新动力。一方面，数字技术创新消费模式，影响消费者消费行为，刺激消费需求。随着各大数字平台的出现，线上消费正成为新的消费增长点，并在消费市场中展现了其独特的优势，不仅使消费者可以实时满足自己的消费需求，而且各大线上销售平台也可以获得大量的消费者需求信息，从而通过大数据分析为消费者推送符合消费者潜在消费决策的产品组合，缓解消费市场信息不对称问题，让更多的产品进入大众视野，拓展消费者可选择产品的多样性和多质性，创造更大的消费空间。另一方面，数字技术促进消费结构升级。数字技术在不断扩大消费规模的同时，消费结构也会有所调整。首先，数字技术提高了产品的生产效率，降低了生产成本，实现线上线下联动，满足更多消费者个性化定制需求。其次，数字技术提高整个社会的经济效益，有助于提高居民收入，从而激发消费者高端消费的潜能。最后，消费者的消费心理会受到互联网的影响，逐渐追求更多精神层面的消费，增加对服务产品的消费，消费结构得以优化，进而对产业结构升级产生需求牵引效应。

2. 数字技术通过投资拉动对产业结构升级产生影响

数字技术可以促进投资，推动产业结构升级。首先，在数字经济时代，数字技术的应用和发展顺应时代潮流，是在新一轮竞争中取胜的关键技术法宝，必然会带来新的投资需求。其次，数字技术可以增加消费需求，而消费市场需求规模的扩大能够激发投资主体增加投资，消费结构的升级会使投资强度也呈现高级化特征，即第二、第三产业对投资需求增加，投资会更多地流向第二、第三产业。获得投资多的产业有更多的资源用于加强技术研发、更新设备、生产新产品，为传统产业转型升级和培育新产业创造动力，而数字技术又可以优化资源配置，提高资源配置效率和投资效率，加快产业结构升级进程。

3. 数字技术通过金融发展效率对产业结构升级产生影响

企业的转型升级离不开资金的支持，现今很多企业仍以银行信贷为产业升级的重要融资渠道。低金融发展效率将会降低资源配置效率，影响产业结构升级的进程。中国金融信贷资源存在信息识别效率低、资源错配等问题。通过数字技术在传统金融业的应用，可以对海量数据进行智能高效的分析。

4. 数字技术通过人力资本结构高级化对产业结构升级产生影响

数字技术的发展和应用会加大对技术型人才的需求，进而促进人力资本结构高级化。数字技术带动了产业数字化和数字产业化，推动产业结构的调整。这不仅为劳动力市场提供了新的岗位，而且对人力资本提出了新要求。在数字经济发展的浪潮下，劳动者为了适应市场需求，在新一轮激烈的岗位竞争中获得一席之地，需要不断提高自己的数字技术能力。数字技术的发展又在人力资本结构高级化的过程中提供技术支持。一方面，数字技术使知识共享更为便捷、高效、低成本，劳动者可以从互联网学习相关数字技能，从而加速人力资本结构高级化的进程。另一方面，数字技术所催生的新事物、新发展为人力资本结构高级化创造条件。例如，大学里计算机、软件工程等与数字技术相关的专业，增设新的数字经济领域的课程和知识，新成立的大数据学院、数字经济研究院等都会培养出专业的数字技术型人才，从而提高人力资本水平，推动人力资本结构向高级化发展。

(三) 数字技术影响产业结构升级的门槛效应分析

京津冀地区各地级市之间经济发展水平存在地区异质性，尤其是北京和天津与河北各地级市之间存在较大的差异。经济发展水平与产业结构升级息息相关，经济发展水平是影响产业结构升级的重要基础。基于供给侧，相对于经济不发达地区，经济发达地区能够为产业结构升级提供更充足的资金、人力资源等生产要素和技术支持；基于需求侧，也会有更大的市场需求倒逼企业转型升级。数字技术的发展与应用离不开数字基础设施、数字创新资源等大量高端要素的投入。经济发展水平越高，投资能力越大，数字基础设施越完善、数字创新资源越丰富，越有利于数字技术的发展与应用，从而推动产业结构升级。

资料来源：王韶华，李璐，张伟．数字技术赋能京津冀产业结构升级的效应研究［J］．首都经济贸易大学学报，2024，26（3）：38-56．

[阅读3]

以资源重构为中介的平行搜索对后发企业协同追赶的影响研究

一、平行搜索与后发企业协同追赶的关系

平行搜索是指独立的问题解决者在处理具有相似特征的创新问题中，与对手之间开展竞争性创新搜索，其属于创新搜索的前沿领域。有学者将平行搜索分为领先搜索（leading search）和跟随搜索（following search），前者是指后发企业先于对手试验新技术开发新产品或进入新市场，探索尚未被普遍接受的、具有潜在价值的知识的一种搜索策略；后者是指后发企业针对对手现有的技术、市场或产品进行模仿，以获取成熟的技术、市场或产品知识的一种搜索策略。从动态竞争视角来看，创新搜索的演化研究逐渐从"搜索内容""搜索策略""搜索空间"等视角拓展到"搜索时间"等维度，更加注重组织搜索过程中的动态特征。后发企业在追赶过程中与在位企业展开竞争，实质是对获取特定知识或资源的一种搜索竞赛，其结果取决于后发企业选择何种搜索策略，企业平行搜索具有动态性、竞争性与开放性，其搜索策略的选择与竞争对手紧密相关，而这种关联与后发企业搜索新技术（或成熟技术）和拓展新市场（或成熟市场）的竞争互动特征相契合。与此相对，后发企业协同追赶强调技术追赶和市场追赶两者的协同，旨在缩小后发企业与发达国家领先企业在技术和市场上的差距，战略目标差异和内部资源竞争使企业在追赶过程中容易陷入两种困境：一是过度强调技术创新而忽视产品市场，出现技术和市场的脱节，进入技术追赶盲区和"市场真空"；二是过度强调市场追赶而忽视技术创新，对现有市场或提供的产品和服务产生"路径依赖"而缺乏技术创新。协同视角下技术追赶和市场追赶两者互为依存，前者为后发企业提供技术支持，从而增加产品或服务的市场份额；后者促进市场份额和收益增长，进而为企业技术研发和创新投入提供资源保障。

1. 领先搜索与后发企业协同追赶

后发企业先于竞争对手搜索某个技术领域或新细分市场机会，能获取一定的先动优势。其一，制度型市场和多层次的市场需求为后发企业提供一定的容错空间和发展契机。后发企业在领先搜索过程中，通过捕捉现有市场中的顾客特定偏好来提供差异化的产品和服务，抢先与特定顾客建立伙伴关系，建立顾客口碑以及提高顾客转换成本，进而有利于成功进入特定细分市场并迅速建立市场地位。同时，后发企业通过领先搜索在细分市场开发新产品和新服务所获得的回报，也能为企业技术研发提供资金支持以及试验空间，并通过激发市场与技术互动来促进后发企业协同追赶。其二，后发企业率先搜索新技术和知识，相比对手能够更快速地响应外部环境变化，利用这种先动优势能够把握非连续技术创新的"机会窗口"，进而获得行业中前瞻性的研发技术、工艺流程等资源。同时，不同于竞争对手受制于在位者惰性，后发企业对技术动态和市场变化的搜索，能够及时将新兴技术应用到新的产品和服务中，或者在细分市场形成"新进入者规则"效应，促进其协同追赶。例如，海康威视在国际化早期抓住技术机会窗口，积极布局智能安防领域，开辟新细分市场，利用技术转变期积累的较高市场份额，为其在视频存储、高清摄像等关键领域的技术攻关提供支持，最终在安防领域成功实现技术和市场协同追赶。因此，本文提出如下假设。

H1a：领先搜索对后发企业协同追赶有正向影响。

2. 跟随搜索与后发企业协同追赶

后发企业跟随搜索竞争对手现有成熟的技术和市场知识，能够充分利用现有资源和知识的"溢出效应"，有利于协同追赶。一方面，后发企业在跟随搜索中保持对顾客需求、竞争对手的密切关注，增加对现有市场或业务的熟悉程度以及模仿在位企业成熟的市场策略，能够有效避免重复在位企业先前的市场试错行为，积累良好的顾客评价，进而提升企业的市场地位。同时，后发企业通过跟随搜索获取行业知识和资源，有助于辨识现有技术领域或细分市场中潜藏的机遇，从而避免与对手正面交锋，这为后发企业技术改进和新产品开发提供了明确方向，有利于提高技术追赶效率以实现"弯道超车"。另一方面，后发企业借助"搭便车"效应，利用在位企业已积累的先验知识快速进入现有市场，这有助于其跳过技术试错阶段，降低企业技术追赶风险。与此同时，后发企业通过模仿和学习对现有技术的不足进行优化，能够提升其产品或服务的商业化效率，并加速对现有市场的渗透，这有利于后发企业快速弥补与在位企业的市场差距。由此，后发企业采取跟随搜索的策略可以实现协同追赶。例如，华为早期在细分市场中建立市场地位，为其技术研发提供了持续不断的资金支持，后来在技术追赶过程中形成5G技术优势，又为其扩大海外智能终端市场份额、加速市场追赶提供了技术保障。因此，本文提出如下假设。

H1b：跟随搜索对后发企业协同追赶有正向影响。

资源重构的概念源自资源基础观和动态能力理论的演进，之间的作用关系发生改变，有学者指出，资源重构体现对组织要素或业务单元的重新设计，使组织能够以新的方式使用资源或对资源进行重新组合，重构包括资源的引入、剥离和重组，周丹和魏江进一步将资源重构划分为资源重组和资源重置，其分别对应资源的重新组合（recombination）和重新配置（reallocation）。资源重组体现在现有资源与原有资源融合，或两者相互作用产生新资源，强调资源之间的"化学变化"；资源重置则通过引入或剔除的方式对组织内部资源重新分配，强调资源之间的"物理变化"。这两者构成了资源重构的两个子维度，资源重组可以为资源重置创造条件，而资源重置则可以促进资源重组。虽然部分学者从组织学习、吸收能力等视角研究后发企业从外部搜索获取的资源如何转化为追赶绩效，但在"搜索–资源–绩效"的理论框架下，有研究表明，组织获取的静态知识和资源并不能直接转化为企业绩效，后发企业在追赶在位企业的过程中，其基于不同平行搜索策略获取的资源类型会呈现不同特征，而这种资源规模和特征变化也会引发其组织内部资源间的重构。因此，本文在已有研究基础上探究平行搜索对资源重构的作用。

资料来源：李华华，奉小斌，马晓书. 以资源重构为中介的平行搜索对后发企业协同追赶的影响研究［J］. 管理评论，2024，36（1）：119-130.

［阅读4］

资产剥离对国有企业数字技术创新的影响研究
——基于管理层"意愿—能力"的视角

自2017年起，"数字经济""数字中国"被连续五年写入政府工作报告。截至2020年底，"关于加快推进国有企业数字化转型工作的通知"进一步加大国有企业数字技术创新的整体工作推进。2022年10月，党的二十大报告中明确指出加快发展数字经济、促进数字经济和实体经济深度融合。目前，国内数字创新生态的研究蓬勃发展，但鲜少聚焦于企业层面的数字创新。而数字创新生态的完善需要生态系统中微观主体即企业数字技术的不断发展。国有经济作为我国社会主义市场经济的第一主体，在数字技术创新领域起着一定的示范引领作用，譬如中国石化基于大数据、人工智能等新一代信息技术与安全管理深度融合研发出一款预警系统以实现全国危化品重大危险源的24小时在线监测；浪潮集团在传统的IT产业链上，将客户需求引入每一个产业环节，价值传递从单向线性关系变成多维协同、多向传递的关系，是符合智慧计算时代的产业模式。数字基础设施的完善有利于为国有企业的发展提供信息、数据等高端生产要素，夯实数字化变革的战略基础从而助力企业可持续发展。但是，国有企业

"所有者缺位""内部人控制"等问题较为突出。管理层通常由政府任命，具有"经济人"和"政治人"的双重特征，不愿意进行耗时长、投资大、风险高的数字创新投入，作出的战略决策更关注实现政绩目标而非企业长期利益，导致企业存在大量的过剩产能却研发投入不足。

近年来，为了推动国有企业高质量发展，政府出台了一系列的政策推动国有企业去除过剩产能、不断聚焦主业，而资产剥离是实现国有企业"归核化"发展的有效途径。资产剥离决策在一定程度上可以降低信息不对称，改善内部治理结构，缓解股东与经理人之间的代理问题，那么剥离是否可以影响管理层的短视行为，促进企业改善数字技术创新水平，培育经济增长的新动能，有效促进国有企业转型升级？什么类型的剥离可以促进企业改善数字技术创新？什么情境可以影响国企剥离与数字技术创新间的关系？对以上问题的研究，为合理配置资源并提高国有企业数字化转型提供了经验证据，对于加快国有经济布局优化、推动国有资本做优做大做强具有重大的现实意义。从理论上看，研发活动是生产新知识和新技术的主要方式，是企业成功的动力，通常源于对现有资源的重新配置。已有文章表示，并购可以增强技术创新，但较少有研究涉及资产剥离或重新聚焦如何影响技术创新。企业剥离活动并不是收购活动的"镜像"，因为这两种企业战略通常是由不同的目标和理由驱动的。因此，研究企业层面剥离战略对数字创新水平的影响具有一定的理论意义。

作为一种赋能技术，数字技术有助于改良传统技术，进一步推动产业升级，越来越多的组织和管理者认识到数字技术创新的重要性。我国坚持深刻理解数字化转型的重要意义，发挥国有企业在新一轮科技革命和产业变革浪潮中的引领作用，加大对数字化转型的支持力度，进一步提高企业数字技术创新水平。但技术创新本身是一项周期长、投入大、不确定性高的战略活动，面临定期业绩考核压力的国有企业高管出于政治晋升的考虑，对提高数字创新水平这一战略决策很有可能出现短期化的特征。那么如何有效推进国有企业实现数字化转型呢？企业战略是影响企业创新的重要因素，资产剥离作为一项重要的重组战略，是企业重新定位的先决条件，剥离战略是否可以使企业化解过剩产能、释放资源，从而推动组织转型升级呢？资产剥离对企业数字创新水平的影响主要体现在"输血"和"造血"两方面。所谓"输血"，剥离在一定程度上可以释放多元化企业被占用的资源，不仅可以缓解对创新投资的挤出效应，还可以提高风险承担水平。一方面，正在进行的创新项目如果不能获得足够的资金支持可能会面临中断或终止的风险，尤其是对于陷入财务困境的企业。国有企业通过剥离战略退出相对落后的产业领域，释放企业资源，促进资源要素的流动，使得有限资源得到更加合理的配置，为企业数字创新提供要素支撑，企业的创新能力得以提升。另一方面，由于数字研发投资的未来收益具有不确定性，且整个过程中每个环节都伴随着不确定性，都有可能对公司的股价带来波动，造成负面影响。剥离可以使企业重新聚焦主业，提高风险承担能力，从而改善企业的数字创新意愿。所谓"造血"，需要从管理层对于数字创新的"意愿—能力"视角来看。通常而言，管理层出于自身利益考虑不愿意进行创新活动，但是剥离战略一定程度上可以降低组织内部复杂程度，节约治理成本，从而有效降低企业的信息不对称程度。所营造的透明的信息环境有利于股东观测管理层在企业生产经营中所付出的努力，更为精确地识别管理层在数字创新过程中的贡献和责任，显著提高了管理层对数字创新失败的容忍度，从而改善管理层战略决策的科学性，提高了管理层改善数字创新水平的意愿，为改善企业数字技术创新提供了必要条件。管理层的注意力资源是稀缺的，企业决策者很难处理所有信息，只能选择性地关注和处理其认为重要的信息。这意味着企业决策的关键在于企业决策者如何配置其有限的注意力资源。通过剥离部分业务，公司管理层可以在管理能力上产生闲置，使其将注意力集中于核心业务和更谨慎地参与投资决策。注意力的相机配置可以提升数字技术创新的投资效率，从而增加创新项目成功的可能性。基于此，本文提出如下假设。

H1：其他条件不变的情况下，资产剥离会提高企业的数字技术创新水平。

本文按照剥离交易双方是否涉及关联交易将资产剥离划分为关联性资产剥离和非关联性资产剥离。由于交易双方的关联方身份，彼此间信息沟通畅通，从而可以缓解交易双方信息不对称的问题，降低信息搜寻、谈判、签约和执行等交易成本，缓解可能丧失技术优势和企业商业秘密的交易风险，提高资源配置效率。尤其是资本市场不完善的情况下，股东更倾向于利用集团内部市场进行资产剥离，以期通过关联企业间的相对熟悉和信任的环境降低企业风险，保障自身利益。但与集团外部对手进行交易的情况下，交易一般不可逆转。对交易对手的不了解导致需要更多的时间和精力对其进行调查和对项目进行审慎的评估，需要耗费大量的注意力。因此，本文认为，企业可以通过关联性资产剥离在集团内部实现资源重构和配置，将有限的注意力配置于企业数字技术创新水平的提高，实现企业资源高效配置。基于此，本文提出如下假设。

H2：相对于非关联性资产剥离，关联性资产剥离会提高企业的数字技术创新水平。

本文基于交易目的进一步将资产剥离划分为战略性资产剥离和战术性资产剥离。战术性剥离是旨在对资源"松绑解禁"，以期改善短期业绩而实施的剥离，通过出售资产缓解企业目前面临的财务危机和生存压力，企业将发展潜力较差、盈利不佳或者闲置的资产剥离出去，决策层对后续资源如何配置并无既定规划，导致企业内部资源配置效率低下。但是，战略性资产剥离是指出于长期可持续发展考虑而进行的战略调整的剥离，以实现核心业务的发展或重新定位的可行性手段，是企业去除过剩产能、实现转型升级的有效方式，可以培育企业增长的新动能。因此，本文认为，企业通过战略性资产剥离释放资源，可以有效提高数字创新的投入效率，进一步实现资源的合理编排和企业的结构升级。基于此，本文提出如下假设。

H3：相对于战术性资产剥离，战略性资产剥离会提高企业的数字技术创新水平。

资料来源：张钰婧，薛有志. 资产剥离对国有企业数字技术创新的影响研究——基于管理层"意愿—能力"的视角 [J]. 科学学与科学技术管理，2024，45（4）：137–156.

参 考 文 献

[1] 陈国华. 运营管理 [M]. 南京：南京大学出版社，2022.

[2] 陈荣秋，马士华. 生产运作管理 [M]. 6版. 北京：机械工业出版社，2022.

[3] 范体军，李淑霞，常香云，等. 运营管理 [M]. 北京：科学出版社，2022.

[4] 胡云峰. 企业运营管理体系建设 [M]. 武汉：华中科技大学出版社，2022.

[5] 黄迪祺. 销售运营管理 [M]. 武汉：华中科技大学出版社，2022.

[6] 杰拉德·卡桑，克里斯蒂安·特维施. 运营管理：供需匹配的视角 [M]. 4版. 北京：中国人民大学出版社，2023.

[7] 孔繁森. 生产计划与管控 [M]. 北京：清华大学出版社，2021.

[8] 李传杰. 卓越运营管理体系 [M]. 北京：机械工业出版社，2022.

[9] 李俊杰，李仲涛，武凯. 智能工厂从这里开始 [M]. 北京：机械工业出版社，2022.

[10] 李培根，高亮. 智能制造概论 [M]. 北京：清华大学出版社，2021.

[11] 李维华. 选址学概论：单点选址理论与事务 [M]. 北京：企业管理出版社，2021.

[12] 刘宝红. 采购与供应链管理：一个实践者的角度 [M]. 北京：机械工业出版社，2019.

[13] 刘宝红. 需求预测和库存计划：一个实践者的角度 [M]. 北京：机械工业出版社，2020.

[14] 柳荣. 采购与供应链管理 [M]. 北京：人民邮电出版社，2018.

[15] 卢慧玲，张家敏. 创新供应链管理 [M]. 3版. 北京：中国人民大学出版社，2021.

[16] 罗伯特·雅各布斯，等. 运营管理（原书第15版）[M]. 北京：机械工业出版社，2020.

[17] 马风才. 运营管理 [M]. 6版. 北京：机械工业出版社，2021.

[18] 梅雷迪恩，等著. MBA运营管理 [M]. 5版. 唐奇译. 北京：中国人民大学出版社，2015.

［19］曲立，刘文涛，颜瑞．运营管理——从知识学习、能力提升到思维转变［M］．北京：清华大学出版社，2023．

［20］上条宪二．品牌管理实战入门［M］．北京：原子能出版社，2024．

［21］史蒂夫·布朗，约翰·贝．战略运营管理（第4版）［M］．北京：清华大学出版社，2023．

［22］孙慧．运营管理［M］．上海：复旦大学出版社，2022．

［23］泰勒．科学管理原理［M］．马风才，译．北京：机械工业出版社，2017．

［24］吴爱华，赵馨智．生产计划与控制［M］．2版．北京：机械工业出版社，2019．

［25］雅各布斯，蔡斯．运营管理：原书第15版［M］．苏强，霍佳震，邱灿华，译．北京：机械工业出版社，2020．

［26］扬申中．精益生产实践［M］．2版．北京：机械工业出版社，2021．

［27］约翰逊，弗林．采购与供应管理：原书第15版［M］．杜丽敬，译．北京：机械工业出版社，2020．

［28］《运筹学》教材编写组．运筹学［M］．5版．北京：清华大学出版社，2021．

［29］张小强．工业4.0智能制造与企业精细化生产运营［M］．北京：人民邮电出版社，2017．

［30］赵永强，邵鲁宁，李展儒．质量管理学［M］．北京：电子工业出版社，2021．

［31］中国认证认可协会．质量管理方法与工具［M］．北京：高等教育出版社，2019．

［32］朱正华，郭耀纯，王俊杰．一本书读懂企业管理与运营［M］．北京：中华工商联合出版社，2022．